KAREN DUVE
Anständig essen

Buch

»Die dringendste Frage zu Beginn meiner Bio-Phase: ob ich weiterhin Cola-Light trinken kann. Davon gehe ich nämlich aus. Cola-Light besteht doch sowieso ausschließlich aus Chemie. Da dürfte sich die Bio-Frage eigentlich gar nicht erst stellen.«
Karen Duve gehörte nicht eben zur Gesundheitsfraktion. Bratwürstchen und Gummibären wanderten genauso in ihren Einkaufswagen wie Schokolade und Curryketchup in 1-L-Plastikflaschen. Doch dann zog sie mit jemandem zusammen, der schnell den Spitznamen Jiminy Grille erhielt – nach dem personifizierten Gewissen der Holzpuppe Pinocchio. Denn Jiminy schrie auf, wenn Karen Duve nach der »Grillhähnchenpfanne für 2,99« griff. Und Karen Duve musste einräumen, dass das Leben der »Grillhähnchenpfanne« vor ihrer Schockfrostung wohl eher unerfreulich gewesen war. So stellten sich vor der Tiefkühltruhe schnell grundlegende Fragen: Darf man Tiere eigentlich essen? Und wenn Tiere nicht, warum dann Pflanzen? Wo beginnt die menschliche Empathie, und warum? Was sind wir bereit aus Rücksicht auf die Mitlebewesen zu opfern? Oder können wir sogar einen persönlichen Gewinn daraus ziehen, unsere Gewohnheiten zu ändern?
Irgendwann wollte Karen Duve es wirklich wissen: Jeweils zwei Monate lang testete sie Ernährungsweisen mit moralischem Anspruch: biologisch-organisch, vegetarisch, vegan und am Ende sogar frutarisch, also nur das, was die Pflanze freiwillig spendet. Parallel dazu setzte sie sich mit der dahinterstehenden Weltsicht auseinander – und lieferte sich mit Jiminy Grille die unausweichlichen Verbalduelle. Um dann kurz vor der Veröffentlichung dieses Buches eine Lebensentscheidung zu treffen – die, wie sie sich weiter ernähren und weiter leben will. Schonungslos und mit der ihr eigenen knochentrockenen Komik setzt sie sich jenseits aller Ideologien mit der Frage auseinander: Wie viel gönne ich mir auf Kosten anderer?

Autorin

Karen Duve, 1961 in Hamburg geboren, lebt mit einem Maultier, einem Pferd, einem Esel, zwei dicken Katern und mehreren Hühnern auf dem Lande in der Märkischen Schweiz. Sie wurde mit zahlreichen Preisen ausgezeichnet. Ihre Romane *Regenroman* (1999), *Dies ist kein Liebeslied* (2002), *Die entführte Prinzessin* (2005) und *Taxi* (2008) waren Bestseller und sind in 14 Sprachen übersetzt.

Von Karen Duve sind im Goldmann Verlag außerdem lieferbar:

Regenroman (46916) · Dies ist kein Liebeslied. Roman (45603)
Die entführte Prinzessin. Roman (46142) · Taxi. Roman (46956)

Karen Duve

Anständig essen

Ein Selbstversuch

GOLDMANN

Verlagsgruppe Random House FSC-DEU-0100
Das FSC®-zertifizierte Papier *Holmen Book Cream* für dieses Buch
liefert Holmen Paper, Hallstavik, Schweden.

1. Auflage
Taschenbuchausgabe Juli 2012
Wilhelm Goldmann Verlag, München,
in der Verlagsgruppe Random House GmbH
Copyright © 2011
Verlag Kiepenheuer & Witsch GmbH & Co. KG, Köln
Lektorat: Esther Kormann und Wolfgang Hörner
Umschlaggestaltung: UNO Werbeagentur, München,
unter Verwendung eines Entwurfs
von Manja Hellpap und Lisa Neuhalfen, Berlin
Umschlagmotiv: © Maiwolf/Getty Images
Th · Herstellung: Str.
Druck und Bindung: GGP Media GmbH, Pößneck
Printed in Germany
ISBN 978-3-442-47647-7

www.goldmann-verlag.de

Inhalt

1 Dezember 2009   7

2 Januar – alles Bio   26

3 Familienbande   55

4 Februar – immer noch alles Bio   67

5 Mitgefühl – ohne Gefühl   88

6 März – vegetarisch   100

7 April – weiterhin vegetarisch   125

8 Mai – vegan   143

9 Juni – veganer   164

10 Die Sache mit der Milch   189

11 Juli – noch veganer   202

12 August – am vegansten   224

13 September – frutarisch   258

14 We are the Champions   283

15 Oktober – frutarisch   293

16 November – Wie geht es weiter?   313

Anhang   325

1

Dezember 2009

»Ich habe nichts erreicht. Was will man
mit Filmchen bewirken, wenn nicht mal
Tschernobyl was bewirkt?«

(Horst Stern)

An dem Tag, an dem ich beschloss, ein besserer Mensch zu werden, stand ich morgens in einem Rewe-Supermarkt und hielt einen flachen Karton mit der Aufschrift »Hähnchen-Grillpfanne« in der Hand. Ein gern und häufig von mir gekauftes Produkt, das sowohl schmackhaft wie auch preisgünstig und einfach in der Zubereitung war. Dank der beigefügten Aluminiumschale musste man noch nicht einmal eine Pfanne schmutzig machen. Ofentür auf, zack rein, auf 180 Grad stellen und eine Stunde später konnte man das knusprige und vor sich hin blubbernde Fleisch auf einen Teller schieben. Aber bevor ich die Hähnchenpfanne in meinen Einkaufswagen legen konnte, preschte Jiminy Grille aus der Tiefe des Supermarkts heran und riss sie mir aus den Fingern. Jiminy Grille hieß eigentlich Kerstin und hatte vor einem halben Jahr ein Zimmer in meinem Haus in Brandenburg bezogen. Im Gegenzug durfte ich ihre Wohnung in Berlin-Kreuzberg mitbenutzen. Seitdem prallten zwei Welten aufeinander. Kerstin ernährte sich nämlich überwiegend vegetarisch und kaufte die meisten Lebensmittel in Bio-Läden ein. Und sie fühlte sich aufgerufen, meine Essgewohnheiten zu kommentieren.

Deswegen nannte ich sie auch Jiminy Grille nach der Zeichentrickfigur aus der Disney-Verfilmung von Pinocchio. Als Pinocchio von einer Fee zum Leben erweckt wird, verfügt er vorerst nämlich noch nicht über ein Gewissen. Deswegen wird eine Grille abgestellt, um Pinocchio zu begleiten und ihm in Gewissensfragen tadelnd zur Seite zu stehen. Bei Disney trägt die Gewissens-Grille einen Zylinder, Gehrock, Weste, ein Hemd mit Vatermörderkragen, Kniehosen, Halstuch, Gamaschen und einen zusammengefalteten Regenschirm über dem Unterarm.

»Wie kannst du dieses Qualfleisch kaufen?«, schrie Jiminy jetzt. »Du weißt doch ganz genau, wie diese Hühner gehalten werden.«

Richtig. Irgendwo weit draußen an der Peripherie meines Bewusstseins wusste ich, dass die Bedingungen, unter denen dieses Huhn einmal gelebt hatte, wohl eher unerfreulich waren. Ich räumte es ein.

»Je günstiger der Preis, desto unerfreulicher die Bedingungen. So einfach ist die Rechnung«, sagte Jiminy, beugte sich über die Tiefkühltruhe und legte die Hähnchenpfanne ordentlich zurück. Sie zeigte auf das Preisschild, das außen an der Kühltruhe klebte.

»Und 2,99 Euro für ein ganzes Huhn lässt auf verbrecherische Grausamkeit schließen.«

Bilder aus Fernsehdokumentationen des ZDF-Spätprogramms flackerten vor meinem inneren Auge auf, Junghühner mit kahlen Hälsen, zu Tausenden auf engsten Raum gequetscht, Hühner mit teilamputierten Schnäbeln und gebrochenen Beinen, die auf einem kotverkrusteten Boden verreckten, während andere Hühner über sie hinwegtrampelten. Es kostete Willen und Überwindung, daran zu denken, was alles hatte geschehen müssen, bevor die anonyme Masse Fleisch in der Aluminiumschale lag. Es machte überhaupt keinen Spaß, daran zu denken – insbesondere auch deshalb nicht, weil mir am Ende dieser geistigen Anstrengung natürlich nichts anderes übrig blieb, als auf die Hähnchenpfanne zu verzichten.

Am frühen Nachmittag des Tages, an dem ich beschloss, ein besserer Mensch zu werden, saß ich vor dem Fernseher, aß ein fleischloses, zugegeben gar nicht mal so übles Currygericht, das Jiminy Grille für uns gekocht hatte, hörte mir ihre Vorhaltungen über meine Fernsehgewohnheiten an und fragte mich, ob es wirklich eine so gute Idee gewesen war, ihr ein Zimmer zu überlassen. Neben dem Sessel lag mein krebskranker Bulldoggenhund Bulli und warf mir hin und wieder einen enttäuschten Blick zu. Normalerweise hätte er mir jetzt bei dem Verzehr der Hähnchenpfanne assistiert. Der NDR zeigte einen für das Mittagsprogramm der Vorweihnachtszeit typischen Einspieler über einen Gänsemäster aus Niedersachsen, der seine Gänse noch auf die gute alte Art hielt, also auf eine Wiese ließ. Im Fernseher war der Himmel frühlingshaft blau, ein Kirschbaum blühte und die Gänse watschelten eifrig schnatternd herum und bissen ins frische Gras. Darüber geriet die Moderatorin in helles Entzücken, und der Begriff glücklich – glückliche Gänse, glückliche Tiere, Fleisch von glücklichen Gänsen – fiel gleich dreimal.

»Wenn du zu Weihnachten wieder unbedingt eine Gans essen musst, kannst du dir ja so eine aus guter Haltung bestellen«, schlug Jiminy versöhnlich vor.

»Wie kommst du darauf, dass es denen gut geht?«, giftete ich zurück. »Die sind nicht glücklich, die sind jetzt alle tot.«

Ich trug ihr immer noch die moralische Belehrung

nach. Wer lässt sich schon gern bevormunden? Ich zeigte auf den Fernseher.

»Viel zu große Herde«, sagte ich, obwohl ich gar nicht wusste, wie groß eine ideale Gänseherde sein sollte. »Glaubst du, die fühlen sich in dem Gedränge wohl? Und siehst du irgendwo Wasser? Das sind Gänse, Mensch! Gänse! Das sind Wasservögel, die haben die Schwimmfüße nicht, um das Gras platt zu trampeln, die wollen schwimmen.«

Jiminy schaute betreten auf den Bildschirm. Ich lehnte mich zurück. Es tat gut, jemanden, der moralisch über einem stand, in die Schranken zu weisen.

»Außerdem halte ich es für äußerst unwahrscheinlich, dass auch nur eine einzige von denen jemals ihre Mutter gesehen hat«, legte ich nach. »Die kommen aus der Brutmaschine. Die sind alle Waisen. Verstört und orientierungslos haben die die Glühbirne der Welt erblickt und nirgendwo eine Mutter, die ihnen beruhigend hätte zuschnattern können. Nichts als Hunderte anderer Waisen um sie herum und weit und breit kein Wasser unterm Schwimmfuß.«

»Ich finde es sowieso viel besser, wenn du Weihnachten vegetarisch isst«, sagte Jiminy. Ich knurrte etwas Unverständliches.

Am Abend des Tages, an dem ich beschloss, ein besserer Mensch zu werden, saß ich immer noch vor dem Fernseher. Jiminy war nach Berlin auf eine Party gefahren, und ich musste keine Kritik fürchten. Neben mir stand ein Glas eiskalter Coca-Cola light, Bulli schlabberte sein aufgeweichtes Trockenfutter, und im Fernsehen lief die britische Komödie »Notting Hill«. Hugh Grant, bzw. die Person, die von Hugh Grant gespielt wurde, war von der Frau seines Lebens (Julia Roberts) verlassen worden, und nun versuchten seine Freunde, ihn nacheinander mit drei verschiedenen neuen Frauen zu verkuppeln. Für diesen Teil des Films hatte der Drehbuchautor nicht allzu viel Zeit vorgesehen – etwa zwei Minuten. Er stand also vor dem Problem, die jeweilige Frau innerhalb weniger Sekunden so zu charakterisieren, dass jedermann klar wird, dass sie für unseren Helden nicht infrage kommt. Bei Frau Nummer zwei hat er es so gelöst: Frau mit albernen Zöpfen sitzt am Tisch, ihr wird »etwas Weinschnepfe« angeboten, Frau sagt: »Nein, vielen Dank, ich bin Frutarierin.«

Hugh Grant: »Ohh ... was ist ein Frutarier, Keziah?«

»Na ja, wir glauben, Gemüse und Früchte besitzen eine Seele, und deshalb halten wir Kochen für grausam. Wir essen nur Dinge, die von allein von den Bäumen und Sträuchern runterfallen, weil nur die richtig tot sind.«

»Ahh, alles klar ... so ist das also ... also diese Möhren hier ...«

»... sind ermordet worden! Ja.«

»Ermordet ... die armen Möhren, das, äh, ist ja bestialisch.«

Ich musste sehr lachen. Das kam natürlich gar nicht infrage, dass der lässige Hugh Grant sich mit so einer verkniffenen Spaßbremse zusammentat, da war ich völlig einer Meinung mit dem Drehbuchautor.

Aber während ich lachte, fühlte ich mich seltsamerweise etwas unbehaglich. Ehrlich gesagt, wusste ich ja nicht einmal genau, wie sich eine Frutarierin überhaupt ernährte. Nachdem Hugh Grant und Julia Roberts sich gekriegt hatten, setzte ich mich vor meinen Computer und streifte auf der Suche nach näheren Informationen durchs World Wide Web. Aha, ein Frutarier war jemand, der nur Pflanzenteile aß, die man nehmen konnte, ohne die Pflanze zu zerstören. Meistens eben Früchte. Einen Apfel kann man essen, ohne dass man die eigentliche Pflanze, den Apfelbaum, dadurch verletzt. Bei Salat geht das nicht, bei Wurzeln und Kartoffeln auch nicht. Nüsse, Tomaten und Sonnenblumenkerne sind wiederum erlaubt. Nun ja, ein bisschen lächerlich schien mir das immer noch, vor allem aber sehr anstrengend und kompliziert. Gleichzeitig rührte es mich, dass ein Mensch so viele Einschränkungen und Komplikationen ertrug, um Pflanzen und Tiere zu schonen, und dafür auch noch den Hohn der restlichen Menschheit in Kauf nahm. Einer Menschheit, die es für so selbstverständlich ansah, dass Tiere schwer misshandelt wurden, dass sie das Einhalten eines Minimalstandards, wie den schlichten Umstand, dass Gänse auch mal an die frische Luft dürfen, für eine bemerkenswerte Sache hielt. So außergewöhnlich, dass man darüber einen kleinen Mittagsmagazin-Einspieler machen und die Tiere zu Glückspilzen erklären konnte.

Und ich selber? Ich kriegte es aus lauter Gedankenlosigkeit ja noch nicht einmal auf die Reihe, wenigstens so ein scheinglückliches Tier zu erwerben. Dabei galt ich weit und breit als großer Tierfreund. Für Bullis Operationen und seine Chemotherapie hatte ich ohne mit der Wimper zu zucken bereits mehrere Monatsgehälter hingelegt, und auf Familienfeiern wurde immer wieder gern erzählt, wie ich als Erstklässlerin einmal heulend und tobend aus dem Religionsunterricht gelaufen war, weil meine Klassenlehrerin Frau Meyer-Arndt gesagt hatte, Tiere kämen nicht in den Himmel. Wenn die nicht in den Himmel durften, so hatte ich gewütet, dann würde ich da auch nicht hingehen, sondern dahin, wo die Tiere hinkämen. Und trotzdem hätte ich ohne Jiminys Eingreifen wieder die Hähnchenpfanne gekauft, deren Inhalt in seinem freudlosen, nur fünf Wochen dauernden Leben wahrscheinlich nicht einen einzigen Sonnenstrahl gesehen hatte.

Ich versuchte mir vorzustellen, was für ein Monstrum ich in den Augen eines Frutariers sein musste. Und dann ging mir das Eigentliche auf. Was die Frutarierin aus dem Film »Notting Hill« von mir unterschied, war nicht, dass unsere Ernährungsweisen auf verschiedenen Wertvorstellungen beruhten. Nein, der eigentliche Unterschied war, dass die Frutarierin eine moralische Entscheidung getroffen hatte, nach der sie ihre Ernährung ausrichtete, während ich mir überhaupt keine Rechenschaft über mein Tun ablegte. Oh Gott, ich war tatsächlich Pinocchio – eine gierige, selbstsüchtige Holzmarionette ohne Gewissen. Und ich konnte mich noch nicht einmal damit herausreden, ich wäre schlecht informiert. Bereits in meiner 70er-Jahre-Kindheit waren Horst Sterns gesellschaftskritische Tier-Dokumentationen »Sterns Stunde« oder »Bemerkungen über das Huhn/Rind/Schwein« zur besten Sendezeit im Fernsehen gelaufen. Seitdem wusste ich, dass ein Huhn ein Lauftier war und nicht in den Käfig gehörte, dass ein Kalb nicht mutterlos in dunkler Einzelhaft stehen sollte und Schweine nicht eng aneinandergequetscht auf Spaltenböden. Und wenn ich im Fernsehen oder in einer Illustrierten Horrorbilder aus Mastbetrieben sah, war mir durchaus klar, dass es sich nicht um die Verbrechen einzelner krimineller Subjekte und skrupelloser Sadisten handelte, die das Tierschutzgesetz brachen, sondern um die übliche Vorgehensweise guter Staatsbürger, die innerhalb erlaubter Grenzen ihren Profit maximierten. Das machte es ja so unerträglich: dass die Grausamkeit nicht als Grausamkeit geächtet wurde, sondern innerhalb der Norm stattfand. Meiner Meinung nach war es Aufgabe des Staates, hier Abhilfe zu schaffen. Eine schon 1997 veröffentlichte Umfrage der Zeitschrift »Brigitte« hatte ergeben, dass 92,3 % der Verbraucher dafür waren, nicht artgerechte Massentierhaltung ausnahmslos zu verbieten. Was die meisten nicht davon abhielt, weiterhin große Mengen Fleisch und Wurst aus genau dieser Haltungsform zu kaufen. Eine derart wichtige ethische Frage durfte eben nicht durch den Geldbeutel entschieden werden. Wer hat schon Lust, jedes Mal darüber nachdenken zu müssen, ob er gerade ein Verbrechen unterstützt, wenn er bloß fürs Mittagessen einkaufen will. In einem zivilisierten Land sollte man sich doch eigentlich darauf verlassen dürfen, dass die Kontrolle der Produktionsbedingungen bereits erledigt ist, bevor das Fleisch in den Supermarkt gelangt – wie ich ja auch mehr oder weniger gedankenlos die Verkehrsregeln befolgen kann, ohne mich bei jedem einzelnen Straßenschild fragen zu müssen, ob es eigentlich ethisch vertretbar ist, dessen Gebot zu befolgen. Allerdings wurden die Zustände in den Schlacht- und Mastbetrieben ja durchaus kontrolliert. Nur so, wie es aussah, lebte ich in einem Staat, dessen politische Entscheidungsträger einen Grad von Tierquälerei tolerierten, der für mich nicht akzeptabel war. Der Staat und ich, wir hatten einfach sehr unterschiedliche Standards, was man einem Schwein, Rind oder Huhn zumuten durfte. Je länger ich darüber nachdachte, desto fassungsloser stand ich vor der großen Diskrepanz zwischen dem, was ich wusste, und dem, wie ich bisher eingekauft hatte. Was war ich bloß für eine Pfeife! Es mochte ja vielleicht hingehen, im Straßenverkehr seine Autorität abzugeben und um des lieben Friedens willen Strafzettel zu bezahlen und Regeln zu befolgen, deren Sinn und Nutzen sich einem beim besten Willen nicht erschlossen. Aber kein Staat der Welt konnte mir die Verantwortung dafür abnehmen, selbst zu entscheiden, was gut und was böse war. Leute wie ich, die eigentlich wussten, was los war, die das Grauen sahen, aber nicht sehen wollten und aus Gedankenlosigkeit und bereitwilliger Selbsttäuschung einfach so weiterkauften, wie sie es schon immer getan hatten, machten industrialisierte Massentierhaltung erst möglich.

Nun gut, das Jahr ging sowieso gerade zu Ende. Es war der passende Zeitpunkt für gute Vorsätze. Vom ersten Januar an würde ich aus meinen alten Kaufgewohnheiten aussteigen und mich nur noch meiner Überzeugung entsprechend ernähren. Doch was war eigentlich meine Überzeugung? Beziehungsweise, was war ein Schnitzel für mich? Ein Zeichen von Esskultur und Lebenslust und völlig okay, wenn es vom Bio-Tier kam? Aber auch Bio-Schweine wurden nicht totgestreichelt. Hätte ich im Grunde längst Vegetarierin sein müssen? Und Frutarier – waren das allesamt Witzfiguren oder fand ich sie bloß lächerlich, weil ich nicht über meinen Tellerrand hinaus denken konnte und meine ausgeprägten Gewohnheiten für das Maß aller Dinge hielt? »Urteile nie über einen anderen, bevor du nicht einen Mond lang in seinen Mokassins gegangen bist«, lautete eine alte Weisheit der Indianer.

»… der indigenen Bevölkerung Amerikas!«, hätte Jiminy mich verbessert, wenn sie anwesend gewesen wäre. Egal, wahrscheinlich stammte der auf zig Kirchentagen abgenudelte Spruch sowieso von einem Deutschlehrer im ersten Referendariatsjahr. Jedenfalls wusste ich plötzlich, was ich tun wollte – ich würde die verschiedenen Ernährungsweisen einfach ausprobieren. Je einen Mond lang würde ich in den Mokassins einer Bio-Lebensmittel-Konsumentin, einer Vegetarierin, einer Veganerin und einer Frutarierin gehen. Nein, lieber gleich zwei Monate. Es braucht drei bis sechs Wochen, um eine neue Gewohnheit im Stammhirn zu verankern. Natürlich hätte ich mir die Ansichten und Argumente der Vegetarier, Veganer und Frutarier auch einfach in einem Buch durchlesen können – aber was wäre das für ein Wissen? Ich hätte mich wie ein Tourist benommen, der mal eben für drei Stunden von Bord seines Kreuzfahrtschiffes springt und hinterher behauptet, Thailand würde er jetzt auch kennen. Um die mir fremde Kultur der Vegetarier, Veganer und Frutarier wirklich zu verstehen, musste ich Teil ihrer Kultur werden, mich nicht nur entsprechend ernähren, sondern auch mit der jeweiligen Lebensanschauung beschäftigen und sie nach außen vertreten. Die zwei Monate jeweils sollten genügen, um mich neu zu konditionieren. Am Ende dieses Selbstversuchs würde ich mich dann bestens informiert und vor dem Hintergrund, jede Ernährungsweise einmal emotional nachvollzogen zu haben, entscheiden können, wie ich von nun an essen wollte. Und damit ich nicht etwa auf halbem Wege schwächelte, würde ich ein Buch darüber schreiben.

Am nächsten Tag rufe ich meinen Verleger, Wolfgang Hörner, an. Er freut sich, meine Stimme zu hören. Vielleicht denkt er, ich wolle ihm mitteilen, dass ich endlich den Roman angefangen habe, für den er bereits vor anderthalb Jahren einen Vorschuss bezahlt hat. Ich erkläre ihm, warum dieses Buch viel wichtiger ist.

»Ich muss es jetzt schreiben. Ich kann das nicht verschieben.«

Wolfgang Hörner bleibt gefasst. Er findet die Idee gar nicht mal so schlecht, hat sie allerdings auch nicht ganz verstanden.

»Du solltest die Bio-Ernährung auf den März schieben und das Jahr damit beginnen, erst einmal den Alkohol wegzulassen«, schlägt er vor. Sofort frage ich mich, was er über meinen Alkoholkonsum zu wissen glaubt.

»Ach«, sage ich, »meinst du? Aus was für einem Tier, denkst du, wird denn Alkohol gewonnen? Vielleicht aus dem Alkofanten? Oder dem großen Riesen-Alk? Und werden die beim Auspressen sehr gequält?«

»Um Askese geht es doch gar nicht«, sage ich. »Ich will mir nicht künstlich das Leben schwer machen, sondern bloß ein besserer Mensch werden. Wie viel ich saufe, ist ja wohl meine Sache.«

Merkwürdigerweise versteht mich auch mein Hausarzt erst einmal grundfalsch. Nach einem Blick auf meinen Körper legt er sofort los, dass Ernährung sowieso sein Spezialgebiet sei.

»Allerdings bin ich fest davon überzeugt, dass nicht ein und dieselbe Diät für alle Menschen gleich gut ist, sondern dass für jeden einzelnen eine individuelle, genau auf ihn abgestimmte Ernährungsweise gefunden werden muss. Leider sind wir nun einmal oft in Versuchung, Dinge zu essen, die uns schaden.«

Er spricht die ganze Zeit von »wir«, als ob er und ich die gleichen Probleme hätten. Dabei besitzt er den perfekten, gewiss sehr aufwendig erarbeiteten Körper eines Cool-Water-Fotomodels, während ich überhaupt nicht so aussehe. Bei der Auswahl meiner Nahrungsmittel habe ich nicht nur die Bedürfnisse anderer Lebewesen missachtet, sondern auch meine eigenen. Es rührt mich, dass ein so gut aussehender Mensch bereit ist, sich mit den weniger Disziplinierten gemeinzumachen. Ich erkläre Dr. Zeisler, dass es mir nicht um meine eigene Gesundheit, sondern um die der Hühner, Schweine und Rinder geht. Nicht um Cholesterinspiegel und die nächste Bikinisaison, sondern um ein Mindestmaß an Anständigkeit. Er möge mir bitte nur alle paar Monate Blut abnehmen, die Laborwerte festhalten und Alarm schlagen, falls sie einmal in einen kritischen Bereich rutschen sollten.

»Das Alter zwischen fünfundvierzig und fünfundsechzig ist die entscheidende Zeit«, sagt Dr. Zeisler ernst. »Wenn man dann nicht auf seinen Köper achtet, hat man mit über siebzig kaum noch Lebensqualität.«

Mir ist durchaus bewusst, dass Handlungsbedarf besteht. Eigentlich kann man mich jetzt schon als körperliches Wrack bezeichnen: Übergewicht, Asthma, chronische Achillessehnenentzündung an beiden Füßen, und ständig bin ich müde, müde, müde. Aber ich habe noch einen Abgabetermin für ein Drehbuch, und ohne laufend hochkalorische Kohlehydrate zu essen und literweise Cola light in mich hineinzuschütten, bekomme ich das nie fertig. Mir fällt dann einfach nichts ein. Deswegen habe ich vor, meine Fehlernährung erst einmal mit Bio-Lebensmitteln konsequent fortzusetzen. In ein paar Monaten, spätestens wenn ich Frutarierin geworden bin, wird sich das eine oder andere Problem vielleicht ja von ganz allein lösen.

Es scheint mein Schicksal zu sein, dass niemand mir meine altruistischen Absichten abnehmen will. Nach dem Motto »Trau keinem erhabenen Motiv, wenn sich nicht auch ein handfesteres finden lässt«, vermutet selbst Jiminy, ich wolle bloß abnehmen.

»Wird auch Zeit. Endlich kümmerst du dich mal um deinen Körper. Das ging ja nicht mehr so weiter.«

Sie hilft mir, Inventur im Kühlschrank und in der Speisekammer zu machen. Das gute Aldi-Hühnerfrikassee, Steaklets von Iglo, Seelachsfilet, gefrorener Brokkoli, gefrorener Blumenkohl. Der Blumenkohl liegt da schon ein halbes Jahr. Bis Jahresende muss das alles aufgegessen oder verschenkt sein. Von nun an wird nichts mehr dazugekauft, was nicht Bio ist.

Jiminy bringt mir aus ihrem Kreuzberger Bio-Supermarkt schon mal Bio-Gewürze, Bio-Zucker und Bio-Salz mit. Ich frage, was Bio-Salz sein sollte? »Kratzt man Salz nicht einfach so aus einem Stollen?«

»Ursalz«, sagt Jiminy, »da ist keine Rieselhilfe oder so etwas drin.«

Rieselhilfe im Salz? Und ich habe immer gedacht, dafür tut man ein paar Reiskörner in den Salzstreuer, und gut is. Jiminy hat eine Salzmühle mitgebracht, in die sie jetzt die Salzbrocken füllt. Ich mahle zur Probe über der schwarzen Herdplatte. Die Salzkörner, die aus der Mühle fallen, sind immer noch ganz schön groß.

»Wenn du im Supermarkt einkaufst, musst du unbedingt darauf achten, dass du nur Ware mit Bio-Siegel nimmst«, sagt Jiminy.

Bauernschlaue Massentierhalter, die vom Bio-Boom profitieren wollen, ohne die entsprechenden Gegenleistungen zu erbringen, schreiben nämlich einfach »Aus kontrollierter Aufzucht« auf die Plastikfolien ihrer Koteletts und Putensteaks. Das heißt gar nichts – jede Tieraufzucht ist eine kontrollierte Aufzucht –, soll dem Kunden aber suggerieren, er hätte es mit Bio-Fleisch zu tun. Diese Betrügerei im Rahmen der gesetzlichen Möglichkeiten ist inzwischen so weit verbreitet, dass viele echte Öko-Anbieter schon wieder auf den Begriff »kontrolliert« verzichten, um nicht in den Verdacht der Augenwischerei zu geraten. Das Bio-Siegel hingegen garantiert ein paar Minimalstandards, etwa, dass die Hühner Auslauf haben müssen.

Jiminy hat mir noch eine Hautcreme mitgebracht, die wie die von meiner Oma riecht – Weleda Iris.

»Madonna benutzt dieselbe Marke«, strahlt Jiminy.

»Das gehört aber nicht dazu«, mache ich vorsichtshalber deutlich. »Ich stell jetzt erst mal bloß meine Ernährung um. Ich muss nicht auch noch Öko-Klamotten tragen und Bio-Cremes benutzen. Jedenfalls nicht, bevor ich Veganerin werde.«

Als ich am nächsten Morgen in den Garten komme, liegt Betty ohne Kopf auf dem Rasen. Betty ist bzw. war ein Sussex-Huhn. Jetzt hängt ihre Gurgel frei in der Luft und Blut sickert zwischen den weißen Federn hervor. Vom Kopf ist weit und breit nichts zu sehen. Von den anderen beiden Hühnern auch nichts. Eines finde ich schließlich bei meinem Nachbarn, wo es mit einem irren Gesichtsausdruck auf dem Boden hockt und sich von den Nachbarhühnern picken lässt. Das andere bleibt für immer verschollen. Ich schließe das traumatisierte Huhn im Hühnerstall ein. Dann schnappe ich mir Bettys immer noch warme Überreste und beginne, sie zu rupfen. Bis auf den fehlenden Kopf und einen tiefen Biss in Rippenhöhe ist der Körper noch völlig in Ordnung. Betty ist das erste Huhn, das ich rupfe, und ich bin erstaunt, wie schnell und einfach so etwas geht. Allerdings bleiben am Schluss einzelne haarfeine Federn übrig, die sich beim besten Willen nicht packen lassen. Zum Glück weiß meine Nachbarin Beate, was zu tun ist. Sie gießt Spiritus auf eine Kehrichtschaufel, zündet es an und fackelt Betty die restlichen Federchen ab. Außerdem schimpft sie die ganze Zeit, weil ich das Huhn noch essen will.

»Das ist nicht gut. So ein Fuchsbiss, das ist wie eine Impfung. Wenn der krank war, hat er seine Bazillen direkt in das Huhn reingeimpft. Das Herz hat ja noch geschlagen, das verteilt sich dann im ganzen Körper.«

»Hast du eine Ahnung, was ein Bio-Huhn in der Größe kostet?«, sage ich. Dabei weiß ich das selber nicht. In der Küche säbelt Beate Betty die Gurgel ab, greift ihr mit geübter Hand in den Schritt und zieht einen Haufen bestialisch stinkender und mit Kot und Körnern gefüllter Darmschlingen und Eingeweide heraus. Kurz durchgespült, dann wandert Betty ins Tiefkühlfach.

Jiminy findet es pietätlos. Ich behaupte, dass ich gleichzeitig traurig sein *und* Betty essen kann.

»Wenn ich mit einem Flugzeug in einer unzugänglichen Andenregion abgestürzt wäre, würde ich auch zu denen gehören, die ihre toten Mitpassagiere aufessen. Denen tut es nicht mehr weh. Und Betty auch nicht.«

Außerdem ist dies die einmalige Gelegenheit, Fleisch essen zu können, ohne dass ich dadurch für den Tod des Tieres verantwortlich bin.

Am Nachmittag begleitet mich Jiminy nach Fürstenwalde. Bulli muss zur Chemotherapie in die Tierklinik. Zum Glück ist Bulli nicht der Hellste. Selbst im Wartezimmer hat er noch beste Laune, während die anderen Hunde schon bedrückt vor sich hin starren oder sich zitternd an die Beine ihrer Besitzer schmiegen. Bulli hingegen rennt erwartungsvoll in den Behandlungsraum, versucht mit dem Tierarzt zu knutschen, und erst, als er auf den Untersuchungstisch gehoben wird, dämmert ihm allmählich, was gleich wieder passieren wird. Dr. Lenzke schiebt die Spritze ins rechte Vorderbein, er schiebt und bohrt und zieht die Nadel hin und her, aber kein Blut will in die Spritze laufen, die Venen sind von der monatelangen Chemotherapie bereits völlig verätzt.

Links auch. Mit schweißnassen Händen halte ich Bullis Kopf. Der riesige Bulldoggenschädel scheint immer kleiner zu werden, die Gesichtszüge fallen in sich zusammen, Bulli röchelt, und die Lefzen hängen herunter wie schwere Gardinen. Erst am Hinterbein findet der Tierarzt eine Vene, in die er spritzen kann.

In Fürstenwalde erledigen Jiminy und ich die ersten Einkäufe für die kommenden Bio-Monate. Bulli döst auf dem Rücksitz. Einen richtigen Bio-Laden haben wir in Fürstenwalde nicht gefunden, deswegen versuchen wir es in den großen Supermärkten. Bei Aldi gibt es nur wenige Bio-Produkte, Tees, die ich entweder sowieso schon habe (Bio-Kräuter) oder auf keinen Fall probieren will (Bio-Früchte), dunkle Finn-Korn-Brötchenhälften, die man in den Toaster schiebt und die dann recht passabel schmecken, ein paar Bio-Joghurts, Bio-Bananen, Bio-Wurzeln, Bio-Tomaten, Bio-Steaks und Bio-Aufschnitt. Also die Rundumversorgung ist hier sicher nicht möglich, eher mal eine Ergänzung. Bei Rewe sieht es schon besser aus. Der erste Bio-Stand ist direkt hinter dem Eingang, bei Obst und Gemüse, und bietet dem modernen Konsumenten die Basics: Orangen, Äpfel, Bananen, Tomaten, Zwiebeln, Kartoffeln. Eine Bio-Kokosnuss ist erstaunlicherweise auch dabei. Das konventionell angebaute, also gespritzte, Obst steht gleich gegenüber, sodass man prima die Preise vergleichen kann. Zum Beispiel ist der Beutel Bio-Orangen für 1,99 Euro zu haben, die mit den vergifteten Schalen kosten 1,79 Euro. Wieso habe ich bisher eigentlich immer die vergifteten gekauft? Weil ich Orangen kaufen wollte und auf dem Schild bei den gespritzten Früchten »Orangen« angeschrieben stand. »Bio-Orangen«, das klang wie eine Sonderform, eine aufbereitete Spezialnahrung für hysterische Umweltaktivisten. Ich wollte aber einfach bloß Orangen kaufen. Hätte allerdings auf dem Schild bei den Bio-Waren statt »Bio-Orangen« einfach nur »Orangen« gestanden und auf dem Schild bei den konventionell angebauten Früchten »Mit als krebserregend geltenden Wurm-, Pilz-, Unkraut- und Insektenvernichtungsmittel behandelte Orangen«, hätte ich aller Wahrscheinlichkeit nach die Bio-Apfelsinen als die eigentlichen Orangen wahrgenommen und gekauft, ohne auf den Preis zu schauen. Und hätte am Ausgang des Supermarkts ein Mensch gestanden und mir mit heiserer Stimme zugeflüstert: »He, du da! Pscht! Ich fürchte, du hast die teuren Orangen gekauft. Das war doch sicher keine Absicht. Komm her, ich gebe dir 20 Cent zurück, wenn ich dafür Orthophenylphenol, Thiabendazol und Imazalil auf die Schalen deiner Orangen schmieren darf. Die gelten zwar als krebserregend, das ist aber noch gar nicht 100 % erwiesen«, so hätte ich dankend abgelehnt.

Wenige Schritte hinter dem Gemüsestand gibt es ein Regal, das den größten Teil des Rewe-Bio-Sortiments auf 5 Metern Breite und 2 Metern Höhe anbietet. Zwei verschiedene Tafeln Schokolade, sechs verschiedene Nudelarten, Reis, Hirse, Gewürze, ein paar Konserven, Mehl und Zucker. Es ist ein bisschen wie bei Mutti. So, das gibt es jetzt und damit basta. Wenn's dir nicht schmeckt, kannst du ja woanders hingehen. Andererseits muss ich nicht mehr durch kilometerlange Gänge irren und mich zwischen 60 verschiedenen Marmeladen oder zwölf Buttermarken entscheiden. Nur die Auswahl an Bio-Müslis ist immer noch unangenehm groß. Ich erledige meinen Bio-Einkauf in fünfzehn Minuten, und es sind haufenweise Produkte dabei, die ich noch nie in meinem Leben gegessen habe. Ein Paprika-Brotaufstrich, ein Glas mit rötlich-grauem Johannisbeer-

Apfel-Mus und eine Schokoladentafel in einer unattraktiven schwarzen Verpackung. Im Kühlregal finde ich dann noch vier Bio-Fertiggerichte, drei davon mit Nudeln. Ich kaufe sie alle. Das stundenlange Zubereiten von Nahrungsmitteln ist was für Tagediebe und masochistische Hausfrauen. Jedes Fertiggericht kostet 2,99 Euro. Ähnliche Produkte ohne ökologisches Zertifikat sind für 2,49 im Angebot. Von allen Bio-Produkten ist nur das Olivenöl wirklich teuer, über fünf Euro. Unterm Strich habe ich etwa zwanzig Prozent mehr bezahlt, als wenn ich mies und unfair gehandelte, mit Pestiziden bespritzte und unter Einsatz von Tierfolter hergestellte Waren gekauft hätte.

Als Jiminy und ich mit dem Auto nach Hause kommen, ist es bereits dunkel. Mitten auf der Straße, im Lichtkegel der Straßenlaterne steht ein Fuchs. Er wittert zum Stall hinüber, in dem das letzte lebende Huhn schläft, und hat uns noch nicht bemerkt. Ich mache das Fahrlicht aus, schalte in den Leerlauf und lasse das Auto langsam auf ihn zurollen. »Was hast du vor?«, sagt Jiminy, »der kann doch auch nichts dafür. Das ist doch seine Natur.«

»Niemand tut ungestraft meinen Hühnern weh«, antworte ich hart.

Ich lege den ersten Gang ein und rase mit Vollgas auf den Fuchs zu. Jiminy hält sich die Augen zu. Lässig trabt der Fuchs quer durch meinen Garten davon. Jiminy atmet auf.

Als ich die Orangen auspacke, hat eine davon eine Matschstelle. Die Orangenindustrie besprüht ihre Früchte ja auch nicht aus Jux und Dollerei mit Orthophenylphenol, Thiabendazol und Imazalil. Ich probiere eine nichtmatschige. Sie glänzt nicht ganz so fein, wie vergiftete Orangen das tun, schmeckt aber mindestens genauso gut. Ob sie nun besser schmeckt … – hm, schwer zu sagen.

In den folgenden Tagen treffen haufenweise Pakete ein. Ich habe mir beim Internet-Antiquariat ZVAB Bücher über Bio-Ernährung und Vegetarismus bestellt. Zwei Fachbücher über vegane Ernährung sind auch schon dabei. Nur zum Stichwort »Frutarismus« hat die Suchmaschine überhaupt keine Treffer angezeigt. Auch nicht, wenn ich »Fructarier«, »Fruitarier« oder »Fruganer« eingegeben habe. Die Ernährungsweise scheint so unbeliebt zu sein, und die wenigen Frutarier scheinen so verstreut und isoliert zu leben, dass noch nicht einmal über eine allgemeingültige Bezeichnung Einigkeit besteht. Zum Stichwort »Kannibalismus« gibt es hingegen 309 Treffer. Offenbar spielen die Leute lieber mit dem Gedanken, ihren Speisezettel zu erweitern, als ihn einzuschränken.

2

Januar – alles Bio

»Es tun mir viele Sachen weh,
die anderen nur leidtun.«

(Georg Christoph Lichtenberg)

Vorgabe: Ich esse in diesem Monat ausschließlich Lebensmittel, die das sechseckige EU-Bio-Siegel tragen oder bei denen mir die Produktionsbedingungen bekannt sind (Kartoffeln und Wurzeln, die mein Nachbar Zappi in meiner Anwesenheit aus der schwarzen Erde gebuddelt hat, selbst gekochte Marmelade von meiner Nachbarin Beate und Eier von den Hühnern unseres Bürgermeisters). Ausnahme: Wenn ich eingeladen bin oder in ein Restaurant gehe, darf ich auch Lebensmittel ohne Bio-Siegel essen, dann allerdings auf keinen Fall Fleisch oder Fisch.

»Sonst könnte ich ja nie mehr eine Einladung annehmen, und hauptsächlich geht es mir doch um die Tiere.«

Ich habe Jiminy zu einem umweltverträglich hergestellten und fair gehandelten Frühstück eingeladen, Roggenbrötchen mit Butter, Käse und Marmelade und Paprika-Streich (so heißt das Zeug tatsächlich). Dazu Tee und Eier. Jiminy, die sich mit öffentlichen Verkehrsmitteln durch Schnee und Eis zu mir heraus kämpfen musste, hat aus ihrem Kreuzberger Bio-Supermarkt noch Alfalfa-Sprossen, Tomaten und die Januarausgabe von »Schrot und Korn«, der »Apothekerumschau« des

Bio-Handels, mitgebracht. Gleich auf der ersten Seite hat mein neues Leib- und Magenblatt die Argumente aufgelistet, warum man »Bio« kaufen sollte. Jiminy liest sie mir vor:

»Weil

– ich keine Lust auf Chemie im Essen habe.
– Bio die Arbeiterinnen und Arbeiter auf den Plantagen schützt vor Pestiziden und anderen Giften.
– Bio Nein zur Gentechnik sagt.
– Bio in puncto artgerechter Tierhaltung besser ist.
– Bio das Klima schützt.
– Bio die Ackerböden vor Erosion und Fruchtbarkeitsverlust bewahrt.
– Bio das Grundwasser vor Pestiziden und Nitraten schützt.
– ich einfach ein gutes Gefühl dabei habe.«

»Ich einfach ein gutes Gefühl dabei habe? Was ist das denn für ein blödes Argument? Und was heißt ›in puncto artgerechter Tierhaltung besser‹? Ich dachte, die halten ihre Tiere komplett artgerecht, das wäre da Vorschrift.«

Jiminy zuckt mit den Schultern. Interessant ist auch, dass Chefredakteurin Barbara Gruber in ihrem Grußwort an die Leser unverblümt zugibt, dass es wissenschaftlich nicht geklärt ist, ob Bio-Lebensmittel tatsächlich gesünder sind. Davon war ich bisher allerdings ausgegangen. Ist das nicht logisch, dass etwas, auf dem sich keine Pestizidrückstände befinden, gesünder ist als etwas mit Pestizidrückständen? Außerdem weiß ich aus einem meiner neuen Bücher über Bio-Ernährung, dass alle in Versuchen getesteten Hühner, Kaninchen, Mäuse und Ratten Bio-Futter gegenüber konventionell erzeugtem Futter eindeutig den Vorzug gaben. Jiminy und ich machen den Menschenversuch: Der Paprika-Streich, die Gemüsepampe, die man sich aufs Brot schmieren soll, schmeckt langweilig und glitschig. Jiminy behauptet, man könne nur die Streichs mit Tomaten nehmen, alle Streichs, die auf Tomatenbasis hergestellt sind, würden ziemlich gut schmecken. Na fein. Die kann ich dann ja später ausprobieren, wenn ich Vegetarierin bin. Die aufgebackenen Roggenbrötchen finden hingegen unsere Zustimmung, aber von den Tomaten sind wir wieder bitter enttäuscht. Bio-Tomaten sollen angeblich doch so geschmacksintensiv sein, aber die hier schmecken wie nasser Teppich. Kein Unterschied zur gewöhnlichen Supermarkt-Tomate.

Ein klägliches Miauen kommt unter dem Tisch hervor. Freddy, ein uralter, grauer Karthäuserkater, versucht vergeblich, sich unter Bullis massigem Körper hervorzuwinden. Bulli fixiert ihn mit einer Pfote auf dem Boden und schleckt dem unglücklichen Tier das Ohr aus. Jiminy will, dass ich eingreife.

»Da muss Freddy durch«, sage ich, »dafür hat er es jetzt schließlich warm und trocken.«

Ich wollte nie Katzen. Erstens habe ich eine Katzenhaarallergie, zweitens sind das für mich sadistische Killer, die kleine Tiere zu Tode foltern. Aber als ich vor einem halben Jahr in dieses Haus zog, wohnten im Garten bereits zwei Kater, Simbo und Freddy. Ein Nachbar hatte sie zurückgelassen, als er mit seiner neuen Freundin in einer neuen Wohnung ein neues Leben begann, in dem für alte Kater kein Platz war. Und irgendjemand musste sie schließlich füttern. Und kraulen. Beide waren so ausgehungert nach menschlicher Zuwendung, dass sie schon sabberten, wenn man sie bloß auf den Arm nahm. Als dann nach Weihnachten der viele Schnee kam, ließ ich die Stromer ins Haus. Simbo, ein getigerter

Feld-Wald-und-Wiesenkater mit glänzendem Fell und prächtigem Selbstbewusstsein, hätte die Kälte vermutlich überstanden. Aber um Freddy, den ständig haarenden, alten Karthäuser mit dem abgebrochenen Schwanz und den Leckaugen, der auf einem Strohballen in einem offenen Schuppen residierte, machte ich mir ernsthaft Sorgen. Es gibt ja militante Tierschützer, die die Ansicht vertreten, dass Tiere grundsätzlich nur in einen natürlichen Lebensraum gehören. Ich fürchte, die haben nicht die geringste Vorstellung davon, wie sehr das Leben in freier Wildbahn an der Substanz zehrt. Ein Dach über dem Kopf erhöht nicht nur die Lebensqualität, sondern verlängert auch die Lebenserwartung ganz beträchtlich. Haustiere, die nicht für die Schlachtung vorgesehen sind, werden meist sehr viel älter als ihre wild lebenden Verwandten. Das liegt nicht nur daran, dass sie vor Fressfeinden geschützt sind, sondern auch daran, dass das Catering besser ist, sie keine Parasiten haben, medizinisch versorgt werden, weniger durch Revierkämpfe und Todesangst gestresst sind, und dass ihnen die Kälte nicht so entsetzlich zusetzt. Für Menschen gilt das übrigens auch. Wer einen festen Wohnsitz hat, lebt deutlich länger als die 47 Jahre, die die obdachlosen Mitglieder unserer Gesellschaft durchschnittlich erreichen. Simbo und Freddy jedenfalls, vor die Wahl gestellt, die unendliche Freiheit der brandenburgischen Wälder und Wiesen gegen das beengte und überheizte Leben in einem Haus einzutauschen, entschieden sich ohne zu zögern für Katzenklo und Sofa. Die erste Woche schliefen sie fast ununterbrochen durch. Und obwohl sie es jederzeit könnten, weigern sie sich bis jetzt beharrlich, auch nur eine Pfote in den Schnee hinauszusetzen. Bulli ist von der Vergrößerung des Rudels natürlich begeistert und überschüttet beide Kater mit unerwünschten Liebesbeweisen.

Ich greife zur selbst gemachten Brombeermarmelade meiner Nachbarin.

»Ich glaube kaum, dass Beate die mit Bio-Zucker eingekocht hat«, bemerkt Jiminy.

»Na und?«

»Du hast doch gesagt, dass du von jetzt an nur noch Bio essen willst.«

Das war ja zu erwarten. Kaum gibt man sich ein bisschen Mühe, schon springt aus irgendeiner Ecke ein Müsli-Fresser und schreit: »Das ist nicht genug! Du hast schon wieder etwas nicht bedacht. Nur ich, ich, ich krieg es auf die Reihe, ein guter Mensch zu sein. Du hingegen wirst ewig eine unverbesserliche Umweltsau bleiben.«

Ich kontere mit der wahnsinnig guten Klimabilanz dieser Marmelade. »Beates Beeren sind mit dem Mist meines Maultiers gedüngt, den sie sich eigenhändig mit der Schubkarre abgeholt hat. Sie hat die Beeren im Garten gepflückt und vermutlich ohne nennenswerten Benzinverbrauch in ihre Küche getragen, dort eingemacht, diese Portion in ein ausgewaschenes altes Senfglas gefüllt und mir das fertige Produkt über den Gartenzaun gereicht. Willst du ernsthaft behaupten, es wäre besser für die Umwelt, wenn ich mir eine Bio-Marmelade aus China einfliegen lasse, bloß weil die dort den richtigen Zucker verwendet haben?«

Jiminy erklärt sich bereit, Beates Marmeladen ausnahmsweise zu genehmigen, und ich erkläre mich bereit, Beates Marmeladenproduktion in der nächsten Saison mit Bio-Gelierzucker zu sponsern.

»Außer mir gibt es sowieso keinen einzigen Menschen in Deutschland, der ausschließlich Bio-Produkte kauft.«

»Doch«, sagt Jiminy, »Mütter. Wenn Frauen Kinder

kriegen, fangen die ja plötzlich an, nur noch Bio-Sachen zu kaufen. Oder wenn jemand Krebs kriegt. Ich kenne zwei Männer, die nach der Krebsdiagnose ihre gesamte Ernährung auf Bio umgestellt haben.«

Aha. Der durchschnittliche Kunde interessiert sich vielleicht doch nicht so sehr für Klima und Bodenerosion, sondern mehr für den bislang unbewiesenen Gesundheitsaspekt. Das erklärt, warum der Bio-Handel in den letzten Jahren zweistellige Zuwachsraten verzeichnen konnte. Von allen Ernährungsformen mit moralischem Anspruch kommt Bio-Konsum den Eigeninteressen am weitesten entgegen. Gesund soll es sein, und endlich wieder so wie früher schmecken.

Da ich 70 km von Berlin entfernt lebe und nach Weihnachten so viel Schnee gefallen ist, dass man freiwillig keine größeren Touren unternehmen mag, habe ich bisher nur die Einkaufsmöglichkeiten für Bio-Produkte in den Supermärkten der näheren Umgebung ausprobiert. Sie waren viel besser, als ich gedacht hatte. Bio-Bananen, -Orangen, -Tomaten und -Kartoffeln fehlten nirgends. Außerdem gab es fast überall Bio-Aufschnitt. Wurstbrot muss ein ungeheuer beliebtes Nahrungsmittel sein, so wie der Aufschnittesser von der Bio-Branche umgarnt wird. Jiminy meckert natürlich. Ihr ist das alles nicht genug. Außerdem wurde der Plus-Supermarkt in Neuhardenberg, auf den wir einige Hoffnung gesetzt hatten, gerade von einem anderen Konzern geschluckt und heißt seit dem Jahreswechsel plötzlich »Netto«. Eine der ersten Amtshandlungen der neuen Leitung war es, das Bio-Hack aus den Kühltruhen zu entfernen. Das ist besonders für Jiminy bitter. Sie ist Frikadellen-Vegetarierin – an 361 Tagen im Jahr isst sie kein Fleisch, aber bei Gehacktem à la Mutti wird sie schon mal schwach. Deswegen wird Netto von uns jetzt boykottiert. Bei Lidl gibt es nur wenige Bio- und einige Fairtrade-Produkte. Die faire Entlohnung der Arbeiter ist natürlich erfreulich, reicht mir als ethische Mindestanforderung aber nicht. Beim Riesendiscounter Kaufland sieht es schon besser aus. Im Gegensatz zu Rewe und Edeka sind die Bio-Marken hier nicht auf ein einzelnes Regal konzentriert, sondern über die ganze, hektargroße Verkaufsfläche verteilt. Überall dort, wo sich Bio-Lebensmittel befinden, ragen Pappschilder mit dem Bio-Siegel wie kleine Verkehrszeichen in den Raum und leiten das von einer Million Kaufoptionen überforderte Individuum durch ein Meer der Unübersichtlichkeit an die richtige Stelle. Im ersten Moment denkt man, das sind wirklich viele Schilder, hier gibt es wohl alles, was das Bio-Herz begehrt. Aber sowie man bei einem der Siegel angekommen ist, weist es mit schöner Regelmäßigkeit auf das unattraktivste Produkt im ganzen Regal. Entweder handelt es sich um Grundnahrungsmittel wie Mehl, Reis und Nudeln oder um einen abwegigen Genuss wie eingemachte Sojasprossen. Dass bei den Salzsachen gleich mehrere Bio-Zeichen in den Raum ragen, bedeutet noch lange nicht, dass man dort auch nur eine einzige Tüte Bio-Chips findet. Stattdessen gibt es gleich zwei Varianten jener widerlichen Salzbrezeln, die ich schon als Kind verabscheut habe, und Sesamcräcker, die wie zerbrochenes Knäckebrot aussehen. Na toll. Immerhin gibt es aber eine Bio-Putenkeule, Bio-Rohmarzipan, und ich finde bei Kaufland auch endlich einen Bio-Orangensaft. (Bei Rewe vertritt man anscheinend die Auffassung, Bio-Konsumenten würden bloß Apfel-, Gemüse- oder Tomatensaft trinken.) Eine Bio-Cola habe ich allerdings weder hier noch in einem anderen Supermarkt entdeckt.

»In Berlin, in der Bio-Company, gibt es die garantiert«, lockt Jiminy.

Ich habe ihr nämlich versprochen, es wenigstens mit einer Bio-Cola zu versuchen, bevor ich wieder auf mein Lieblingsgetränk Coca-Cola light zurückgreife. Ehrlich gesagt, gebe ich dem Versuch keine große Chance. Ich hoffe sehr, dass ich Coke light auch während meiner Bio-Phase weiter trinken darf. Bisher gehe ich davon noch aus. Coca-Cola, so meine Vermutung, besteht doch sowieso fast ausschließlich aus Chemie. Das einzig Natürliche darin ist der Zucker, und selbst der ist im Light-Produkt durch Chemie ersetzt, sodass sich die Bio-Frage gar nicht erst stellt. Oder gibt es irgendwo biologisch-dynamische hergestellte Chemikalien?

»Cola light ist das Getränk der Dicken«, stänkert Jiminy Grille.

»Völlig falsch«, sage ich, »Cola light ist das Lieblingsgetränk wahnsinnig gut aussehender und mit nacktem Oberkörper herumlaufender Bauarbeiter, du musst nur mal wieder Werbung kucken.«

Unter dem Tisch kommt ein lautes Zischen hervor. Freddy hat beide Vorderpfoten in Bullis üppige Gesichtsfalten gekrallt und zerrt sie in verschiedene Himmelsrichtungen, sodass Bulli unfreiwillig Grimassen wie aus einer Peking-Oper schneidet. Er versucht zu kläffen, bringt aber bloß ein paar gehauchte Rachenlaute zustande, weil er keine Stimmbänder mehr hat. Aus irgendeinem unerfindlichen Grund lassen die Krebszellen in seinem Körper die Atemwege zuschwellen. Sport, Spiel und Gassigehen ist nur noch in homöopathischen Dosen möglich. Bei seiner letzten Operation, der dritten innerhalb von fünf Monaten, wurde ihm alles aus dem Hals geschnitten, was seiner eingeschränkten Luftzufuhr noch im Weg sein könnte – auch die Stimmbänder. Freddy zerrt Bullis Lefzen mit den Krallen zu sich heran, und Bulli versteht das als Aufforderung, auch noch Freddys zweites Ohr zu reinigen.

Heute fahren Jiminy und ich nach Berlin zur Bio-Company. Wie in der konventionellen Lebensmittelbranche haben auch im Bio-Handel längst Supermarktketten die meisten der kleinen Tante-Emma- bzw. Eine-Welt-Läden um die Ecke verdrängt, und Bio-Ernährung haftet schon lange nicht mehr der Ruch von Öko-Mief und Selbstgestricktem an. Die Kunden sind vor allem schicke, gut verdienende, fitnessbewusste junge Leute. So habe ich das wenigstens in meinen Büchern über Bio-Ernährung gelesen. Kann ja sein, dass das anderswo so ist, in der Kreuzberger Bio-Company hängen jedenfalls immer noch Angebote für schamanistische Workshops am Schwarzen Brett und die Kunden sehen erfreulicherweise immer noch wie Kreuzberger aus – schon schick, aber die alternative Variante. Bei dieser Witterung tragen sowieso alle dicke Wollschals und Sukkulenten-Mützen. Ich schnappe mir einen Einkaufswagen. Es ist ein normal großer Gitterwagen, wie es sie früher überall gab, bevor sie in den konventionellen Discountern durch kunststoffverstärkte Super-Size-Einkaufspanzer mit dem Ladevolumen mehrerer Bruttoregistertonnen und extra breiten Griffen für die Wurstfinger der 200-Kilo-Kunden ersetzt wurden. Das Angebot in der hellen, 500 qm großen Bio-Company wirkt übersichtlich und kultiviert. Was es in den gut sortierten Regalen nicht gibt, braucht der intelligente und disziplinierte Kunde nicht. Jiminy drängt mich, zwei Walnuss-Brownies am Backwaren-Tresen zu kaufen – für 1,85 Euro das Stück nicht gerade geschenkt! Allerdings – Jiminy will, dass ich sofort probiere – sind es wirklich unglaub-

34

lich gute Brownies, einfach phantastisch, die Art von Brownies, nach deren Vorkommen man sein Urlaubsziel aussuchen würde. Ebenfalls sehr, sehr gut, wie Jiminy versichert, aber mit einem Preis von 2,95 Euro pro Stück so teuer, dass einem schwindlig werden kann, sollen die Mandelhörnchen sein.

Überhaupt kommt mir schon bald der Verdacht, die Bio-Company wolle durch ihre Preisgestaltung erzieherisch auf den Konsumenten einwirken. Gesunde und naturbelassene Produkte wie Obst, Gemüse und Salate gehören zu den günstigen Waren. Also häufig kaufen, schont den Geldbeutel und die Herzkranzgefäße! Fleisch, Käse und Kuchen sind hingegen nicht nur fett oder zuckerhaltig, sondern oft auch ganz schön teuer. Selten kaufen und in kleinen Mengen als etwas Besonderes genießen, sagt die Preisgestaltung des Biomarktes. Dann dürfte es aber auch nicht so verdammt gut schmecken. Die Käsetheke zum Beispiel! Hinter der Theke steht der junge Herr Rodriguez, und nachdem ich ihm erklärt habe, was für Käse ich bisher gern aß, schneidet er ohne zu zögern von einem Uralt-Gouda, einem Heudammer und einem Ziegenkäse ab und lässt mich probieren. Wahnsinn!!! Der Uralt-Gouda ist so gut und Herr Rodriguez nicht nur kompetent, sondern auch so freundlich, dass am Ende doch mehr Käse als Gemüse im Einkaufswagen liegt. Und Fleisch. Und Schokolade. Mit Verzicht hat Bio-Ernährung nichts zu tun, allenfalls mit Luxus. Sogar eine Bio-Cola habe ich gefunden. Es handelt sich um ein schwarzes, kohlensäurehaltiges Getränk der Firma Bio-Zisch, das sich Guarana-Cola nennt. Guarana ist eine brasilianische Lianenart mit viel Koffein, das aber deutlich langsamer an den Körper abgegeben wird als bei Kaffeebohnen. Eine Light-Version davon gibt es natürlich nicht.

Zu Hause werfe ich ein paar Eiswürfel in ein Glas, schenke ein, schwenke kurz und halte das Getränk fachmännisch gegen das Licht. Sieht aus wie Cola. Ich nehme einen Schluck. Jiminy und Bulli schauen erwartungsvoll zu. Pfui Deibel! Ich spucke das Zeug sofort in die Spüle. Die Guarana-Cola schmeckt wie ein fieses Medikament mit 25 Nebenwirkungen. Völlig ungenießbar. Möglicherweise tue ich der Firma Bio-Zisch unrecht. Geschmack ist ja auch immer eine Frage von Gewohnheiten, und ich kenne Leute, die auch mein Lieblingsgetränk Coca-Cola light schon als »krankes Gesöff« oder »ekelhafte Plörre« bezeichnet haben. Vielleicht wären diese Leute von der Guarana-Cola hellauf begeistert. Ich werde mich in diesem Leben allerdings nicht mehr daran gewöhnen.

Nachdem ich also tapfer den Versuch mit der Bio-Cola durchgestanden habe, bin ich berechtigt, wieder Cola light zu trinken – immer vorausgesetzt, dass Cola nicht am Ende doch aus Pflanzen hergestellt wird. Die würden dann aller Wahrscheinlichkeit nach natürlich nicht aus biologischem Anbau stammen, was wiederum bedeuten würde, dass ich zwei Monate lang keine Cola light mehr trinken dürfte. Eine grauenhafte Vorstellung. Ohne Cola kann ich nicht arbeiten. Weil ich ja ständig so müde bin. Völlig erschöpft, zum Umfallen müde. Das Erste, was ich morgens tue, nachdem ich meinen Computer angestellt habe, ist, dass ich mir ein Glas eiskalter Cola light einschenke. Kaum habe ich das getrunken, knipst sich das Hirn an, und ich kann loslegen. In regelmäßigen Abständen dosiere ich nach, sodass ich je nach Arbeitspensum ein bis zwei Literflaschen Cola am Tag trinke. Die Light-Version natürlich. Ein Handwerker, der die meterhohen Ansammlungen von Pet-Leergut bei mir bestaunte, schlug einmal vor, ich solle mir doch eine Zapfanlage ins Haus legen lassen.

»Wusstest du, dass die Süßstoffe, die in Light-Produkten sind, auch in der Schweinemast eingesetzt werden?«, fragt Jiminy. »Weil sie Heißhunger auslösen.«

Ich weiß gar nicht, wo die ganzen Hetzkampagnen gegen Cola immer herkommen. Vielleicht liegt es daran, dass das Getränk schwarz ist. Eine deutlich negative Farbe. Auch schwarze Hunde bleiben in Tierheimen immer am längsten sitzen. Als ich Kind war, hieß es, Cola würde die Magenwände verätzen, und wenn man ein Stück Fleisch in ein Glas Cola täte, wäre es am nächsten Tag verschwunden. Zum Glück stoße ich im Internet auf eine Seite, die mit den Vorurteilen gegen Cola light aufräumt. Also, Süßstoffe werden zwar in der Schweinemast eingesetzt, aber nicht um Heißhunger auszulösen, sondern weil das Mastfutter in der konventionellen Schweinehaltung anscheinend aus so ekelhaften Zutaten besteht, dass die Ferkel es ohne Süßstoffe nicht runterwürgen könnten.

»Das heißt gar nichts«, sagt Jiminy, »deswegen kann es ja außerdem auch noch den Appetit anregen.«

Und Fleisch löst sich auch nicht in Cola auf, egal wie lange man es darin liegen lässt. Dieses Gerücht sollen möglicherweise die Nazis gestreut haben, um die Deutschen zu trösten, als Coca-Cola während des Zweiten Weltkrieges nicht mehr an den deutschen Markt geliefert wurde. Allerdings steht auf einer anderen Website, dass Fleisch sich sehr wohl in Cola auflöst, dass es das aber auch in jedem anderen säurehaltigen Getränk – wie etwa Apfelsaft – tut. Ja, was denn nun? Na, eigentlich kann mir das egal sein. Für mich ist schließlich bloß relevant, ob Coca-Cola aus Pflanzen gemacht wird. Nervös blättere ich im Internet. Pech gehabt: Das Cola-Rezept

beinhaltet tatsächlich Vanille und Orangen-, Zitronen-
und Zimtöle. Warum nehmen die eigentlich keine Bio-
Produkte? Auf der Homepage von Coca-Cola steht
doch, dass dem Konzern gesellschaftlich verantwort-
liches Handeln besonders am Herzen liegt:

»Deshalb sehen wir unsere Verpflichtung in vier wesentlichen Bereichen: im Markt, als Arbeitgeber, für unsere Umwelt und für das Gemeinwohl.«

Mal schauen, was Wikipedia dazu sagt. Ach du meine
Güte:

»Der weltgrößte Pensionsfond TIAA-CREF ver-
kaufte 2006 seine Coca-Cola-Anteile im Wert von
52,4 Millionen Dollar, nachdem bekannt geworden war,
dass der Konzern gegen Kinderschutz-, ILO- und Um-
weltstandards verstoßen haben soll.« Und es kommt
noch dicker:

»… wird Coca-Cola beschuldigt, in Kolumbien mit-
hilfe rechter Paramilitärs Druck auf die Belegschaft
dortiger Anlagen auszuüben. Sogar Morde an Ge-
werkschaftlern von Sinaltrainal, einer Lebensmittelge-
werkschaft, werden der Firmenleitung in Kolumbien
zur Last gelegt.«

Das war's dann ja wohl. Wieso, frage ich mich, kann
ein Konzern, der die klebrig-süße Globalisierung bis in
die letzten Winkel der Welt betrieben hat, nicht mit ein
bisschen Großzügigkeit auf die sicher nicht ganz unbe-
rechtigten Forderungen seiner Angestellten reagieren?

»Was ist los mit denen?«, tobe ich. »Haben die den
Hals immer noch nicht voll? Denken die, den Arbeit-
nehmern in Mittelamerika geht es zu gut? So ein wun-
derbares Getränk – und dann das. Ich versteh's nicht.«

Jiminy sieht mich besorgt an, weil plötzlich ein star-
kes asthmatypisches Lungengeräusch, das sogenannte
Giemen, aus meinem Mund kommt. Das passiert

manchmal, wenn ich mich aufrege. Statt einfach auszuatmen, mache ich dann das lächerliche Geräusch einer Gummi-Ente.

»Das handelt sich da doch um ein Lizenzunternehmen«, versucht Jiminy abzuwiegeln.

»Na und? Dann muss die Zentrale den Banditen da unten mal die Ohren lang ziehen! Da werden Leute umgebracht! So eine Scheiße! Und in Indien haben die den Bauern das Wasser weggenommen. Jetzt darf ich nicht nur die nächsten zwei Monate keine Coke light mehr trinken, jetzt kann ich die nie mehr trinken. Jetzt muss ich mir irgend so eine fiese, zuckerhaltige Bio-Cola suchen.«

Giemend trete ich gegen den Küchenschrank. Bulli, Simbo und Freddy, die es sich zusammen auf dem Sofa gemütlich gemacht haben, schauen erstaunt hoch. Ist doch aber auch wahr! Wenn stinkreiche Konzernmanager es noch nicht einmal auf die Reihe kriegen, das Lebensrecht ihrer gewerkschaftlich organisierten Mitarbeiter in Kolumbien zu achten, wie soll man da von sorgengeplagten Hartz-IV-Empfängern erwarten, dass sie sich Gedanken um die Haltungsbedingungen von Hühnern und Schweinen machen?

Apropos Haltungsbedingungen: Im Hühnerstall sitzt immer noch das letzte lebende Huhn, einsam und von fast allen Umweltreizen abgeschnitten wie Kaspar Hauser. Iso-Haft ist Folter. Aber solange der Fuchs weiterhin am helllichten Tag durchs Dorf streift, kann ich das Huhn nicht rauslassen. Und solange so viel Schnee liegt, kann ich auch kein Gehege bauen. Und solange die Haltungsbedingungen so schlecht sind, mag ich kein zweites Huhn zur Gesellschaft kaufen. Möglicherweise ist meine Form der Geflügelhaltung noch schlimmer als die in den Massenbetrieben. Da haben die Hühner wenigstens Gesellschaft. Und warm ist es da auch. Der Wetterbericht hat für die kommende Woche Nachttemperaturen bis minus achtzehn Grad angekündigt. Ich muss mir dringend etwas einfallen lassen.

Die nächsten Tage bin ich unglaublich müde. Dabei sind meine Laborwerte völlig in Ordnung. Ich stecke bis zum Rand voll mit Eisen, und Diabetes habe ich auch noch nicht. Bloß die Cholesterinwerte sind zu hoch. Komisch, ich dachte immer, erhöhten Cholesterinspiegel, so etwas hätten nur Männer. Ich bin so müde, dass ich vom Schreibtischstuhl kippen könnte.

»Ganz ruhig. Du bist bloß auf Entzug, das geht vorbei«, sagt Jiminy.

Es ist mir ein Rätsel, wie diese Gesundheits-Apostel ohne eine anständige Cola auskommen. Wahrscheinlich schlappen sie alle Kaffee. Bio-Kaffee – fair gehandelt und schmerzarm geröstet – gibt es in tausend Varianten. Ich mag aber keinen Kaffee. Also versuche ich mir einzureden, dass ich mich auch ohne Koffein konzentrieren könnte. Ich starre auf den Bildschirm vor mir, versuche den Sinn hinter den Wörtern zu begreifen, aber nach kurzer Zeit gleiten meine Gedanken ab, und ich überlege mir stattdessen, wie ich Zahlen schreiben könnte, wenn ich nur eine Tastatur mit Buchstaben zur Verfügung hätte. Für die Eins könnte ich das große I nehmen, und die Null ist natürlich ein O. Zwei ist Z. Ich frage mich, ob die Zahl Zwei deswegen mit Z anfängt, weil das Z wie eine Zwei aussieht. Schluss damit, ich muss mich wieder auf den Text konzentrieren. Das E sieht wie eine umgedrehte Drei aus, aber es gibt keinen Buchstaben, der dem vertrackten Aufbau der Vier ähnelt. Am ehesten vielleicht noch das H … Ich gebe es auf und rufe erst einmal meinen Steuerberater Guido an und frage, ob ich die Mehrkosten für Bio-Lebensmittel nicht von der Steuer absetzen kann. Schließlich bin ich ja gezwungen, das teure Zeug zu essen, weil ich doch ein Buch darüber schreiben muss. Guido ist nicht sehr zuversichtlich, rät aber, für alle Fälle die Kassenzettel aufzuheben. Nach dem Telefonat frage ich mich, ob es überhaupt fair wäre, mir vom ohnehin schon gebeutelten Steuerzahler auch noch meine Fehlernährung finanzieren zu lassen. Wenn ich mich ausgewogen ernähren, also viel Obst und Gemüse essen würde wie all die jungen, gesunden Menschen, die ich in der Bio-Company gesehen habe, nicht öfter als ein- oder zweimal die Woche Fleisch und ab und zu mal ein Stück Kuchen oder eine Tafel Schokolade, dann würden meine Mehrkosten für Bio-Lebensmittel vielleicht 20 Prozent ausmachen. Da ich aber überwiegend Fertiggerichte, viel Fleisch und Käse und vor allem ständig Kekse und Schokolade esse, liegen meine Mehrkosten nahe 100 Prozent.

»Bio-Lebensmittel – kann ich mir gar nicht leisten«, ist in Zeiten von Hartz IV ja ein oft gehörtes Argument. Den Menschen sind die Tiere nicht egal, aber sie wollen für deren Wohlergehen auch nicht bezahlen. In Borneo soll es Anhänger eines kannibalistischen Kults gegeben haben, die anlässlich des Tiwa-Festes jedes Mal sechs Sklaven zu Ehren eines Verstorbenen verspeisten. Im 19. Jahrhundert sollen sie dieser Sitte abgeschworen haben und dazu übergegangen sein, stattdessen sechs Büffel zu essen. Als die holländischen Kolonialisten, die vermutlich an der Entwicklung dieser neumodischen ethischen Bedenken nicht ganz unbeteiligt waren, sie eines Tages wieder beim Verspeisen von Menschen antrafen, erklärten die Anhänger des Tiwa-Kultes, sie wären zu ihren alten Gewohnheiten zurückgekehrt, weil sie sich die Büffel, die 250 Gulden kosteten, nicht leisten könnten. Ein Ess-Mensch sei dagegen schon für 100 Gulden zu haben. Quellen, in denen von Kannibalismus die Rede ist, sind oft wenig seriös. Man sollte diese Anekdote also mit Argwohn betrachten, bevor man den Indonesiern eine kannibalistische Vergangenheit unterstellt. Aber es ist ziemlich wahrscheinlich, dass der Kannibalismus dort, wo es ihn gegeben hat, mit genau solchen Argumenten verteidigt worden ist. Was den Preis der Bio-Ware betrifft: Sie kann nicht so billig sein wie Supermarktware aus den Discountern, denn deren Lebensmittelpreise spiegeln nicht die echten Kosten wider, die wir alle durch Subventionen in Milliardenhöhe bezahlen. Auch die entstandenen Umweltkosten werden wieder der Allgemeinheit aufgebrummt.

Was gibt es sonst noch für Vor- und Nachteile bei Bio-Produkten? Wie gesagt: So gut wie jedes Lebensmittel ist zu haben oder doch zumindest durch ein sehr ähnliches zu ersetzen. Das Bio-Miracoli ist natürlich gar kein echtes Miracoli, sondern heißt irgendwie anders und schmeckt wie alle Spaghetti-Fertiggerichte, die das unerreichte Original nachzuahmen versuchen – also ganz passabel. Allerdings fehlt das kleine Tütchen mit geriebenem Parmesankäse. Jiminy vermutet, das liege daran, dass Bio-Parmesan so teuer sei. Ich glaube eher, dass Bio-Konsumenten diese Tütchen nicht wollen, weil mumifizierter Parmesan nicht ihrer Ernährungsphilosophie entspricht. Selbst Light-Produkte gibt es, allerdings hat die Light-Mayonnaise mich geschmacklich nicht überzeugen können. Auch viele Kekse finde ich zu staubig oder arg gesund im Geschmack. Manchmal merkt man halt doch, dass die Hersteller konventioneller Lebensmittel einfach einen jahrzehntelangen Vorsprung in der Produktentwicklung haben. Auch wenn die Bio-

Unternehmer mit Riesenschritten aufholen, müssen sie ja für jede Geschmacksverbesserung, bei der sich die herkömmlichen Produzenten der guten alten Chemie bedient haben, erst ein neues Verfahren entwickeln, das auch noch umweltfreundlich und möglichst naturnah sein soll. Die Sweet-Chili-Sauce zum Beispiel schmeckt bei einem Preisverhältnis von 5:1 zwar genauso gut wie die aus dem Asia-Laden, aber als ich etwas Sauce aus der Flasche schütteln will, plumpst mir ein gallertartiger Klops – ungefähr ein Fünftel des Flascheninhalts – auf den Teller. Zum Glück handelt es sich nur um eine kleine Flasche. Da fehlen wohl die guten Geschmeidigmach- und Rieselfein-Chemikalien, die sonst in solchen Saucen sind. Das ist natürlich kein Drama. Einmal mit der Gabel durchgerührt, und die Sache hat sich. Schlimmer finde ich die wabbeligen und viel zu wenig gesüßten Lakritze. Etwas Ebenbürtiges zu Haribo-Konfekt oder Katzenpfötchen hat die Bio-Company nicht zu bieten. Der zweite große Vorsprung, den die mit Chemie und ökologischem Leichtsinn operierenden Lebensmittelhersteller gegenüber der Bio-Branche haben, ist natürlich der, dass ich bereits mit ihren Produkten aufgewachsen bin und mich an den Geschmack gewöhnt habe. Außerdem hatte ich 48 Jahre Zeit, die Marken herauszufinden, die mir am besten schmecken. Vielleicht gibt es in Nordenham oder in Oberammergau ganz tolle Bio-Lakritzen und ich habe sie bloß noch nicht entdeckt. Gute Schokoladentafeln gibt es jedenfalls überall – man darf sich nur nicht von den langweiligen, dunklen Verpackungen abschrecken lassen. Herausragend: »Ganze Mandel« von Gepa und die »Weiße Knusper« von Vivani. Übrigens habe ich noch nie zuvor so oft Dinge gegessen, die ich nie zuvor gegessen habe – etwa das gar nicht mal so üble rotgraue Johannisbeer-

Apfelmus. Und ich habe echte Geschmackssensationen entdeckt. Nicht bei den Tomaten, die haben mich weiterhin tief enttäuscht, aber die Paprikaschoten schmecken viel besser als alle Schoten, die ich bisher gegessen habe. Und im Kühlregal gibt es einen Schafsfrischkäse mit Datteln und Currysoße, der seinen schönen Namen »Sultans Freude« absolut zu Recht trägt – von der Käsetheke des Herrn Rodriguez ganz zu schweigen.

Jiminy erscheint und unterbricht meinen interessanten Gedankenfluss. »Kannst du mal kommen? Ich glaube, die Beule an Bullis Bauch ist wieder dicker geworden.«

Vor einigen Tagen hat sich plötzlich eine Wasseransammlung in Bullis Leistengegend gebildet. Der Tierarzt hat die Flüssigkeit mit einer Spritze herausgeholt und zuerst sah es aus, als hätte es damit nichts weiter auf sich.

Bulli und ich fahren zur Tierklinik. Dr. Lenzke sticht wieder eine Spritze in das Serom und zieht das Wundwasser heraus. Eine mühsame Angelegenheit. Mehrmals muss die Spritze von der Nadel gezogen und ausgeleert werden. Wenigstens scheint es Bulli nicht wehzutun. Er steht auf dem Behandlungstisch und hechelt gestresst, aber das liegt vor allem daran, dass er Höhenangst hat. Dr. Lenzke will eine Probe des Sekrets einschicken, um Klarheit zu gewinnen, ob wieder ein Tumor gewachsen ist. Das Wort »austherapiert« fällt. Wenn in Bullis Bauch ein neuer Tumor wächst, wird das Serom wieder volllaufen und wieder und wieder, und Bulli wird sich quälen. »Wir haben jetzt schon so oft operiert. Ein viertes Mal sollten wir ihm das nicht antun«, sagt Dr. Lenzke.

»Es ist schwierig, für jemand anderen über Leben und Tod zu entscheiden«, antworte ich.

»Sie kennen Ihren Hund doch gut. Sie werden es merken, wenn er nicht mehr will. Wenn er nicht mehr frisst – das ist eigentlich immer ein deutliches Zeichen.«

Als ich später am Empfang stehe, um zu bezahlen, kommt meine Lieblings-Tierarzthelferin, Frau Parton, vorbei. Frau Parton dürfte Anfang oder Mitte zwanzig sein. Als ich in diesem Alter war, habe ich alle meine Lebensenergien darauf verwendet, in Diskotheken zu gehen, cool auszusehen und zu anderen so gemein wie möglich zu sein. Deswegen macht es mich jedes Mal ganz fertig, wenn ich mitbekomme, wie liebevoll und Anteil nehmend Frau Parton zu ihren tierischen Patienten und deren Besitzern ist. Sie fragt mich, ob es Bulli besser geht. Prompt schießen mir die Tränen in die Augen und ich kann nur mit zusammengekniffenen Lippen den Kopf schütteln.

»Ach, der Arme. Das hat er nicht verdient«, sagt Frau Parton bekümmert.

Auf der Rückfahrt halte ich an einer Tierhandlung. Eigentlich müsste ich das Hunde- und Katzenfutter allmählich mal auf Bio umstellen – aber nicht heute. Heute kaufe ich Bullis Lieblingsfutter, einen garantiert nicht nach Demeter-Richtlinien erzeugten Sack Frolic. Außerdem kaufe ich einen riesengroßen, doppelstöckigen Meerschweinchenkäfig.

Wir haben den Käfig im Flur aufgebaut. Hinter den Gitterstäben sitzt ein überdimensionierter Ziervogel – das letzte lebende Huhn.

»Wie der Piepsi«, sagt Jiminy. Neulich haben wir im Kino den Film »Das weiße Band« gesehen, in dem ein Kanarienvogel namens »der Piepsi« mitspielte. Obwohl der Kanarienvogel im Film ein schreckliches Ende nahm, heißt das letzte überlebende Huhn bei uns ab jetzt nur noch »der Piepsi«. Der Piepsi läuft seinen einen Meter langen und 50 Zentimeter breiten Käfig ab, scharrt im Vogelsand, frisst ein paar Körner und inspiziert sein neues Domizil. Jiminy hat den Zwischenboden des Meerschweinchenkäfigs zur Hälfte herausgesägt und die verbliebene Hälfte mit einer Wolldecke zugehängt, so dass der Piepsi in 50 cm Höhe auch noch über ein Legenest verfügt, obwohl er schon seit Wochen kein Ei mehr gelegt hat. Auf der anderen Seite habe ich ihm eine Sitzstange für die Nacht montiert. So übel sieht das gar nicht aus – oder doch?

Ich kratze mich sorgenvoll am Kopf.

»Erst boykottiere ich Produkte aus Massentierhaltung, und nun hab ich selber 'ne Legebatterie im Haus.«

»In den Legebatterien stopfen sie fünf Hühner in so einen Käfig«, sagt Jiminy. Schwer vorstellbar. Ein zweites Huhn würde vielleicht noch gehen, wenn die beiden gut miteinander auskämen. Ein drittes Huhn wäre schon richtig gemein. Allerdings habe ich das mit den fünf Hühnern in einem Käfig auch gelesen. Ich schaue noch einmal im Internet nach, um mich zu vergewissern: In der gewerblichen Legehennenhaltung halten sie die Hühner tatsächlich zu fünft in einem Käfig. Allerdings misst so ein Käfig bloß 50 mal 50 cm, ist also nur halb so groß wie der vom Piepsi. Schock! Das geht doch überhaupt nicht. Jemand, der so etwas tut, ist nicht ganz dicht. Oder bösartig. Aber vorgeschrieben ist schließlich bloß eine Fläche von 550 qcm pro Vogel – das berühmte DIN-A4-Blatt. Wenn man die dritte Dimension dazurechnet, ist der Platz für fünf Hennen sogar nur ein Viertel so groß wie der, den der Piepsi zur Verfügung hat. Die Drahtkäfige sind nämlich nur 40 cm hoch, dafür aber in vier bis acht Etagen übereinandergestapelt. Legenest und Sitzstange – Fehlanzeige. Boden zum Scharren gibt es auch nicht. Die Hühner stehen auf Drahtgitter. Und als wenn das alles noch nicht grauenhaft genug wäre, sind die Drahtgitter auch noch schräg. Wer schon mal an einem Berghang gezeltet hat, weiß, wie gerädert man am nächsten Tag aufwacht.

Halt, Moment mal – möglicherweise gibt es diese schreckliche Haltungsform gar nicht mehr: Auf einer Internetseite des Bundes gegen den Missbrauch der Tiere steht, dass die ehemalige Verbraucherschutzministerin Künast schon vor Jahren ein Verbot der tierquälerischen Käfighaltung von Legehennen ab dem Jahr 2007 erließ. Danach sollten die Tiere nur noch in Boden- oder Freilandhaltung gehalten werden. In der Bodenhaltung teilen sich neun Hennen einen Quadratmeter, in der Freilandhaltung gibt es pro Henne immerhin 4 qm Auslauf. Ein scheinbarer Sieg für den Tierschutz, denn bevor das Gesetz wirksam werden konnte, wechselte die Regierung, und der neue Bundesrat mit Agrarminister Horst Seehofer hob das Käfigverbot am 7. April 2006 gleich mal wieder auf. Wieso nur? Um ausgesprochene Hühnerhasser wird es sich bei den Mitgliedern des Bundesrates kaum gehandelt haben. Hatte womöglich der Zentralverband der Deutschen Geflügelwirtschaft geklagt bzw. gedroht, die Legehennenbetriebe müssten aus Kostengründen nach Osteuropa abwandern, wenn sie ihr zutiefst grausames Käfigsystem nicht beibehalten dürften? Da würde es den Hühnern dann noch schlechter gehen, da hätten sie nämlich noch weniger Platz, und all die schönen Steuergelder wären auch weg. Es gibt sie noch, die richtig bösen Menschen.

Jedenfalls durften die 50 x 50 cm Folterkäfige erst mal bis Ende 2008 in Betrieb bleiben. Auf Antrag war auch eine Fristverlängerung bis 2009 möglich. Wahrscheinlich liege ich nicht ganz falsch mit der Annahme, dass ungefähr 100 % der Halter von Käfighühnern diesen Antrag gestellt haben. Das heißt, bis letzten Silvester war diese Haltungsform noch gang und gäbe. Bis vor drei Wochen. Mir läuft es kalt den Rücken herunter. Aber jetzt haben wir 2010. Ab jetzt ist alles anders, ab jetzt müssen diese Betriebe in Deutschland auf Kleingruppenhaltung umstellen. Kleingruppenhaltung klingt gut. Kleingruppenhaltung klingt wie ein Hahn und zwölf Hennen, die im Hof auf dem Misthaufen scharren. So ist es aber nicht gemeint. Kleingruppenhaltung heißt, die Hühner sitzen immer noch in einem Käfig, allerdings stehen ihnen jetzt 800 qcm pro Vogel zur Verfügung. Das ist natürlich viel mehr als die Größe eines DIN-A4-Blatts, das ist so viel wie ein DIN-A4-Blatt plus eine Postkarte. Tierschutzverbände sind der Meinung, dass es sich dabei immer noch um eine tierquälerische Haltung handelt. Auch in so einem Käfig kann ein Huhn nicht laufen, hier kann es allenfalls rangieren. Dafür gibt es Sitzstangen und DIN-A4-Blattgroße Scharrplätze aus Kunststoffmatten und Gruppennester. Je eins für zehn Hühner. Es dürfen nämlich 30 oder auch 60 oder noch mehr Hühner in einen Käfig gepackt werden, der dann an der Futterstelle mindestens 60 cm, sonst 50 cm hoch sein muss. Zwischendurch mal kurz aufflattern ist also nicht. Auch die Sitzstangen haben ihren Wert als Rückzugsort eingebüßt. Sitzstangen in 30 cm Höhe laden zum Afterpicken geradezu ein. Afterpicken heißt übrigens nicht, dass ein Huhn dem anderen mal mit dem Schnabel in den Po piekst, sondern kann ernsthafte Verletzungen zur Folge haben. Es kommt vor, dass Hühner einem anderen die Eingeweide aus dem Hintern ziehen. Das Bundesministerium für Ernährung, Landwirtschaft und Verbraucherschutz findet diese Haltungsform trotzdem okay. Auf der Website von Big Dutchman, einem Hersteller für Kleinvolieren, ist eine Pressemitteilung des Bundesministeriums vom 28. Mai 2009 abgedruckt. Vermutlich richtet sie sich an die Geflügellobby, sonst würde wohl nicht gleich im ersten Satz so unverblümt zugegeben werden, wem die ausgestaltete Käfighaltung nützen soll: »Die Markteinführung von Eiern aus Kleingruppenhaltung ist ein wichtiger Schritt für die deutsche Eierzeugung.« Und weiter: »Die Verbraucher erhalten damit eine preisgünstige Alternative zu den Eiern aus Boden- und Freilandhaltung sowie ökologischer Erzeugung.« Das klingt, als ächzten die Verbraucher unter dem Preisdiktat der skrupellosen Bio-Landwirte und Freilandhalter. Tatsächlich sind aber selbst nach konservativsten Schätzungen mindestens 80 % der Käufer gegen Eier aus Käfighaltung. Der Eierkauf ist einer der wenigen Bereiche, in denen der Konsument seine Konsumentenmacht tatsächlich mal spielen lässt und Eier aus Freiland- oder Bodenhaltung deutlich bevorzugt. Es müssen sogar Freilandeier aus dem Ausland eingeführt werden, weil in Deutschland davon nicht genug produziert werden. Käfigeier kann man dem Konsumenten nur unterjubeln, indem man sie zu anderen Produkten wie Kuchen oder Eiernudeln verarbeitet. Jedes dritte Ei wird auf diese Weise unter die Leute gebracht. Eigentlich läuft es in der freien Marktwirtschaft ja so, dass die Wünsche der Kunden die Entscheidungen der Produzenten beeinflussen. Wenn jemand seine Ware loswerden will, bleibt ihm normalerweise gar nichts anderes übrig, als Verbraucherwünsche ernst zu nehmen. Und die Eierproduzenten wissen sehr gut, was der Kunde möchte – sonst würden sie ja keine idyllischen Bildchen von Fachwerkhäusern, Wiesen und im Stroh scharrenden Hühnern auf ihre Eierkartons kleben. Aber sie scheinen der Meinung zu sein, dass es vollauf genüge, den Eigensinn des Verbrauchers auszutricksen. Und das Bundesministerium für Landwirtschaft scheint diese Meinung zu teilen. Zwar gab es dem Begehren der Käfiglobby, die Eier aus Großkäfigen nicht mehr mit der 3 für Käfighaltung kennzeichnen zu müssen, sondern eine eigene Ziffer zu bekommen, nicht nach und ermahnt in der Presseerklärung seine Pappenheimer sogar, »das Verbot der Irreführung und der Täuschung zu beachten«. Gleichzeitig weist es aber darauf hin, dass der »zusätzliche Hinweis auf die Kleingruppenhaltung« »sowohl auf der Verpackung als auch auf dem Ei grundsätzlich möglich und rechtlich zulässig« ist.

Kuck an. Mach ich mich eigentlich strafbar, wenn ich dem Bundesministerium für Verbraucherschutz, Landwirtschaft und Ernährung unterstelle, es wolle durch die Einführung des idyllischen Begriffs »Kleingruppenhaltung« den Produzenten von Käfigeiern dabei helfen, den Verbraucher zu täuschen? Warum sollen wir denken, dass Käfighühner, denen in Wirklichkeit kein Fünkchen Lebensfreude gegönnt wird, ein idyllisches Bauernhofleben führen? Damit endlich wieder mehr Eier aus Qualhaltung gegessen werden? Bravo, liebes Bundesministerium für Verbraucherschutz, das ist genau die Vorgehensweise, die wir von dir erwarten!

Und dann steht in der Presseerklärung auch noch folgender Satz: »Mit dem endgültigen Verbot der Batteriekäfighaltung zum 31. Dezember 2009 erfolgt die sukzessive Umstellung der Legehennenbestände.« Sukzessive – das heißt dann ja wohl, dass sich immer noch nichts geändert hat und die Hühner bis heute in den alten 50 x 50cm-Käfigen sitzen. Mannomann. Das Wohl der Hühner scheint dem Bundesministerium ja so richtig am Herzen zu liegen. Ich werde schon wieder fürchterlich müde.

Aber zum Schlafen komme ich in dieser Nacht nicht so schnell. Bullis Serom-Beule hat sich wieder mit Flüssigkeit gefüllt und hängt wie ein Euter an seinem Bauch. Er weiß nicht, wie er liegen soll, röchelt, keucht und pfeift. Ich nehme ihn zu mir ins Bett und stopfe Kopfkissen und Bettdecke um seinen Bauch herum, damit er nicht mehr auf dem Serom liegen muss. Es hilft nichts. Schließlich setze ich mich mit ihm ins Wohnzimmer und massiere ihm erst den Rücken, dann die Pfoten und dann die Ohren, während ich mir eine mehrstündige Fernsehdokumentation über Serienkiller anschaue. In einem Fall hat ein kleiner Junge, der zwanzig Pfennig bei sich hatte, das Geld seinem Mörder angeboten, damit der ihn verschone. Ein Kriminalpsychologe erklärt, warum der Mann davon nicht gerührt wurde – ein psychopathischer Serienkiller ist unfähig, Mitleid mit jemand anderem zu haben. Er sieht nur das Ding, das er zu seinem Vergnügen gebrauchen kann. Fremde Angst, fremder Schmerz, fremde Verzweiflung lösen in ihm einfach nichts aus. Einen solchen Menschen um Gnade anzuflehen ist wie das Quieken eines Schweins beim Schlachter.

Gegen zwei Uhr morgens fallen Bulli endlich die Augen zu.

Während ich mich am nächsten Morgen für die Fahrt zur Tierklinik anziehe, beschließe ich, Bulli auf keinen Fall einschläfern zu lassen. Doch nicht wegen so einer blöden Wasserbeule. Bestimmt kann man eine Drainage legen. Und wenn nicht, dann lerne ich eben, wie ich das Serom jeden Tag mit einer Spritze anstechen und entleeren muss. Diabeteskranke lernen ja auch, wie man sich dreimal am Tag eine Spritze gibt. Leute, die ihre Hunde beim Tierarzt töten lassen, behaupten immer, dass sie damit ihrem Tier einen Gefallen tun. Aber die Hälfte davon tut sich bloß selber einen Gefallen. Jeder, der mit dem Gedanken spielt, seinen Lebenspartner als Entscheidungsbevollmächtigten in eine Patientenverfügung einzusetzen, sollte sich vorher bei einem Tierarzt anschauen, wie viele einst heiß geliebte Hunde aus Altersgründen oder weil sie plötzlich überall hinpinkeln und zufällig auch der Urlaub vor der Tür steht, von ihren Besitzern zum »Einschläfern« gebracht werden.

»Komm«, sage ich zu Bulli, »wir kriegen das schon hin.«

Bulli humpelt zu mir. Das Serom-Euter ist noch größer geworden. Aber es liegt nicht nur daran. Sein rechtes Hinterbein ist zu einem Elefantenbein angeschwollen. Das war gestern noch nicht. Bulli sieht mich kläglich an. Das Fell in seinem Gesicht ist in den letzten Monaten ganz grau geworden. Ich kann nicht mehr ausschließen, dass das hier womöglich doch unsere letzte Tour wird, und packe ein Laken und eine Decke ein, in die wir dann notfalls Bullis Leichnam wickeln könnten. Jiminy fährt. Bulli und ich sitzen auf dem Beifahrersitz, Bulli im Fußraum, Vorderpfoten und Brust auf meinem Schoß, damit das Serom frei in der Luft hängen kann und ihn nicht drückt. Ich bitte Jiminy, an einem Aldi-Markt zu halten, und kaufe ein Pfund Rindergulasch. Bio-Gulasch ist auf der Strecke natürlich nicht zu kriegen. Ist mir egal, wie das Rind gefoltert worden ist, mein Hund soll jetzt Gulasch haben. Bulli isst gerade mal die Hälfte, dann mag er nicht mehr. Das ist noch nie vorgekommen.

In der Tierklinik sind wir angemeldet, aber Jiminy, Bulli und ich müssen uns trotzdem ins Wartezimmer setzen. Ein Notfall ist eingeliefert worden, ein Berner

Sennenhund mit einer Magendrehung. Das Wartezimmer ist gleichzeitig der Flur. Ein Helfer läuft mit hastig übergeworfenem OP-Kittel und einem Eimer in der Hand vorbei. Es sieht sehr dramatisch aus. Schließlich geht es dem Sennenhund besser, und Dr. Lenzke bittet uns in den Behandlungsraum. Er greift Bulli in die Leiste. »Wir brauchen den Laborbefund leider gar nicht mehr abzuwarten. Der Lymphknoten ist sehr stark geschwollen.«

Er sieht mich an, und ich weiß schon, was er sagen will, und dann sagt er es.

»Okay«, antworte ich, »nehmen wir an, ich bin unvernünftig. Was könnte man theoretisch noch tun?«

»Wir können eine Drainage legen und hoffen, dass dann auch das Bein abschwillt.«

»Wie viel ist maximal drin? Ich meine, könnte Bulli noch fünf gute Tage haben? Oder drei?«

»Gut möglich. Das können auch noch zehn Tage werden. Kommt darauf an, ob das Bein abschwillt. Aber nach drei Tagen muss ich die Drainage wieder rausnehmen, sonst gelangen Keime in die Bauchhöhle, und dann …«

In diesem Moment kommt ein Arzthelfer ins Zimmer. Noch ein Notfall ist eingeliefert worden. Ein überfahrener Hund. Dr. Lenzke entschuldigt sich. Jiminy, Bulli und ich setzen uns wieder ins Wartezimmer. Das heißt, Bulli steht, weil er mit der Beule am Bauch ja nicht sitzen kann. Er lehnt sich an mein Bein und röchelt vor sich hin. Selbst wenn das Bein wieder abschwillt, wird es ihm nicht wirklich gut gehen. Ich streichle über den entenförmigen Fleck auf seinem Rücken. Jiminy sieht mich an, sagt aber nichts. Mir fällt ein, dass ich mit Bulli im letzten Jahr kaum gespielt habe. Erst kam der Umzug, und dann hatte ich mir eingebildet, zusätzlich zu meinen ganzen anderen Verpflichtungen auch noch eine Reisereportage schreiben zu müssen. Und nun stirbt mein Hund, und ich war das ganze letzte Jahr überarbeitet, gereizt und überhaupt unausstehlich.

»Bulli hat doch die ganze Zeit mit den Handwerkern gespielt«, sagt Jiminy.

Das stimmt zum Glück. Bulli ist völlig vernarrt in Handwerker. Besonders, wenn sie in Bodennähe arbeiten, sodass er sich immer wieder auf sie stürzen kann. Deswegen war das letzte Jahr mit den ganzen Renovierungsarbeiten eigentlich gar nicht so schlecht für ihn. Am anderen Ende des Wartezimmers geht meine Lieblingstierarzthelferin Frau Parton vorbei. Sorgsam trägt sie einen völlig verfetteten Kater auf dem Arm. Bulli versucht, sich neben mich zu setzen, muss aber gleich wieder aufstehen. Nach einer Stunde kommt Dr. Lenzke aus dem OP zurück, und wir gehen wieder in den Behandlungsraum. Ich räuspere mich.

»Ist vielleicht doch besser, wenn Bulli heute schon eingeschläfert wird.«

3

Familienbande

»Es ist heutzutage leicht zu ignorieren,
dass wir zu den Tieren gehören und ihnen
verpflichtet sind. Es ist bequem, politisch
gewollt und allgemein verbreitet.
Außerdem ist es falsch.«

(Jonathan Safran Foer, »Tiere essen«)

»Warum ich nicht Brüder esse –
einfach aus Familiensinn, das ist alles.
Irgendwo muss Scham beginnen.«

(O. W. Fischer)

Vor einigen Jahren forderte eine Zeitung mich auf, eine
Utopie nach meinen Wünschen zu entwerfen und darüber einen Artikel zu schreiben. Ich nutzte die Gelegenheit, um ein schmissiges Pamphlet gegen die industrielle
Massentierhaltung abzuliefern. Der zuständige Redakteur schien auch zuerst sehr angetan. Nach Rücksprache
mit dem Chefredakteur bat er mich allerdings um einige
kleine Änderungen, etwa, ich möge doch bitte den Satz
»Kinder essen wir am liebsten« durch »Jungtiere essen
wir am liebsten« ersetzen.

»Aber darum geht es doch gerade«, rief ich in den
Telefonhörer, »Kalbsschnitzel, Spanferkel, sechs Wochen alte Hähnchen – das sind alles Kinder! Teenager
im äußersten Fall! Wenn da ›Jungtiere‹ steht, zuckt doch

kein Mensch mehr zusammen.« Ich erwähnte Bernhard Grzimek, der absichtlich stets den Ausdruck »essen« gebraucht hatte, wenn er von der Nahrungsaufnahme der Tiere sprach, niemals »fressen«. Aber davon wollte der eigensinnige Redakteur nie gehört haben – wir konnten uns nicht einigen und verschoben das Gespräch auf später. In der folgenden Woche entwickelte die Zeitung eine Telefonkultur, wie sie mir bislang erst zweimal untergekommen war – einmal bei dem Versuch, ein Visum von der nigerianischen Botschaft zu erhalten, und einmal bei einem Ex-Freund, der mir noch zehntausend Euro schuldete. Sprach ich mit der Sekretärin, war der Redakteur »außer Haus«, hatte er unvorsichtigerweise selbst abgehoben, rief er bloß, er müsse gerade los, eine kurzfristig angesetzte Konferenz, »… doch, jetzt sofort, … nein, leider, leider …«, und knallte den Hörer auf. Endlich beschloss ich, lieber die Verstümmelung und Verwässerung meines Artikels zu ertragen, als zu riskieren, dass er womöglich gar nicht mehr erscheinen durfte. Deswegen sagte ich beim nächsten Anruf zu der Sekretärin: »Hier ist Judith Hermann«, wurde anstandslos durchgestellt, und als der Redakteur sich meldete, sagte ich sofort, dass es mir völlig egal sei, wie eilig er es wieder habe, er müsse mir jetzt zwei Minuten zuhören. Dann versicherte ich ihm, dass ich meinen blöden Literatenstolz opfern und von nun an völlig kooperativ sein wolle, und bat ihn herzlich, den Artikel in den Druck zu geben.

»Äh … schön«, erwiderte der Redakteur, inzwischen hätten jetzt aber noch drei andere Kollegen – völlig unabhängig voneinander – sehr heftig auf bestimmte Formulierungen reagiert, vor allem natürlich auf die Verwendung der Kinder-Metapher, und die Lösung dieser inhaltlichen Probleme – auch im Sinne meiner wirklich wichtigen und starken Aussage – würde vermutlich mehr Zeit in Anspruch nehmen, als uns bis zur nächsten Ausgabe zur Verfügung stand. Die Woche darauf wäre leider bereits ein anderer Text an dieser Stelle eingeplant und danach noch ein anderer. Aber im September könnte es gut möglich sein, dass dann meiner erschiene. Oder spätestens im Oktober.

Muss ich noch erwähnen, dass der Artikel nie gedruckt worden ist? Ich verstand das nicht. Schließlich handelte es sich um eine liberale, respektable und überregionale Zeitung, die sich meines Wissens auch nicht durch Werbebeilagen der Fleischerinnung finanzierte. Warum war es so ungeheuer wichtig, dass ein Tierkind nicht Kind, sondern Jungtier genannt wurde? Warum wollte man durch unterschiedliche Begriffe für gleiche Sachverhalte auf einer trennscharfen Linie zwischen Mensch und Tier beharren, die zwar im Sprachgebrauch üblich, naturwissenschaftlich aber längst widerlegt war?

Kein ernst zu nehmender Zoologe würde es nämlich heute noch wagen, dem Menschen eine absolute Sonderstellung außerhalb des Tierreichs einzuräumen. Der Mensch ist ein Tier, zweifellos ein kluges Tier, aber doch vor allem ein Tier. Und zwar ein Wirbeltier. Schauen Sie sich ruhig mal ein Röntgenbild Ihres eigenen Rückens an – alles voller Wirbel. Ein wichtiges Indiz dafür, dass wir es hier mit einem Wirbeltier zu tun haben. Genauer gesagt mit einem Säugetier. Schauen Sie ruhig mal unter Ihr T-Shirt. Noch genauer: »Im zoologischen System gehört der Mensch zu den Säugetieren in die Ordnung der Herrentiere.« So steht es im Brockhaus. Affen sind wir, und zwar Primaten, Unterordnung Trockennasenaffen. Was denn auch sonst? Gehen Sie ruhig mal wieder in den Zoo und schauen Sie bei ihren inhaftierten Vettern und Cousinen vorbei. Teufel auch, sind die uns ähnlich!

Doch obwohl das Verwandtschaftsverhältnis kaum zu übersehen ist und es inzwischen zum Allgemeinwissen gehört, dass Menschen und Schimpansen zu 98,4 % genetisch übereinstimmen, tun wir uns immer noch schwer mit der Anerkennung unserer haarigen Verwandtschaft, von der schuppigen und schleimigen ganz zu schweigen. Wer weiß schon, dass auch unsere genetische Übereinstimmung mit der Maus bereits stolze 95 % beträgt. Selbst im Fadenwurm Caenorhabditis elegans steckt noch ein gerütteltes Maß Mensch – immerhin 74 % seiner Gene teilt er mit uns. So verwunderlich ist das gar nicht. »Alle organischen Wesen, die jemals auf dieser Erde gelebt haben, stammen von einer einzigen Urform ab«, schreibt Darwin. Unsere Vorfahren waren Affen, deren Vorfahren kleine nagetierähnliche Säuger waren. Deren Vorfahren wiederum mit Molchtatzen durch den Schlamm patschten und Algen schlürften. Deren Vorfahren sich als primitive Einzeller in der brodelnden Ursuppe unterseeischer Schlote tummelten. Gott, so er denn zu existieren geruht, hat uns nicht in einem separaten Arbeitsgang erschaffen, sondern nach demselben einfachen Grundbauplan konstruiert wie alle anderen Wirbeltiere. Wir sind – oder wollen das zumindest gern glauben – das Interessanteste, was der große Baumeister aus seinem Klötzchenkoffer zusammengesetzt hat, aber es sind dieselben Klötzchen, aus denen auch das Walross entstanden ist, die Schleiereule und der Wombat. Arme, Beine, Flügel, Flossen ... – alles bloß Variationen derselben Idee. Genetische Sequenzen, die bei uns mit dem Aufbau der Arme in Verbindung stehen, bringen beim Pferd die vorderen Beine hervor, beim Vogel Flügel und beim Fisch die Vorderflossen. Man braucht keine verschiedenen Gene, um verschiedene Arten entstehen zu lassen – so wenig, wie man neue Wörter braucht, um neue Bücher zu schreiben. Sie müssen nur anders kombiniert oder – im Fall der Gene – mittels ihrer Ein- und Ausschaltmechanismen aktiviert werden.

Abgesehen von einigen entschlossenen und bibelfesten Gegenrevolutionären zieht es heute niemand mehr in Zweifel, dass unsere Vorfahren Affen waren. Den Umkehrschluss – dass wir folglich auch Affen *sind* – ignorieren wir geflissentlich. Gäbe es einen grundlegenden, objektiv beweisbaren Unterschied, einen unüberbrückbaren Abgrund zwischen Menschen und anderen Tieren, so ließe sich der an der DNS ablesen. Die sagt aber genau das Gegenteil: Mensch und Tier – alles eine Soße. Darum muss es einen auch nicht verwundern, wenn einem der Arzt das gleiche Schmerzmittel verschreibt, das uns letzte Woche der Tierarzt für den Hund mitgegeben hat. Die Rechtfertigung für Tierversuche lautet, dass man Tieren alles antun darf, weil sie etwas völlig anderes als Menschen seien. Aber Medikamente ließen sich nicht erfolgreich an Mäusen, Ratten, Hunden, Schweinen, Affen usw. testen, wenn es nicht zahlreiche und wesentliche Gemeinsamkeiten zwischen ihnen und uns gäbe. Das Auge eines Kaninchens, in das man eine scharfe Salbe schmiert, verätzt genauso schnell wie das eines Menschen.

Wir teilen unsere grundlegenden Eigenschaften, Bedürfnisse, Interessen und Nöte mit vielen Tieren – Sauerstoffatmung, Stoffwechsel, Sexualität, Hunger, Durst, Schmerz, Freude, Frieren, Angst, Wut. Unsere wichtigste Eigenschaft teilen wir mit allen – wir sind Lebewesen. Es ist offensichtlich, dass wir eine Art unter vielen sind. Nur scheinen die offensichtlichen und allgegenwärtigen Tatsachen auch die zu sein, die sich am leichtesten übersehen lassen. In unseren Köpfen sitzt immer noch der alte Mythos, wir seien mehr als ein Tier, nämlich Tier plus X. Und weil sich dieses X in der DNS nicht finden lässt, suchen wir bis heute nach einer speziellen menschlichen Eigenschaft oder Fähigkeit, durch deren Erwerb wir an einem bestimmten Punkt der Evolution das Tierreich verließen, um zu einem grundlegend anderen, ganz wunderbaren Wesen zu werden, einer Klasse für sich. Als ob Tierhaftigkeit etwas wäre, aus dem man herauswachsen könnte wie aus den Kleidern seiner Kindheit.

Bis in die 50er-Jahre glaubte man zum Beispiel, die Fähigkeit zur Werkzeugherstellung hätte den Menschen über das Tierreich erhoben. Viele Tiere benutzen Werkzeuge, Seeotter zum Beispiel legen sich Steine auf den Bauch, um Muscheln daran aufzuschlagen. Aber nur der Mensch, so hoffte man, besitze die kognitiven Fähigkeiten, um einen Gegenstand so zu verändern, dass sich damit besser hantieren ließ. Die Schimpansen machten dieser These einen Strich durch die Rechnung, indem sie Zweige aufspleißten, um damit Termiten aus ihren Bauten zu angeln. Eine andere Theorie lautete: Tiere besitzen kein Kunstverständnis! Wo aber sollte man dann einen Laubenvogel einordnen, der seine kunstvoll aus Zweigen gebaute Laube am Ende mit einer einzigen blauen Feder schmückt, diese Feder über die Tür steckt, dann einige Schritte zurücktritt, sein Kunstwerk mit schief gelegtem Kopf betrachtet, wieder herantritt, die Feder an einen anderen Platz steckt und dies so lange wiederholt, bis er mit der ästhetischen Wirkung endlich zufrieden ist? Aber war nicht wenigstens das menschliche Sprachvermögen einzigartig? Dagegen sahen die Tiere doch alt aus mit ihrem Grunzen, Pfeifen und Zähnefletschen. Inzwischen wissen wir, dass ein Gen namens FOX2 sowohl für die

Sprachentwicklung beim Menschen als auch für die Entwicklung des Gesangs bei Vögeln zuständig ist. Papageien können Worte bilden und sinnvoll zuordnen, Schimpansen beherrschen die Gebärdensprache, und vor Kurzem wurden die ersten Anfänge von Satzbau in den Warnrufen der Zwergmungos, einer Schleichkatzenart, entdeckt – inklusive einem Adjektiv, das die Bedrohlichkeit der Lage beschreibt. Es war wie in dem Märchen von dem Hasen und dem Igel. Immer wenn die Wissenschaft einen Beweis für die Einzigartigkeit des Menschen ausgemacht zu haben glaubte, stellte sich kurz darauf heraus, dass diese Fähigkeit im Tierreich längst existierte. Selbst den Zungenkuss gibt es beim Bonobo, einem nahen Verwandten der Schimpansen. All die vielen Daten über Kognition, Emotion und Kulturfähigkeit im Tierreich, die gesammelt worden waren, um den grundlegenden Qualitätsunterschied zwischen Mensch und Tier zu beweisen, belegten bloß, dass es diesen grundlegenden Unterschied nicht gab. Höchstens ein Mehr-oder-Weniger. Okay, kein Tier außer uns kann Sauce béarnaise zubereiten, aber dabei handelt es sich nicht um eine grundlegende Andersartigkeit. Die Zubereitung, also die Veränderung von Nahrung beherrscht zum Beispiel schon ein Hund, wenn er seinen Fleischknochen verbuddelt, um ihn durch Verwesung noch schmackhafter zu machen. Natürlich erfordert die Zubereitung von Sauce béarnaise mehr Raffinesse als das Verbuddeln eines Knochens, auch das Endprodukt schmeckt sehr unterschiedlich – aber grundsätzlich machen der Koch und der grabende Hund das Gleiche: Sie verändern Nahrungsmittel für den Genuss.

Aber selbst, wenn sich irgendwann doch noch eine grundsätzliche Fähigkeit finden ließe, die außer dem Menschen kein anderes Tier besitzt, warum sollte uns das vom Tierreich trennen? Warum sollte das beweisen, dass wir etwas anderes sind als eben ein Tier mit dieser besonderen Fähigkeit? Aus einem einzigen Grund: Weil es der Mensch selber ist, der definiert, wem er sich zugehörig, verbunden und verpflichtet fühlen muss, und zwar so, wie es ihm in den Kram passt.

Nehmen wir einmal an, ein großes Fest steht bevor, zum Beispiel die Konfirmation des Neffen Sebastian. Da muss natürlich die ganze Familie eingeladen werden. Fragt sich nur, wer gehört eigentlich alles dazu? Sollen wir etwa auch Tante Emmi einladen? Tante Emmi, die ein bisschen komisch riecht und beim Essen immer mit dem Gebiss quietscht? Eigentlich gehört sie ja gar nicht richtig zur Familie, jedenfalls nicht zur engeren. Sie ist bloß angeheiratet, noch dazu in zweiter Ehe, und Onkel Herbert längst tot. Niemand will sich so recht für die Einladung der vereinsamten alten Dame ins Zeug legen, bis dem Konfirmanden einfällt, dass Tante Emmi im letzten Jahr 500 Euro zur Konfirmation eines gewissen Marvin abgedrückt hat. Liebevoll beschließen wir, über die lockeren Bande der Verwandtschaft hinwegzusehen. Unsere Tante Emmi! Natürlich ist sie unsere Tante!

Auf wen wir den Begriff der Verwandtschaft ausdehnen, hängt oft weniger von den tatsächlichen Verwandtschaftsgraden ab als davon, welche Vor- und Nachteile wir uns davon versprechen. Wer möchte schon mit einem Plumpbeutler oder Bindenwaran verwandt sein – bloß weil alle biologischen Gegebenheiten dafür sprechen?

Aber ist es denn wirklich so schlimm, eine schlürfende, schlabbernde Verwandtschaft zu haben, die ein bisschen komisch riecht und unanständig behaart oder beschuppt ist? Ist es nicht viel peinlicher, einer Spezies anzugehören, die ihre herausragende Intelligenz dazu benutzt, sich selbst zu täuschen?

Doch leider geht es nicht nur um die menschliche Eitelkeit, sondern um viel handfestere Interessen. Wer zur Verwandtschaft gehört, wer »einer von uns« ist, verdient schließlich unsere Solidarität, kann auf unsere Hilfe zählen, der wird geliebt oder wenigstens zur Konfirmation eingeladen. Das gute alte In-Group/Out-Group-Prinzip: für die Zugehörigen, gegen »diese anderen komischen Typen da«, die eben nicht zu uns gehören. Der In-Group ist man verpflichtet, die Out-Group ist einem im besten Fall egal, im schlimmeren Fall verachtet man sie und im schlimmsten verfolgt und tötet man sie. Um ausgeschlossen zu werden, braucht man nicht unbedingt gleich der falschen Spezies anzugehören, manchmal genügt es schon, das falsche Geschlecht, die falsche Hautfarbe, die falsche Religion oder die falschen Ansichten zu haben. Eine zentrale Spaltung in Mensch und Tier mit der Betonung auf der Unterlegenheit und Andersartigkeit der Tiere bedeutet, Rinder, Schweine und Hühner nicht als Individuen mit charakterlichen Eigenarten und in vieler Hinsicht sehr ähnlichen Bedürfnissen wie wir wahrnehmen zu müssen, sondern sie als beherrschbare und konsumierbare Objekte ohne Seele und Bewusstsein ausbeuten zu dürfen. Außerdem entsteht der Eindruck, alle (nichtmenschlichen) Tiere seien irgendwie gleich, dieselbe Kategorie eben, ob es sich nun um Weinbergschnecken oder Sibirische Tiger handelt.

Nehmen wir – wie in einem beliebten Spiel der Kindersendung »Sesamstraße« – einmal vier Lebewesen und stellen sie nebeneinander, zum Beispiel einen Schimpansen, einen Gorilla, einen Menschen und eine Würfelqualle. Eins von diesen Wesen gehört nicht zu den anderen. Na, welches ist es? Also drei der Lebewesen haben Arme und Beine und ein Gesicht mit Lippen und Zähnen und Augen und einer Nase, während eines aus einem halbrunden, durchsichtigen Glibberklumpen und schleimigen Fäden besteht. Nun, welches Wesen ist etwas völlig anderes als die anderen drei? Die gängige Antwort lautet: der Mensch. Ist doch klar: Gorilla, Schimpanse und Würfelqualle sind Tiere, und der Mensch … ist eben ein Mensch, nicht wahr? Glauben Sie das im Ernst?

Glauben Sie wirklich, ein Schimpanse und eine Würfelqualle hätten mehr miteinander gemein als ein Schimpanse und ein Mensch? Das ist so absurd, als würde eine Würfelqualle behaupten, allein Würfelquallen stünden haushoch über dem Tierreich, während Feuerquallen, Primaten, Salamander und Eichhörnchen alle in einen Topf gehörten. Aber vermutlich ist es genau das, was eine Würfelqualle tun würde, wäre sie in der Lage, wie ein Mensch zu sprechen und sich über die Dinge ein Urteil zu bilden.

Einer der Grundpfeiler, auf den wir unsere Vorstellung von der menschlichen Andersartigkeit gründen, ist unsere große Intelligenz. Und das ist ja auch nicht ganz falsch. Mit unseren Fähigkeiten, Rauminhalte zu berechnen, Sudokus zu lösen und über unser eigenes Handeln zu reflektieren, sind wir tatsächlich anders als jedes andere Tier – so wie eine Ameise mit ihren speziellen Fähigkeiten anders ist als jedes andere Tier und ein Krokodil mit seinen speziellen Fähigkeiten anders ist als jedes andere Tier und ein Eichhörnchen mit seinen speziellen Fähigkeiten anders ist als jedes andere Tier. Der Homo sapiens ist halt ein Tier mit einem besonders großen und komplexen Gehirn. Die Frage ist nur, ob unsere Besonderheit uns so haushoch über die übrige Tierwelt stellt, dass wir deswegen mehr Rechte haben als alle anderen, oder ob uns die Fähigkeit zur Reflexion nicht eher mehr Verpflichtungen auferlegt. (Zum Beispiel die Verpflichtung, von unserem großen Gehirn auch Gebrauch zu machen und mal darüber nachzudenken, was wir den anderen Tieren da eigentlich gerade antun.) Eher schlau als intelligent haben wir uns für die erste Antwort entschieden: mehr Rechte. Ein intelligentes Wesen wie den Menschen darf man nicht quälen oder töten, weniger intelligente Wesen (= alle anderen Tiere) schon. Nicht einfach so, da ist das Tierschutzgesetz vor, aber wenn man sie essen oder Medikamente testen will, ist das erlaubt. Wieso eigentlich? Um Angst, Schmerz und Verzweiflung zu empfinden, bedarf es keiner besonderen kognitiven Fähigkeiten. Es ist äußerst fraglich, ob ein Nobelpreisträger der Physik (Bereich Quantenmechanik) in Todesangst mehr leidet als ein eher schlicht gestrickter Geist. Ein Schwein, das mitbekommt, dass es geschlachtet werden soll, schreit und wehrt sich jedenfalls genauso verzweifelt, wie es der Nobelpreisträger in dieser Situation tun würde. Bis heute wird darüber gestritten, ob die psychischen Eigenschaften der Tiere im Wesen oder nur im Grad von unseren verschieden seien. Aber das habe ich mich bei meinen verschiedenen Lebenspartnern auch jedes Mal gefragt, ohne zu einer befriedigenden Antwort zu kommen.

Womöglich ist auch die Grenze zwischen Instinkt und Vernunft nicht so eindeutig, wie mancher gern glauben möchte. Wenn man im grünen Atlantik so vor sich hin schwimmt und plötzlich kommt von rechts eine Haifischflosse mit großer Geschwindigkeit auf einen zu, dann macht es wohl kaum einen Unterschied, ob man ein Mensch oder eine Robbe ist. Die Gedanken, die einem dann durch den Kopf schießen, sind womöglich gar keine Gedanken, sondern bloß ein klaffendes Entsetzen, in das man hineinfällt. Dorothee Frank beschreibt in ihrem Buch »Menschen töten« die Minuten kurz vor der Hinrichtung des Ehepaars Ceauşescu: »Als Soldaten dem betagten ›Conducator‹ und seiner Frau die Hände auf dem Rücken fesseln, um die beiden zur Erschießung auf den Hof der Kaserne von Târgovişte zu führen, beginnt Elena Ceauşescu mit ihrer dünnen alten Stimme zu zetern. Die Laute erinnern an die eines rattenhaften Tieres, das in Todesangst protestiert und gleichzeitig die Sinnlosigkeit seiner Abwehr begreift; der Tonfall geht durch und durch, man kann sich eines irritierenden Gemisches aus Ekel und Mitleid nicht erwehren.«

Welche psychischen Unterschiede auch immer zwischen uns und anderen Tieren existieren – in Todesangst treten sie am allerwenigsten zutage. Es ist wichtig, die Ähnlichkeiten zu erkennen. Es ist wichtig, zu wissen, dass wir Tiere sind. Wir töten viel leichter etwas, das sich von uns unterscheidet, als etwas, das uns ähnlich ist.

4

Februar – immer noch alles Bio

*»Gerechter Gott! Aus wie vielen Marterstunden
der Tiere lötet der Mensch eine einzige
Festminute für seine Zunge zusammen!«*

(Jean Paul)

Vorgabe: Wenn irgend möglich, kaufe ich meine Bio-Produkte nur noch in Bio-Läden.

Es hat weiter geschneit, auch im Februar. Der Schnee liegt meterhoch, beginnt aber jetzt zu tauen, und alle halbe Stunde donnert eine Lawine vom Dach. Jiminy Grille sitzt mir am Kaffeetisch gegenüber und beobachtet mit einem Fernglas das Vogelhäuschen, das die seltenen Vögel anlocken soll. Gestern ist ein Kleiber mit Karacho gegen die Glasscheibe der Terrassentür geflogen. Da konnten wir ihn dann von ganz Nahem betrachten. Ein dünner Blutfaden rann aus seinem Schnabel.

»Eigentlich macht es überhaupt keinen Sinn, dass du dich bio ernährst«, sagt Jiminy, wendet sich mir zu und sieht über das Fernglas hinweg auf den Keksteller, in den ich gerade greife. »Du frisst genauso wahllos alles in dich hinein wie vorher.«

»Ja«, gebe ich zurück, »aber es schmeckt viel schlechter. Diese Öko-Kekse sind ja wie eine Schaufel Sand im Mund.«

»Warum frisst du nicht einfach weniger?«

Ich erwähne, dass Professor Dr. Bernhard Grzimek

bei allen Tierarten immer von essen gesprochen hat, nie von fressen.

»Ich habe gedacht, wenn du erst mal damit anfängst, auf die Herkunft und Herstellung deiner Lebensmittel zu achten, achtest du automatisch auch darauf, was du isst«, sagt Jiminy enttäuscht und stellt das Fernglas auf das Fensterbrett. »Mit Obst und Gemüse kämst du sowieso viel billiger weg. Aber du musst dir ja jeden Tag zwei Tafeln Schokolade und die teuren Fertiggerichte reinhauen.«

Jiminy begreift es einfach nicht. Wenn sie keine Schokolade isst, dann isst sie eben mal keine Schokolade. Wenn ich keine Schokolade esse, dann kann ich nicht mehr arbeiten. Ich kann auch nicht lesen oder fernsehen. Ich kann nicht einmal mehr die Fassung bewahren.

»Du hast eben keine Ahnung«, antworte ich.

»Außerdem hast du noch nie so viel Fleisch gegessen wie jetzt«, sagt Jiminy vorwurfsvoll.

»Na, ich muss es doch ausprobieren. Ich will ja darüber schreiben. Da muss ich doch wissen, ob Bio-Fleisch jetzt wirklich besser schmeckt.«

(In Wahrheit habe ich natürlich bloß Torschlusspanik, weil ich ja ab März für mindestens sechs Monate überhaupt kein Fleisch mehr essen darf.)

»Und?«

»Ja klar, schmeckt deutlich besser, obwohl das natürlich auch immer eine Frage der Zubereitung ist.«

»Dann weißt du es ja jetzt und brauchst nicht noch mehr Fleisch in dich reinzustopfen. Hast du eine Ahnung, wie viel Wasser man braucht, um ein Kilogramm Rindfleisch zu erzeugen?« – es folgt eine völlig irrwitzige Zahl, 15 000 Liter oder so ähnlich – »Wenn alle Menschen so viel Fleisch essen wollen wie du, dann kann das in Bio-Haltung überhaupt nicht hergestellt werden. So viel Platz gibt es gar nicht, dass dann alle Tiere anständig gehalten werden könnten.«

Die Käfigeier-Lobby argumentiert so ähnlich. Wenn man alle Legehennen in Deutschland aus ihren stickigen, engen Hallen in die Freilandhaltung entlassen wollte, dann müsste man vorher angeblich erst ein paar ostdeutsche Dörfer plattmachen, nämlich jene, die in der Nachbarschaft der Hühnerfabriken liegen. Die Albert-Schweitzer-Stiftung hat sich mal den Spaß gemacht, das nachzurechnen. In Deutschland werden etwa 40 Millionen Legehennen gehalten. Wenn jede Henne 4 qm Auslauf kriegt, benötigt man insgesamt 160 qkm, das entspricht einem Quadrat von knapp 13 km Seitenlänge und ist weniger als ein Tausendstel der landwirtschaftlichen Flächen in Deutschland. Auslauf für alle Legehennen wäre also durchaus möglich. Masthähnchen gibt es allerdings viel mehr als Legehennen. Und dann noch die ganzen Schweine und Rinder und Enten und Puten.

»Wenn ich mich richtig erinnere, wolltest du deine Ernährung ändern, weil dir die Tiere leidtaten«, sagt Jiminy. »Fällt dir da gar kein Widerspruch auf?«

Wieder poltert eine Lawine vom Dach herunter. Jiminy und ich sehen aus dem Fenster, vor dem sich jetzt ein weißer Berg türmt.

»So ein Bio-Schwein«, sage ich, »das lebt ja davon, dass es sterben muss. Vegetarismus wäre sein Untergang. Die Bunten Bentheimer Schweine – nur zum Beispiel – sind ja nicht deshalb vom Aussterben bedroht, weil zu viele von ihnen gegessen werden, sondern – im Gegenteil – weil kaum noch jemand sie isst. Zu fett, zu langsam in der Mast, zu teuer. Ich finde es auch traurig, wenn so ein nettes Schwein sterben muss, aber was wäre denn die Alternative? Ist es besser, wenn es gar nicht erst auf die Welt kommt?«

»Allerdings.«

Vor ein paar Jahren haben Jiminy und ich schon mal ein ganz ähnliches Gespräch geführt. Damals lebte ich noch in Schleswig-Holstein, und es ging um die Hühner. Hühnerhaltung war die einzige Tierhaltung, bei der ich ein reines Gewissen hatte, weil ich meine beiden schwarzen Hennen, Ringel und Rinde, weder einzusperren noch zu bevormunden brauchte. Unser Zusammenleben ähnelte dem in einer lockeren Wohngemeinschaft, wobei die Hühner den Part übernahmen, der nie abwäscht. Nachts schützte sie ein geräumiges Holzhaus vorm Fuchs, morgens öffnete sich die über eine Zeitschaltuhr gesteuerte Jalousientür und entließ die Hennen ins Freie. Den ganzen Tag liefen sie dann, wohin sie wollten, plünderten frisch gestreute Rasensaaten, scharrten im Mist und aalten sich in der Sonne. Kein Zaun hinderte ihren Freiheitsdrang, und trotzdem kehrten sie jeden Abend freiwillig in den Stall zurück. Und als Rinde eines Tages mit nach innen gekehrtem Blick auf ihrem Nest sitzen blieb, um zu brüten, hatte sie meine volle Unterstützung. Da es auf meinem Hof keinen Hahn gab, wäre ihr Unterfangen nämlich eigentlich zum Scheitern verurteilt gewesen. Also ging ich zu meinen Nachbarn, holte mir zehn befruchtete Eier und legte sie Rinde unter.

»Was für ein Wahnsinn«, sagte Jiminy, die damals zu Besuch war. »Die beiden Hühner scheißen dir doch jetzt schon den ganzen Grillplatz zu. Was meinst du, wie das aussieht, wenn du noch zehn mehr hast?«

»Ich will, dass Rinde glücklich ist«, antwortete ich.

»Und was machst du, wenn da lauter Hähne rauskommen? Hähne vertragen sich nicht untereinander.«

»Die lass ich schlachten.«

»Das ist doch wohl nicht dein Ernst?«

»Aber ja doch«, sagte ich, »wem wäre denn damit

gedient, wenn ich Rinde jetzt keine Küken ausbrüten lasse? Das Huhn wäre frustriert, weil aus seinen unbefruchteten Eiern nichts schlüpft, und die Küken würden niemals existieren und den ganzen Spaß eines Hühnerlebens verpassen – Mistscharren, Krähen, Körnerpicken und so. Ich nehme denen ja nicht das Leben, ich schenk ihnen doch erst eins. Ein Jahr würde ich die ja leben lassen. Und da die mir ihre Existenz überhaupt erst zu verdanken haben, ist es ja wohl auch okay, wenn ich sie irgendwann schlachte.«

»Aber sicher doch«, sagte Jiminy, »wenn du jemanden vor dem Ertrinken rettest, erwirbst du damit ja auch das Recht, ihn ein Jahr später wieder ins Wasser zu schubsen.«

»Ein Jahr, das ist viel mehr, als ein Durchschnittsvogel in freier Wildbahn erwarten darf«, rief ich wütend. »Hast du schon mal über längere Zeit eine Entenmutter mit ihren Küken beobachtet? Da fehlt jede Woche ein Küken mehr.«

»Unsere Eltern dürfen uns ja auch nicht umbringen, bloß weil sie uns das Leben geschenkt haben«, sagte Jiminy, »ganz egal, was sie uns für eine tolle Kindheit bereitet haben.«

Sie argwöhnte, dass ich am Ende doch alle Hähne behalten würde, womit sie nicht ganz falsch lag. Ehrlich gesagt, hoffte ich gegen jede statistische Wahrscheinlichkeit, dass nicht mehr als ein männliches Küken schlüpfen würde. Womit das Problem natürlich bloß vertagt worden wäre. Spätestens, wenn in der nächsten Generation auch nur ein Drittel der neuen Hühner brüten wollte, würde ich wieder in der Zwickmühle sitzen. Entweder musste ich sie dann am Ausüben ihrer natürlichen Triebe hindern oder ich musste mir eine größere Gefriertruhe anschaffen. Zum Glück ersparte Rinde mir damals diese Gewissensentscheidungen. Sie brütete so schlampig, dass nur zwei Küken schlüpften, beide weiblich.

Eines davon war der Piepsi, der jetzt im Meerschweinchenkäfig hockt und mit schief gelegtem Kopf die schlafenden Kater betrachtet. Dem Piepsi scheint die Käfighaltung gar nicht so übel zu bekommen. Sein Kamm, der im kalten Hühnerstall ganz bleich geworden war, leuchtet jetzt hellrot und er legt sogar wieder Eier. Ich habe ihn ins Wohnzimmer geholt, weil der Piepsi Gesellschaft anscheinend schätzt. Im Flur, wo er zuerst stand, war einfach nicht genug los. Dafür riecht es jetzt im Wohnzimmer wie in einer Zoohandlung.

»Allerdings«, hat Jiminy gerade gesagt. Und das regt mich auf.

»Wie – allerdings? Was soll das heißen? Findest du es wirklich besser, wenn ein Tier gar nicht erst auf die Welt kommt, nur weil es irgendwann geschlachtet werden soll?«

»Ja. Die sollen in Freiheit leben, da, wo sie hingehören, und sonst nirgends.« Jiminy verschränkt die Arme.

»Das ist ja ein Riesenirrtum«, rufe ich, »diese Vorstellung, die frei lebenden Tiere hätten es gut. Die werden gar nicht alt genug, um es gut zu haben. Sieben von acht kleinen Elchen sterben, bevor sie auch nur ein Jahr alt sind. Du musst dich mal von der Illusion lösen, dass es in freier Wildbahn auch nur im Geringsten anständig zuginge. Alles voller blutgieriger Bestien, die friedliche, großäugige Weidetiere fressen. Selbst die Jungen von Raubtieren werden von anderen Raubtieren gefressen oder verhungern oder kommen sonst wie um. Die Hälfte aller Tigerjungen sterben schon in den ersten drei Monaten.«

»Das ist Natur«, sagt Jiminy.

»Ach so«, rufe ich gallig, »das ist Natur! Na, dann ist
es natürlich in Ordnung! Dann macht es ja nichts, wenn
so ein kleiner Tiger elend verhungert oder in Stücke gerissen wird! Dann macht es ja nichts, wenn eine Grundel bei lebendigem Leib von einer Seeanemone verdaut
wird oder wenn Bulli Krebs kriegt! Ist ja Natur!«

»Was ist eine Grundel?«

»Ein Fisch! Fische sind besonders schlimm dran –
beim Kabeljau wird nur ein Tausendstel der Brut er-
wachsen. Natur, das heißt Leben im Überfluss produzieren, und einen Großteil der Individuen schon nach
wenigen Tagen auf grauenhafte und qualvolle Weise
wieder vernichten. Natur ist was für Leute, die auf Blut-
bäder stehen.«

»Na, dann ist ja alles bestens. Dann kannst du ja auch
deine Grillhähnchenpfanne wieder mit gutem Gewissen
essen«, schnappt Jiminy.

»Eben nicht! Das Schlimme, das Verwerfliche an der
Massentierhaltung ist nämlich nicht, dass die Tiere es
dort nicht so schön haben wie in freier Wildbahn, sondern dass wir es tatsächlich fertiggebracht haben, Tieren
ein *noch* schrecklicheres Leben zu bereiten, als sie es sowieso schon in Freiheit gehabt hätten. Für ein Massentier wäre es tatsächlich besser, es wäre nie geboren.«

Jiminy sieht mich kritisch an.

»Gute Tierhaltung, das könnte doch theoretisch
auch ein Geschenk an das Tier sein«, fahre ich fort.
»Ein Bio-Rind, das mit anderen Rindern auf der Weide
steht und zwei Jahre alt werden darf, wird ja nicht um
ein 30jähriges Leben in Freiheit betrogen, sondern ihm
werden – rein statistisch gesehen – anderthalb Jahre geschenkt, und zwar im besten Fall parasitenfrei, angstfrei,
ohne Hunger und im Winter vielleicht noch mit einem
Dach über dem Kopf. Das ist doch nicht nichts!«

»Glaubst du etwa, der Lebenszweck von Tieren besteht darin, möglichst wenig Gefahren ausgesetzt zu sein? Denkst du, die wollen verbeamtet werden?«, sagt Jiminy.

»Wieso nicht«, rufe ich. »Haustiere spielen zum Beispiel viel mehr als Wildtiere – immer vorausgesetzt, dass sie anständig gehalten werden. Einfach weil sie nicht so unter Stress stehen.«

»Oder weil ihnen langweilig ist. Falls sie überhaupt spielen. Meinst du nicht, dass du die Bio-Tierhaltung etwas zu rosarot siehst?«

Leider weiß ich nur zu gut, dass Jiminy recht hat. Schließlich lese ich jede Woche zwei Bücher zum Thema. Seit mit Bio-Produkten dicke Profite einzufahren sind, interessieren sich nicht nur vollbärtige Idealisten für ökologische Landwirtschaft, sondern auch Menschen, denen es vor allem ums Geld geht. Natürlich gibt es auch noch die kleinen Familienbetriebe, die sich oft sogar strengere Vorschriften auferlegt haben, als es das Bio-Siegel der EG-Öko-Verordnung vorschreibt, und bei denen 20 Rinder auf der Weide stehen und eine Hühnerschar mit Hahn über den Hof läuft. Aber Eier aus solcher Haltung findet man allenfalls im angeschlossenen Hofladen, auf dem Wochenmarkt und in kleinen Bio-Läden vor Ort. Auch das durchschnittliche Bio-Huhn ist ein Massentier, es hat es nur nicht ganz so schlimm wie seine unökologisch gehaltenen Schwestern. Die Bio-Eier, die man im Discounter kaufen kann, stammen aus agrarindustriellen Betrieben, die durchschnittlich 17 500 Legehennen halten. Bis zu 3000 Hennen dürfen in einem Stallabschnitt zusammengepfercht werden – mit Auslauf natürlich. Aber bei Gruppenhaltungen mit mehr als 500 Tieren nutzen viele Hennen den angeschlossenen Auslauf gar nicht mehr, weil es für sie zu beängstigend ist, an so vielen Hennen vorbeizumarschieren. Auch 300 Rinder in Ställen von Bio-Fleisch-Produzenten sind keine Seltenheit mehr. Es gibt sogar Agrarunternehmer, die in der einen Halle arme Kreaturen für den Fleischbedarf des herkömmlichen Marktes mästen und in einer zweiten Halle, gleich nebenan, Bio-Tiere mit Auslauf halten – was die Kontrolle über die Herkunft eines Steaks nicht gerade erleichtert.

Natürlich ist es erst einmal erfreulich, dass Bio-Produkte so beliebt und normal geworden sind, dass man sie auch in den großen Supermärkten findet. Und bei Obst, Gemüse und Getreide mit dem Bio-Siegel kann man sich wohl auch darauf verlassen, dass es tatsächlich ohne chemische Gifte und künstlichen Dünger hergestellt worden ist. Nur werden über die Konzentration auf die chemiefreie Ackerpflege andere, ebenso wichtige Aspekte wie Regionalität und Tierschutz gern vergessen. Das oberste Gebot der Discounter ist – wie schon der Name sagt –, alles so billig wie möglich anzubieten. Also wird auch stets die billigste Bio-Ware eingekauft – und wenn man sie quer durch Europa herbeikarren muss.

Ein Bio-Schweinemäster, der den Teufelspakt mit einem Discounter eingehen will, muss unterbieten können, wenn billiges Bio-Fleisch auf dem Markt ist. Oder er bleibt auf seinen Koteletts sitzen. Also ist er gezwungen, die Vorgehensweise der herkömmlichen Fleischerzeuger nachzuahmen und nach immer rationelleren Produktionsmethoden zu suchen. Die Sorge um das Wohlergehen der Tiere steht dann erst einmal hintenan. Wenn in der Bio-Schweinehaltung maximal 50 % der Stallfläche aus dem für die Schweine unangenehmen, aber für den Landwirt äußerst praktischen Spaltenboden bestehen dürfen, dann werden auch mindestens 50 % des Stallbodens so gestaltet. Und wenn man den Ausgang zur Freilandanlage für die Hühner so legt, dass direkt der Wind darauf steht, dann gehen die Hühner gar nicht erst nach draußen, wo sie sich womöglich einen Schnupfen holen oder vom Habicht gefressen werden. Und das Freiland braucht dann auch nicht mehr instand gehalten werden. Das spart alles Geld. Der Öko-Lobby-Verband Agöl sorgt in der EU dafür, dass die Bedürfnisse der Tiere einer Profitmaximierung nicht im Weg stehen. Müssen Kühe wirklich auf die Weide, damit ihr Fleisch das Bio-Zertifikat bekommt? Reicht es nicht, wenn sie Bio-Futter bekommen? Und wenn sie schon im Stall stehen, kann man einem Betrieb nicht auch erlauben, sie nebeneinander anzubinden? Weil Gewinnstreben à la Discounter und das Wohl der Tiere nur schwer miteinander vereinbar sind, habe ich zu Jiminys Freude beschlossen, meine Bio-Lebensmittel wenn irgend möglich nur noch in reinen Bio-Läden wie der Bio-Company oder dem kleinen Eine-Welt-Laden in Strausberg zu kaufen.

Der Strausberger Eine-Welt-Laden liegt in einer kopfsteingepflasterten Einkaufsstraße der Altstadt, wo die Parkgebühren zehn Cent für zwölf Minuten betragen. Im Sommer stehen Gemüsekisten und ein Tisch aus Wurzelholz vor dem Laden und verleihen ihm das waldschratmäßige Ambiente, das mich bisher immer davon abgehalten hat, ihn zu betreten. Jetzt liegt hier wie überall sonst bloß Schnee und Eis. Zum Eingang geht es eine Stufe herunter, die Türglocke macht palim-palim, und ich stehe im angenehmen Halbdunkel eines klitzekleinen, völlig vollgestopften Ladens, dessen Naturholzregale auch noch die wenigen Fenster zustellen. Auf einem nassen Lappen klopfe ich mir die schneeverkrus-

teten Stiefel ab. Vom gegenüberliegenden Holztresen
nickt mir ein jugendlicher Verkäufer zu, während er für
eine Kundin Orangen in eine braune Papiertüte packt.
Statt Einkaufswagen, mit denen man sowieso nicht zwischen den Regalen hindurch-, geschweige denn um die
Ecken kommen würde, stehen links drei Weidenkörbchen, von denen ich mir einen über den Arm hänge,
ganz wie Rotkäppchen auf dem Weg zur Großmutter.
Da hinein tue ich nun all die guten, gesunden Dinge –
schrumpelige Pastinaken, pralle Tomaten, eine Packung
Salat, eine Spaghettisoße und ein Glas eingemachter
Pflaumen. Das übersichtliche Warenangebot empfinde
ich wieder mal als enorme psychische Entlastung. Das
Glück der Beschränkung. Und die Gummibärchen-Tü-
ten sind so klein wie zuletzt in meiner Kindheit, als es
noch nicht üblich war, dass Kinder sich ganze Famili-
enpackungen reinzogen. Der Preis von 2,99 Euro für
das Pflaumenglas lässt mir allerdings kurz das Blut in
den Adern gefrieren. Dann aber fallen mir die Tonnen
von Zwetschgen ein, die ich im letzten Herbst an den
Wegrändern Brandenburgs an den Bäumen hängen sah.
Kurz hatte ich damals in der Vorstellung geschwelgt,
Hunderte von Einmachgläsern zu füllen, bis ich mir
beim Discounter Netto den Preis für eingemachte
Pflaumen ansah: 0,89 Euro – das lohnte sich beim besten Willen nicht. Kummervoll und tatenlos sah ich daraufhin zu, wie die violetten Früchte an den Bäumen ver-
schimmelten, bis die ganze Gegend nach Gärung und
Schnaps roch. Wenn ein Glas Pflaumen 2,99 Euro kostet, sieht die Sache natürlich schon ganz anders aus, und
bei dem Gedanken an die nächste Pflaumensaison und
die Schätze, die es zu bergen gilt, hebt sich meine Laune
wieder. Ketchup brauche ich noch, und hier gibt es sogar Curry-Ketchup. In der Ecke stehen Mineralwasser-

Kisten. Kann Mineralwasser überhaupt ein Bio-Produkt sein? Ich beschließe, einfach den Verkäufer zu fragen, und packe noch ein paar Kekse, Joghurts, Schokoladentafeln, eine Fertigbackmischung für Zitronenkuchen, Hackfleisch und eine Tüte Kokos-Joghurt-Mandeln ein. Nach weniger als 20 Metern Einkaufsrundgang bin ich an der Kasse und kann meine Frage stellen. Hinter mir warten noch zwei Frauen mit ihren Weidenkörbchen. Beide in meinem Alter. Eine trägt Gummistiefel.

»Ja, nun ja«, sagt der junge Verkäufer, »also das St. Leonharder zum Beispiel«, er fasst meine Flasche an, »wird aus besonders großer Tiefe gefördert und ist deswegen auch besonders rein. Bis dorthin kommt keine Bodenverschmutzung.«

»Das ist aber durchaus umstritten, ob es gut ist, das Wasser aus so großer Tiefe zu holen«, mischt sich die Kundin hinter mir ein, die mit den Gummistiefeln. »Dort ist es ja starkem Druck ausgesetzt. Das ist ja auch im Haushalt schon das Problem, dass das Wasser bei uns durch die vielen engen Rohre und Leitungen gepresst wird und sich nicht ausbreiten kann. Deswegen soll man Leitungswasser ja immer auch zuerst in einen Krug füllen und einige Zeit stehen lassen, damit es sich wieder ausdehnt.«

Einen Moment lang muss ich sie mit offenem Mund angestarrt haben. Dann fange ich mich wieder.

»Und Fische«, frage ich, »die schwimmen doch einfach so im Meer herum. Da kann man doch eigentlich auch nicht von Bio oder nicht Bio sprechen. Da müsste es doch eigentlich egal sein, wo ich sie kaufe?«

Der Verkäufer zuckt ratlos die Schultern. »Ja … wenn die nicht aus Zuchtbetrieben stammen …«

»Man sollte aber sowieso nicht mehr so viel Seefisch essen«, mischt sich die clevere Kundschaft wieder ein.

Diesmal ist es die andere Frau. »Ich habe erst neulich eine Haaranalyse machen lassen. Alles voller Schwermetalle. Der Dorsch, den man hier in der Gegend kaufen kann, der wird in der Ostsee gefangen, direkt neben dem Hafen.«

»Außerdem sind die Fangmethoden brutal und rücksichtslos«, weiß die Frau in den Gummistiefeln. »Die Meere sind völlig überfischt. In 30 Jahren sind sie leer. Die Fische ersticken stundenlang in den Schleppnetzen, und für ein Kilo Fisch werden drei Kilo Beifang umgebracht und dann einfach wieder tot ins Meer gekippt.«

Während der Verkäufer die Preise meiner Waren in die Kasse eingibt, geht die Diskussion über gestauchtes Wasser und geschundene Meerestiere munter weiter. Niemand ist genervt, weil ich gefragt habe. Das hätte ich mal bei Aldi an der Kasse versuchen sollen.

Ich bin mir nicht sicher, ob ich den Argumenten für ungestauchtes Wasser hundertprozentig folgen kann, aber der Laden ist so nett und kuschelig und kommunikativ, dass ich hier unbedingt öfter einkaufen will. Der Verkäufer hat den Inhalt meines Weidenkörbchens in eine Papiertüte gepackt und möchte 36,89 Euro von mir haben. Mir müssen wohl die Gesichtszüge entgleist sein, denn er holt sehr freundlich das gefrorene Pfund Hack wieder aus der Tüte.

»Das Fleisch kostet schon 7,99 Euro. Das ist von Demeter. Soll ich es wieder herausnehmen?«

Jetzt weiß ich auch, warum in einem meiner Bücher Demeter der Mercedes unter den Bio-Verbänden genannt wird. Der Vergleich hinkt natürlich etwas, da bei der Fertigung von Mercedes-Automobilen meines Wissens keine Mondphasen oder andere kosmische Rhythmen berücksichtigt werden, wie sie in den anthroposophisch orientierten Demeter-Anbauverbänden eine

Rolle spielen, aber das Hack kostet mehr als doppelt so viel wie das aus der Bio-Company und mindestens das Dreifache von dem runtergesetzten Bio-Hack aus dem Kaufland-Discounter, von dem Preis für konventionell hergestelltes Rinderhack mal ganz zu schweigen. Andererseits dürfen Demeter-Rinder ihre Hörner behalten, sollen jederzeit an die frische Luft können und stehen so oft wie möglich auf der Weide. Möglicherweise ist der Demeterpreis der echte Preis, den ein Landwirt nun einmal verlangen muss, wenn er in der Lage sein will, gesunde Tiere halbwegs anständig zu halten und qualitativ hochwertiges Fleisch zu produzieren.

Abgesehen von den letzten vier oder fünf Jahrzehnten war es immer eine teure Angelegenheit, Tiere zu mästen. Dass die Römer sich mit »Brot und Spielen« zufriedengaben und nicht »Fleisch und Spiele« verlangten, lag nicht etwa daran, dass sie alle Vegetarier gewesen wären, sondern daran, dass niemand ihren Wunsch nach »Fleisch für alle« hätte erfüllen können. Fleischproduktion ist ineffizient. Zwischen 6 und 26 pflanzliche Kalorien muss man verfüttern, um später eine Kalorie eines Hähnchens, Steaks oder Koteletts auf dem Teller wiederzufinden. Fleisch essen bedeutet also die Vernichtung riesiger Lebensmittelmengen, mit denen man 6 bis 26 Mal so viel hungrige Menschen ernähren könnte. Noch in den 50er-Jahren waren viele Ernährungswissenschaftler davon überzeugt, dass Fleisch niemals ein billiges Massenprodukt werden könnte. Erst eine neue Dimension von Unbarmherzigkeit und Rücksichtslosigkeit machte es möglich, dass Fleischkonsum in den westlichen Industrienationen für alle Einkommensklassen zu etwas Alltäglichem wurde – das Zusammenpferchen von Rindern, Schweinen, Hühnern und Puten bis an die Grenzen des Machbaren, die Einfuhr von Mastfutter aus Ländern, die ihre Feldfrüchte eigentlich ganz gut für ihre eigene unterernährte Bevölkerung hätten gebrauchen können, und eine züchterische Auslese, die nicht mehr das gesunde, fortpflanzungsfähige Tier, sondern ein geflügeltes Monster mit orthopädischen Problemen anstrebte.

»Und, soll ich das Hack jetzt wieder herausnehmen?« Ich schüttele tapfer den Kopf.

Was heißt schon teuer? Letzte Woche erst habe ich, ohne mit der Wimper zu zucken, 600 Euro für einen HD-Fernseher ausgegeben. Selbst bei meinen Sportschuhen achte ich penibel darauf, dass es ja die richtige Marke ist. Koste es, was es wolle. Und bei dem, was ich esse, bei dem, woraus sich mein eigener Körper aufbaut, mein Blut, meine Muskeln, meine Leistungsfähigkeit und Gesundheit, soll es auf einmal das Billigste vom Billigen sein? Da stimmt doch irgendetwas nicht. Allerdings werde ich mein Hack wohl demnächst wieder in der Bio-Company kaufen. Da durften die Rinder aller Wahrscheinlichkeit nach auch auf die Weide.

Zu meiner großen Überraschung erweist sich das Mineralwasser aus den tiefsten Tiefen tatsächlich als äußerst wohlschmeckend, obwohl ich ihm noch nicht einmal die Gelegenheit gegeben habe, sich in einem Krug auszubreiten. Jiminy findet ebenfalls, dass es besser schmeckt, auch wenn wir beide nicht gut erklären können, worin nun der Unterschied zu anderem Wasser bestehen soll.

»Irgendwie weicher und lebendiger«, versucht es Jiminy.

Der Curry-Ketchup ist allerdings ein Fehlkauf. Das habe ich aber schon geahnt, als ich die kleine Flasche in mein Weidenkörbchen tat. Curry-Ketchup in Glasflaschen aus dem Bio-Markt – das kann gar nicht schmecken. Bio-Produzenten haben den Ehrgeiz, frische, fruchtige, natürlich schmeckende Lebensmittel zu liefern, was bei der Herstellung von Tomatenketchup ganz in Ordnung ist, bei Curry-Ketchup aber völlig an der dahinter steckenden Geschmacks-Idee vorbeigeht. Guter Curry-Ketchup ist von einer zähen, pampigen Konsistenz, sieht aus wie geronnenes Blut und ist eigentlich nur an Imbissbuden zu bekommen, wo er bereits seit mehreren Tagen in einem unverschlossenen 10-Liter-Eimer neben der Fritteuse gestanden haben muss. Dadurch sind einige Spritzer alten Frittierfetts in ihm gelandet, die seine natürliche, knapp an die Schmerzgrenze gehende Schärfe auf das Angenehmste dämpfen. Da brauchen die Wolfram Siebecks dieser Welt jetzt gar nicht die Nase zu rümpfen – bei Curry-Ketchup handelt sich um eine respektable und kulturell bedingte Vorliebe der indigenen deutschen Bevölkerung, so wie der Isländer seinen Happen verwesten Haifisch schätzt und der Chinese gern mal einen Brocken Vogelspucke in Form eines Schwalbennestes verputzt. Ich kenne nur eine einzige Ketchup-Marke, der es gelingt, dem Geschmack des Imbissbuden-Ketchups nahezukommen, und zwar handelt es sich um den in einer abstoßend hässlichen 1-L-Plastikflasche gelieferten »Curry-Ketchup extra scharf« der Hamburger Firma »Hela«.

Jiminy schlägt vor, einen Ausritt zu machen. Begeistert bin ich nicht. Ich fühle mich immer noch ständig so müde. Außerdem ist mein Maultier noch nicht richtig eingeritten. Es macht im Grunde, was es will, und die weiten weißen Flächen der verschneiten Felder laden zum Durchgehen geradezu ein. Schnee, nichts als Schnee. Aber in Mexiko ist das Wetter auch nicht besser: Regengüsse, die bis zu 48 Stunden lang anhalten.

30 Menschen sind schon in den Überschwemmungen umgekommen. Dabei beginnt die Regenzeit in Mexiko eigentlich erst im Mai. Dann doch lieber Eiszeit. Ich sattle Bonzo. Jiminy steigt auf den Schimmel Torino und reitet vor mir her, damit mein ungebärdiges Maultier sich ein Beispiel an dem ruhigen Pferd nehmen kann. Weit kommen wir nicht. Unter der obersten Schneeschicht hat sich Eis gebildet. Torino gerät in Schräglage. Die beiden linken Hufe rutschen unter dem Körper weg, und dann fällt er mit Karacho auf die Seite, alle vier Beine in der Luft. Jiminy ist geistesgegenwärtig abgesprungen.

»Unglaublich«, sage ich, »damit könntet ihr bei ›Pleiten, Pech und Pannen‹ auftreten. Ich steige ebenfalls ab. Verletzt hat sich niemand, aber zurück gehen wir trotzdem lieber zu Fuß.

Jiminy hat erst einmal genug von verschneiter Natur und fährt wieder nach Berlin. Ich fahre nach Buckow ins Kino. Wenn ich allein zu Hause sitze, fehlt mir der Bulli zu sehr. Es gibt einen Film über Coco Chanel. Aber außer mir ist niemand gekommen, und der Film wird erst bei mindestens zwei Zuschauern gezeigt. Schließlich löse ich einfach eine zweite Eintrittskarte und gönne mir eine Privatvorstellung. Und da ich, wenn ich unterwegs bin, auch konventionell hergestellte Lebensmittel essen darf – solange es sich nicht um Fleisch handelt –, kaufe ich mir auch noch eine Tüte M&M's und eine Flasche Coca-Cola light. Ah, endlich wieder eine schöne, eiskalte Cola. Damit kann es doch das weichste und lebendigste Wasser aus den tiefsten Tiefen nicht aufnehmen. Glücklich schlurfe ich zu meinem Kinosessel. Und erst als ich vor der Leinwand Platz genommen habe, fällt es mir siedend heiß wieder ein: Ich trinke doch nicht bloß deswegen keine Coca-Cola, weil die Zutaten nicht bio sind, sondern vor allem deswegen, weil die Firmenleitung in Kolumbien verdächtigt wird, Killer auf Gewerkschaftler angesetzt zu haben. Auch wenn meine Bio-Phase vorbei ist, werde ich keine Coca-Cola mehr trinken. Ich werde nie mehr Coca-Cola trinken. Wieso denk ich da nicht dran? Wie kann man so etwas vergessen? Dabei ist es mir nicht ein einziges Mal passiert, dass ich im Supermarkt aus Versehen ein Produkt ohne Bio-Siegel gekauft hätte. Ist es womöglich leichter, von außen auferlegte Regeln einzuhalten, als die, zu denen man durch eigene Überzeugung und Einsicht gelangt ist? Aber das Kind ist ja nun in den Brunnen gefallen, die Cola bezahlt, der Konzern unterstützt und in seiner Vorgehensweise bestätigt, da nützt es überhaupt nichts, wenn ich sie jetzt wegschütte. Und zack ist der Gedanke zur Seite geschoben, und ich kann den Film und die Cola problemlos genießen. Wie sagte noch gleich Hannah Arendt: »Die größten Verbrecher sind die, die das Denken verweigern.«

Zwei Monate Bio-Ernährung sind beinahe um. Ich habe eine Menge Zeitschriftenartikel und Bücher zum Thema gelesen. Ehrlich gesagt, finde ich nicht, dass die Tierhaltung in der Bio-Landwirtschaft gut genug ist. Sie ist besser, ganz klar, aber dass Grasfresser auf der Weide stehen und Gras fressen ist für mich keine bemerkenswerte Innovation, sondern die Mindestvoraussetzung. Darüber, dass Tiere an die frische Luft gehören und auch mal die Sonne sehen dürfen und dass man sie nicht aus Profitgier misshandeln darf, braucht unter emotional intakten Menschen doch wohl nicht ernsthaft diskutiert zu werden. Wenn ich mir ein Tier halte, in der Absicht, es später irgendwann einmal zu schlachten, dann bin ich ihm auch verpflichtet. Dann schulde ich ihm ein richtig gutes

Leben mit einer anregenden Umgebung, der richtigen
Zahl Artgenossen, einer guten Suhle oder einem fein-
körnigen Sandbad, mit abwechslungsreichem, leckerem
Futter. Und ich schulde ihm eine Lebenszeit, die deutlich über der Lebenserwartung in freier Wildbahn liegt.
Sehr deutlich. Natürlich ist es besser, wenn ein Huhn,
statt in fünf Wochen in einem konventionellen Mast-
hähnchenstall die sogenannte Schlachtreife zu erlangen, drei Monate lang in einem Stall mit Sitzstangen und
Grünauslauf gemästet wird. Aber was sind denn drei
Monate? So ein Huhn hat noch nicht mal alle Jahres-
zeiten kennengelernt. Man kann doch nichts töten, was
noch gar nicht richtig gelebt hat. Und ich schulde ihm
einen guten Tod ohne Angst und Schmerzen.

Aber auch bei der besten Haltung, dem kürzesten Transport zum Schlachthaus und der humansten Schlachtung
stehe ich bei Bio-Fleisch vor einem logischen Widerspruch. Wenn es nicht in Ordnung ist, Tiere zu misshandeln, wie kann es dann in Ordnung sein, sie zu töten?
Das ist doch noch viel schlimmer, als sie bloß zu quälen.
Das Vorgehen in der industriellen Massentierhaltung ist
schlüssig. Wenn ich schon vorher systematisch die Bedürfnisse eines Tieres ignoriert habe, wenn Schweine für
mich bloß Kotelettplantagen sind, dann ist es auch nur
noch ein kleiner Schritt, ihnen eins vor die Birne zu geben. Artgerechte Tierhaltung mit dem Ziel, das Tier irgendwann zu schlachten, ist ein Widerspruch in sich. Ich
respektiere die Bedürfnisse eines Tieres nach Bewegung
und frischer Luft, sorge für ausreichend Ruheplätze, das
richtige Futter und die Möglichkeit zu sozialen Kontak-
ten, werfe ihm noch einen Ball zum Spielen in den Auslauf, aber das Grundlegendste seiner Bedürfnisse, den
Willen zu leben, ignoriere ich einfach. Ein Tier in ei-

nen zu engen Käfig zu sperren ist gemein, aber totmachen ist okay – oder was? Und umgekehrt: Wenn man dem wichtigsten Interesse eines Tieres, seinem Interesse zu leben, keine Aufmerksamkeit zu schenken braucht, wieso sollte man sich dann durch seine nachgeordneten Interessen zu irgendetwas verpflichtet fühlen? Wenn es kein Verbrechen ist, ein Tier zu töten, wieso sollte es dann ein Verbrechen sein, es in drangvoller Enge zu halten, ihm den Ringelschwanz oder den halben Schnabel abzuschneiden oder ihm in einem Versuchslabor eine Reihe Zähne zu ziehen, die Zähne durch Implantate zu ersetzen und diese Implantate dann absichtlich zu infizieren, bis die Bakterien den halben Kieferknochen weggefressen haben? Wenn ein Schwein sowieso dafür da ist, getötet zu werden, warum soll man nicht vorher noch ein paar Medikamente oder Dum-Dum-Geschosse daran ausprobieren? Wenn ich seinen Tod akzeptiere, akzeptiere ich im Grunde auch alles andere.

Als ich mich am letzten Tag des Februars auf die Waage stelle, kriege ich einen ziemlichen Schreck: vier Kilo zugenommen. Jawohl, auch mit Bio-Ernährung kann man fett werden. Man muss es sich nur leisten können.

Trotzdem will ich heute unbedingt noch ein Grillhähnchen essen, bevor ich morgen in meine vegetarische Ernährungsphase eintrete. Wenn überhaupt, dann ist ein Bio-Grillhähnchen natürlich nur in Berlin zu bekommen. Dort gibt es einen Imbiss von Neuland. Streng genommen verkaufen die Neuland-Schlachtereien gar kein Bio-Fleisch, weil Neuland-Tiere nicht zwingend mit Öko-Futter gefüttert werden. Aber die Regeln zur Tierhaltung wurden vom Deutschen Tierschutzbund und dem BUND mitgestaltet und sind strenger als die in der Bio-Haltung. Rindern, Schweinen und Hühnern steht mehr Platz zu, Spaltenböden sind ganz verboten, und ganzjähriger Auslauf ins Freie ist vorgeschrieben.

Auf der Fahrt zum Imbiss kämpfen ein weißer und ein schwarzer Engel um meine Seele. Der weiße Engel will, dass ich umkehre. Er hält mir den Tod des Tieres vor Augen und sagt, dass der kurze triviale Genuss des gegrillten Fleisches dazu in keiner Relation steht.

»Hör nicht auf das sentimentale Gewäsch«, sagt der dunkle Engel, »wir essen jetzt erst mal schön Grillhähnchen. Noch darfst du das schließlich.«

»Wie kannst du nur«, sagt der weiße Engel. »Einen Tag, bevor du Vegetarierin wirst. Ein Staat, der sich entschließt, die Menschenrechts-Charta anzuerkennen, foltert einen Tag vor Inkrafttreten der neuen Gesetze ja auch nicht noch schnell mal so viele Gefangene wie möglich.«

»Grillhähnchen, Grillhähnchen«, sagt der schwarze Engel, und im Moment hat er leider einfach die besseren Argumente.

»Prima«, sagt der schwarze Engel, »jetzt nur noch die Oranienstraße hoch.«

Aber als wir ankommen, ist der Neuland-Imbiss geschlossen. Kurz nach Mitternacht – die Verpflichtung zum Bio-Konsum ist vorbei – gehe ich zu McDonald's und kaufe mir einen Veggie-Burger. Gar nicht so übel.

5

Mitgefühl – ohne Gefühl

*»Das Mitleid bleibt immer dasselbe Gefühl,
ob man es für einen Menschen oder für eine
Fliege empfindet. Der dem Mitleid zugängliche
Mensch entzieht sich in beiden Fällen dem
Egoismus und erweitert dadurch die moralische
Befriedigung seines Lebens.«*

(Leo Tolstoi)

*»Wenn ich über Schmerz rede, ist entscheidend:
Tut es mir selbst weh oder jemand anderem.«*

(David Foster Wallace: »Am Beispiel des Hummers«)

Wieso hatte es eigentlich nicht genügt, dass ich von den
Zuständen in den industriellen Mastbetrieben wusste.
Wieso hatte ich trotzdem immer wieder Qualfleisch –
wie Jiminy es nannte – gekauft? Jedes Mal, wenn ich
eine Hähnchenpfanne in meinen Einkaufswagen legte,
musste ich ja nicht nur verdrängen, dass meinetwegen
ein Tier getötet worden war, sondern auch, was für ein
Leben es vorher hatte führen müssen. Bei all den Fernsehsendungen und Zeitschriftenberichten, die es darüber gab, kein ganz leichtes Unterfangen, sollte man
meinen.

Ehrlich gesagt, ich weiß es nicht. Ich kann nur spekulieren.

Erstens könnte es daran liegen, dass die Routine,

Fleisch zu essen, schon von Kindheit an bei mir verankert war – lange bevor ich von den Grausamkeiten der Massentierhaltung erfuhr. Ich hatte schon Fleisch gegessen, bevor mir überhaupt klar war, dass es sich dabei um ein Stück totes Tier handelte. Gewohnheit ist eine Art Gehirnwäsche, in die man allmählich hineinschlittert, Tag für Tag, und die einem eine hervorragende Imprägnierung gegen das Denken verleiht. Na und, das habe ich schon immer so gemacht, und deswegen kann es nur richtig sein – an diesem Grundgefühl prallen die Argumente ab wie Wasser an der Ente. Zweitens kauften auch alle anderen Menschen im Supermarkt abgepackte Fleischbündel. Das bestätigte mich in dem Gefühl, dass das schon irgendwie in Ordnung ginge. Drittens hat das zerteilte Grillhähnchen in meiner Hand weder geschrien noch gezappelt. Viertens sind Kaufentscheidungen meistens keine Sache des Denkens, sondern des Fühlens und richten sich danach, ob die gleiche Wahl beim letzten Mal eine positive oder eine negative Konsequenz hatte. Grillhähnchenpfanne = lecker Abendessen, also wieder kaufen. Das ist hirnphysiologisch bedingt. Nur das limbische System der Großhirnrinde, das für die Gefühle zuständig ist, hat einen direkten Zugriff auf diejenigen Systeme in unserem Gehirn, die unser Handeln bestimmen. Das rationale kortikale System wird nur bei besonders wichtigen und komplizierten Fragestellungen zugeschaltet. Bewusstsein ist für das Gehirn eine anstrengende Energieverschwendung, weswegen es seine Supermarkteinkäufe mehr oder weniger in Trance zu erledigen pflegt. Aber wie schlimm muss denn die Massentierhaltung eigentlich noch werden, bis ich sie für wichtig genug erachte, mich davon stören zu lassen und den Verstand einzuschalten? Genügt es nicht, wenn Hähnchen in Quetschhaltung (39 kg pro qm) in ihrem eigenen Dreck aufgezogen werden, sodass ihre Füße wund und ihre schweren, deformierten Körper von Kot verklebt und verätzt sind? Dass es sich um Extremzuchten handelt, die jeden Tag 6,5 % ihres Eigengewichts zunehmen, was ungefähr einem zehnjährigen menschlichen Kind entspricht, das Tag für Tag 2 kg fetter wird. Dass das Wachstum der Beinknochen nicht mit dem Wachstum der Muskeln Schritt halten kann, sodass Hähnchen immer früher geschlachtet werden müssen, weil bereits nach 40 Tagen ein Drittel von ihnen lahm geht? Wie sehr ich mich auch darum bemühe, mein Versagen zu rationalisieren, letztlich läuft es doch bloß darauf hinaus, dass ich mich selbstsüchtig verhalten habe.

Die Grausamkeiten, Gemeinheiten und Rücksichtslosigkeiten, die Menschen wie ich jeden Tag begehen, sind die Folgen eines biologischen Prinzips, das wir mit allen anderen Spezies auf diesem Planeten teilen, dem Prinzip Eigennutz. Wir wollen das Beste für uns – wenn es sein muss, gern auch auf Kosten anderer. Parasiten nisten sich in den Därmen von Kühen ein, ohne sich darum zu scheren, wie sehr das den Organismus der Kuh schwächt. Kühe, so sie denn mal auf einer Wiese stehen, zermalmen bedenkenlos Gräser. Und Menschen feiern Grillpartys und verkaufen Hedgefonds und betrügen ihre Ehepartner. Alles, weil sie sich einen Vorteil davon versprechen. Eine Spezies, die nicht ihren Vorteil sucht, ist zum Aussterben verurteilt. Selbst die Empathie – also die Fähigkeit, sich in andere Lebewesen hineinzuversetzen – hat sich ursprünglich einmal entwickelt, um andere auszutricksen oder zu manipulieren. Ein geschickter Fallensteller weiß, womit er das Tier, das er fangen will, am besten anlockt. Ein kluges Kind merkt, wenn seine Eltern in so guter Laune sind, dass sich die Frage nach einer Taschengelderhöhung lohnen könnte. Und ein guter Heiratsschwindler weiß nicht nur, was Frauen allgemein gern hören, sondern findet instinktiv auch die jeweiligen individuellen Schwachstellen heraus, um dann auf der Klaviatur von Schuldgefühlen, Mutterinstinkten oder Unterlegenheitsgefühlen zu präludieren. So weit, so vorteilhaft. Aber manchmal, wenn wir in die Haut eines anderen schlüpfen, passiert es, dass wir plötzlich seine Empfindungen teilen. Aus Empathie wird Mitgefühl. Etwa, wenn neben uns jemand so herzzerreißend weint, dass wir uns des Mitleids nicht erwehren können. Oder einem guten Freund ist so übel mitgespielt worden, dass wir gar nicht anders können, als mit ihm zu leiden und seine Sicht der Dinge zu übernehmen.

»Was? Sie hat dich betrogen, während du extra Vaterschaftsurlaub genommen hast und zu Hause geblieben bist? Und sie hatte ihr Handy ausgestellt, obwohl der Kleine gerade krank war? So ein Miststück!«

Im allgemeinen Sprachgebrauch werden die Begriffe Empathie und Mitgefühl schlampigerweise oft gleichgesetzt, als gäbe es keinen Unterschied zwischen der Fähigkeit, sich in jemanden einzufühlen, und dem Impuls, etwas gegen dessen Leid zu unternehmen. Auch ein Sadist ist empathisch, wenn er sich überlegt, was sein Opfer so richtig quälen wird. Wer Mitgefühl empfindet, ist hingegen am Wohlergehen der anderen Person interessiert, was nach den Gesetzen der Evolution eigentlich eine Dummheit ist. Schließlich könnten wir dabei die eigenen Interessen aus den Augen verlieren. Raubtiere und Heiratsschwindler müssen wissen, wie ihre Beute »tickt«, aber sie können es sich nicht leisten, Mitleid zu empfinden. Und wenn ich mir beim Supermarkteinkauf vorstelle, was das abgepackte Fleisch in der Aluminiumschale vorher alles ertragen musste – die Hölle, die ein kleiner, viel zu schnell wachsender Körper in der Massenaufzucht durchgemacht hat, seine Angst beim Schlachten, sein Schmerz –, trickse ich mich im Grunde selber aus. Womöglich wiegt das Leid des Masthähnchens auf einmal schwerer als mein Wunsch nach gebratenem Fleisch. Und was habe ich davon? Na also.

Etwas so Nutzloses hätte sich niemals entwickeln können, hätte sich altruistisches Verhalten unter sozial lebenden Tieren nicht auf lange Sicht doch als Vorteil erwiesen. Einer hilft dem anderen, und schon geht's der ganzen Horde besser. Besonders sozial – wenn er will – ist der Mensch. Das Wort »Menschlichkeit« benutzen wir sogar als Synonym für mitfühlendes, barmherziges, altruistisches Verhalten. Dass wir den Namen unserer Spezies mit der Neigung zu Mitgefühl gleichsetzen – so als wären wir die Einzigen, die dazu fähig sind, und als käme Eigensucht und Grausamkeit für den Homo sapiens gar nicht infrage, hat natürlich mehr mit Wunsch als mit Wirklichkeit zu tun.

Auch unser Mitgefühl ist nicht jederzeit abrufbar, sondern wird nur bei auserwählten Gegenübern und in bestimmten Situationen angeknipst.

Bei dem einen Unglückswurm lassen wir uns zum Mitleid hinreißen und beim nächsten, dem es mindestens genauso schlecht geht, finden wir, dass das ganz allein sein Problem sei. Dies ist keine absichtsvolle, kontrollierte Entscheidung, sie wird überwiegend im Unbewussten gefällt und hängt nur zum Teil von den äußeren Umständen ab. Halb drängt es uns, halb wollen wir auch. Oder eben nicht. Wenn wir bereit dazu sind, und wenn uns ein Schriftsteller geschickt um den Finger zu wickeln versteht, können wir sogar über jemanden, den es gar nicht gibt, über die erfundene Figur in einem Roman, Tränen vergießen. Und wenn wir nicht bereit dazu sind, so steht neben uns ein Lebewesen und schreit vor Angst und Schmerz, und wir entschließen uns, dass das keine Bedeutung hat oder sogar ein großes Vergnügen ist. Im Mittelalter kam es vor, dass eine Stadt einer anderen das Recht abkaufte, einen zum Tode Verurteilten hinzurichten, um den eigenen Bürgern auch mal etwas für ihre Steuergelder zu bieten. Eine Volksbelustigung im Paris des 16. Jahrhunderts bestand darin, zur Sonnenwendfeier ein Netz voller Katzen langsam in ein Feuer hinabzusenken. Das Publikum soll vor Lachen gekreischt haben, wenn die Katzen zu schreien anfingen. Was die Gegenwart betrifft, so kenne ich nette alte Damen, die die Nacktschnecken in ihrem Garten eigenhändig und mit großer Befriedigung mittels einer Küchenschere in der Mitte durchschneiden. Wann, wie und warum wir die Schwelle zum Mitleid überschreiten, darüber denkt die Wissenschaft noch angestrengt nach.

In einem berühmten Experiment von 1970 wurden Theologiestudenten zu einem Gebäude geschickt, um dort einen Vortrag zu halten. Die eine Hälfte sollte über »den barmherzigen Samariter« sprechen, also über Hilfsbereitschaft und Nächstenliebe, die andere Hälfte über Karrierechancen für Theologen. Einem Drittel der Studenten wurde gesagt, sie hätten für den Weg alle Zeit der Welt, dem zweiten Drittel, es würde knapp, und dem letzten Drittel, sie seien jetzt schon zu spät dran. Auf dem Weg zum Gebäude trafen alle Versuchspersonen auf einen scheinbar hilfsbedürftigen Mann, der stöhnend auf dem Boden saß.

Von den Studenten ohne Zeitnot halfen 63 Prozent, von denen, die knapp dran waren, 45 Prozent und von denen, die glaubten, zu spät dran zu sein, nur noch jeder Zehnte. Das Thema des Vortrags hatte keinen Einfluss auf das Verhalten der Studenten. Erstaunlicherweise hängt Mitgefühl also stark davon ab, wie viel Zeit man gerade hat, während es egal zu sein scheint, wie viel Zeit man zuvor damit verbrachte, über das Thema Mitgefühl nachzudenken.

Neben dem Vorhandensein von ausreichenden Zeitreserven gibt es noch weitere Faktoren, die die Entstehung von Mitgefühl begünstigen, zum Beispiel räumliche, zeitliche und soziale Nähe. Wenn in einem abgestürzten Flugzeug jemand saß, der aus demselben kleinen Ort stammte wie man selbst, kommt einem das immer besonders schlimm vor. Jemand, der uns ähnelt oder derselben sozialen Klasse angehört, den wir kennen und schätzen oder der womöglich sogar mit uns verwandt ist, hat gute Chancen auf unser Mitgefühl, besonders, wenn er in genau diesem Moment direkt vor unseren Augen leidet. Schlechte Karten also für Tiere aus industriellen Mastanlagen. Ihr Leiden findet hinter Mauern und Wellblechwänden statt. Eventuell haben wir davon in der Zeitung gelesen, aber auch das ist schon länger her. Mit eigenen Augen haben wir es jedenfalls nicht gesehen. Und besonders ähnlich sind sie uns auch nicht. In der Form, in der sie im Supermarkt auftauchen, ähneln sie ja noch nicht einmal sich selbst. Außerdem stehen Hausfrauen im Supermarkt meistens unter Zeitdruck.

Hinderlich für die Entstehung von Empathie ist es auch, wenn die Bedürfnisse des Gegenübers mit unseren Interessen kollidieren.

Ein paar Jahre lang war ich Mitglied in der Interessengemeinschaft (sic!) der Schweinehalter Nord-Westdeutschlands (ISN). Zwar besaß ich gar kein Schwein, aber dank dieser Mitgliedschaft konnte ich das Flüssiggas für meine Heizanlage nahezu zum halben Preis beziehen. Außerdem erhielt ich regelmäßig ein Informationsheft, das mir die Sorgen, Nöte und Freuden dieses

Berufszweiges näherbrachte. Die ISN ist keine unsympathische Gruppe, hat sie sich doch einmal gegründet, um sich gegen das Unrecht der Schlachthöfe zur Wehr zu setzen, die sie ständig mit zu niedrigen Preisen für die Schweine über den Tisch ziehen wollten. Aber wenn in der EU strengere Bestimmungen für den Transport lebender Tiere erlassen wurden, wurde das in den Artikeln nicht freundlich kommentiert. Schweinehalter hören es meist auch nicht gern, wenn sentimentale Spinner fordern, Ferkel müssten vor der Kastration eine Betäubung erhalten. Betäubungen kosten schließlich Geld und die Bereitschaft, sich in die Situation eines anderen hineinzuversetzen, nimmt stark ab, wenn damit Ausgaben verbunden sind. Würde man Schweinemäster fragen, ob das denn nicht sehr schmerzhaft wäre, wenn man dem kleinen Ferkel den Hodensack ohne Betäubung aufschneidet und die Keimdrüse herausschält oder herausreisst wird, so würden sie wahrscheinlich antworten:

»Nur, wenn man sich in den Finger schneidet.«

Egoismus ist ein so schwer zu überwindendes Hemmnis, dass selbst Zuneigung kein Garant für Empathie und Mitgefühl ist, wenn die Bedürfnisse des geliebten Wesens mit unseren Interessen kollidieren.

Millionen Kinder sahen den Disney-Trickfilm »Findet Nemo«, identifizierten sich mit dem Helden, dem kleinen Clownfisch Nemo, litten mit ihm, als er gefangen und in ein Aquarium gesperrt wurde, und fieberten seiner Befreiung entgegen. Man sollte annehmen, dass die nahezu tierrechtlerische Botschaft des Films die Kinder für alle Zeit der Aquaristik entfremdet hätte. Aber nein, im Gegenteil. Die Nachfrage nach Clownfischen stieg nach dem Kinofilm rapide an.

»Pappi, Pappi, bitte kauf mir so einen!«

»Aber dann müsstest du ihn in ein Aquarium sperren!
Da wird er doch ganz traurig.«

»Egaaaal!!!!«

Kinder halten auch gern Kaninchen in winzigen Ställen, die an die Hühnerhaltung in Legebatterien erinnert.
Wenn man die Realität seines Gegenübers ignoriert, ist
es eine schöne Sache, ein geliebtes Lebewesen jederzeit zur Verfügung zu haben, es einfach wegzusperren,
wenn man genug davon hat, zu vergessen, dass es existiert, und es wieder hervorzuholen, wenn es einem wieder einfällt. Die Idee des Harems funktionierte so ähnlich. Offenbar ist es möglich, jemanden gern zu haben,
ohne auch nur einen einzigen Gedanken daran zu verschwenden, ob sich der- oder diejenige bei mir auch
wohlfühlt. Harems gibt es offiziell nicht mehr. Aber gebildete Männer in westlichen Kulturen schreiben immer
noch Artikel und Bücher darüber, dass es Frauen, die
gut bezahlte, attraktive Berufe besetzt halten, eigentlich
viel besser gehen würde, wenn sie ihre anstrengende Tätigkeit wieder aufgäben und sich auf Kinder und Haushalt konzentrierten. Natürlich ist es angenehm, zu
Hause ein Basislager zu haben, in dem jemand sitzt und
sich statt um die Verwirklichung seiner eigenen Wünsche und Sehnsüchte um die Verwirklichung der meinen
kümmert. Wer will das nicht. Hätte ich auch gern. Aber
zu denken, wenn es für mich angenehm ist, dass meine
Frau zu Hause bleibt und für mich die lästigen, zeitaufwendigen, langweiligen Arbeiten erledigt, dass es dann
auch für meine Frau angenehm sein muss, ist ein logischer Denkfehler und gehört in die Vorstellungswelt eines Säuglings, der fest davon überzeugt ist, dass es Interessen und Bedürfnisse außerhalb seiner selbst gar nicht
gibt, oder wenigstens nicht geben sollte. Im Erwachsenenalter muss man für das Ausleben dieser Illusion zum

Therapeuten oder ins Bordell gehen. Dem Therapeuten dürfen wir eine Dreiviertelstunde lang von unseren Problemen erzählen, ohne ein einziges Mal zu fragen, wie es ihm geht, und die Prostituierte erträgt nicht nur tapfer unsere tapsigen Bedürfnisse, ohne eigene anzumelden, sondern spielt uns sogar noch helle Begeisterung darüber vor. In beiden Fällen kaufen wir uns mit einem zweistelligen Eurobetrag von der Verantwortung los, die in einer wechselseitigen Beziehung normalerweise liegt. Auch in einem guten Restaurant bezahlen wir unter anderem dafür, dass der Kellner uns glauben lässt, er sehe seinen einzigen Lebenszweck darin, uns zufriedenzustellen. Das ist nicht schlimm, letztlich ist es bloß ein Deal. Solange wir nicht vergessen, dass auch der perfekteste Kellner genauso ein Befindlichkeitsbündel ist wie wir selber.

Ein Meister im Leugnen fremder Realitäten war der Philosoph René Descartes. Tiere hatten seiner Meinung nach mit den Menschen überhaupt nichts gemein. Völlig vernunftlos, selbst zum Sprechen zu blöd, waren sie seiner Meinung nach bloß Maschinen und ihre Schmerzensschreie waren demzufolge auch nicht relevanter als das Quietschen eines Rades. Ein harter Knochen, dieser Descartes. Selbst Angestellte in Versuchslaboren tragen mitunter Ohrenschützer gegen die Schmerzensschreie der Versuchstiere, um nicht vom Mitleid überwältigt zu werden. Obwohl Descartes so viel Schaden angerichtet hat, dass Biologen noch im 20. Jahrhundert Tiere als programmierte Überlebensmaschinen und reine Befehlsempfänger ihrer Instinkte beschrieben haben, bezweifelt heute nämlich kaum noch jemand, dass Tiere leiden können – was lästig ist, wenn man sie weiterhin so nutzen will wie bisher.

Der amerikanische Ethiker Adam Shriver schlägt

vor, die Viehbestände in der industriellen Landwirtschaft gentechnologisch so zu verändern, dass sie keine Schmerzen mehr verspüren, um unnötiges Leid zu verhindern. Ein Lösungsvorschlag in der Tradition männlichen Denkens.

Wenn betrunkene 19-jährige Autofahrer aus Kurven fliegen oder gegen friedlich am Straßenrand stehende Bäume rasen, muss man natürlich die Straßen begradigen und die Bäume fällen. Wenn einen der Anblick von Frauen hormonell aus der Fassung bringt, hängt man sie am besten komplett mit einer Burka zu, und wenn Tiere darunter leiden, wie sie von uns behandelt werden, dann muss man natürlich etwas an den Tieren ändern. Das eigene Verhalten oder die eigene Gewohnheit steht nicht zur Diskussion. Aber abgesehen von der hohen Verletzungsgefahr, der schmerzbefreite Rinder und Schweine ausgesetzt wären, besteht ihr Leid ja zu einem Großteil aus psychischen Belastungen. Man müsste gentechnologisch also auch für eine stimmungsaufhellende Optimierung sorgen, so wie man in den 60er-Jahren mittels großzügiger Psychopharmaka-Gaben (mother's little helpers) depressive Hausfrauen wieder funktionstüchtig gekriegt hat, ohne an ihren Lebensumständen etwas ändern zu müssen.

Der englische Schriftsteller Douglas Adams hat Shrivers Idee übrigens schon 1980 in seinem Roman »Das Restaurant am Ende des Universums« vorweggenommen und viel weiter gedacht. Dort wurde »das ganze verzwickte Problem« ein für alle Mal gelöst, indem man ein Tier züchtete, das wirklich gegessen werden will und dieses auch klar und deutlich sagen kann. Ein fetter, fleischiger Vierfüßler vom Typ Rind trabt an den Restauranttisch, begrüßt die Gäste und stellt sich als Hauptgericht des Tages vor. »Dürfte ich Ihnen ein

paar Teile meines Körpers schmackhaft machen? ...
Vielleicht etwas aus meiner Schulter? In Weißweinsoße
geschmort?« Arthur, einer der Gäste, empfindet dieses Angebot als absolut grauenhaft. »Das Widerlichste,
was ich je gehört habe.« Dennoch werden schließlich
vier schwach gebratene Steaks bestellt. »Eine sehr kluge
Wahl, Sir, wenn ich so sagen darf«, erwidert das Tier und
latscht zur Küche, »ich eile sofort und erschieße mich.«
Vorher dreht es sich aber noch einmal um und zwinkert
Arthur zu. »Keine Bange, Sir, ich mach's sehr human.«

Ob darin die Lösung des ganzen verzwickten Pro-
blems liegt, bleibt dahingestellt. Obwohl 2001 der Di-
plomingenieur Bernd Jürgen Armando Brandes erst auf
seinen ausdrücklichen und dringlichen Wunsch hin von
Armin Meiwes, dem Kannibalen von Rotenburg, gegessen wurde, war die deutsche Justiz keineswegs der
Meinung, es sei völlig okay, jemanden zu essen, bloß
weil derjenige damit einverstanden ist.

6

März – vegetarisch

*»Ich hege keinen Zweifel darüber, dass es
ein Schicksal des Menschengeschlechts ist,
im Verlaufe seiner allmählichen Entwicklung
das Essen von Tieren hinter sich zu lassen.«*

(Henry David Thoreau)

*»Meine Vorfahren haben sich nicht
an die Spitze der Nahrungskette gekämpft,
damit ich jetzt Vegetarier werde.«*

(Internetweisheit)

Vorgabe: Ich esse kein Fleisch und keinen Fisch.

Es gibt Tofuwürstchen und Grünkernburger und Seitan-Schnitzel und vegetarische Frikadellen. Im Internet habe ich sogar ein eingeschweißtes halbes Hähnchen aus rein pflanzlichen Zutaten entdeckt. Mit ziemlich eckigen Flügeln. An das kubistische Hähnchen habe ich mich ehrlich gesagt nicht herangetraut, aber die Würstchen und die Grünkernburger sind ganz okay – besonders, wenn man Ketchup draufschüttet. Trotzdem esse ich lieber reine Gemüsegerichte. Es kann doch nicht der Sinn der vegetarischen Küche sein, gebratene Tierteile aus Pflanzen nachzubasteln. Oder ich mache mir einen Tomatensalat mit Schafskäse. Inzwischen habe ich in der Bio-Company nämlich sensationell gut schmeckende kleine gelbe Tomaten gefunden – Tomaten, wie ich sie mir von einer Bio-Ernährung versprochen hatte. Obwohl diese Phase ja eigentlich vorbei ist, erledige ich den überwiegenden Teil meiner Einkäufe weiterhin dort. Jetzt ganz freiwillig. Erstens, weil ich in Bio-Läden von einer gewissen Grundanständigkeit bei der Herstellung der Produkte ausgehen kann. Und zweitens schmecken viele Sachen einfach zu gut. Die gelben Tomaten sind drei Tage später leider schon wieder ausverkauft, aber dafür finde ich jetzt Klementinen, wie es sie zuletzt in meiner Kindheit gab. Seit Jahrzehnten suche ich danach. Die ideale Frucht war knallorange und glänzend, kernlos, dünnschalig, sehr fest und schmeckte leicht säuerlich. Wenn man die Schale abpellte, kamen gleich die Klementinenstücke zum Vorschein, und man musste nicht noch endlos dieses weiße Zeug herunterkratzen. Die Klementinen der Bio-Company sehen außen nicht so glatt und orange aus wie die von früher, eher murkelig und gelblich, aber innen sind sie so, wie sie sein sollen.

Lakritz kaufe ich aber wieder bei Haribo.

»Warum willst du einen solchen Global Player unterstützen«, mault Jiminy. »Ich kenne da eine Lakritzmanufaktur in Berlin. Geh doch da hin.«

»Vielleicht hat es ja einen Grund, dass sich Haribo-Produkte in die ganze Welt verkaufen«, gebe ich zurück. »Vielleicht liegt es ja daran, dass sie gut schmecken. Ist es etwa politisch unkorrekt, durch die Herstellung exzellenter Produkte reich zu werden?«

Ich erkläre ihr, dass der Name Haribo für Hans Riegel Bonn steht, das Produkt also nicht aus Übersee eingeflogen werden müsse, sodass auch die Klimabilanz akzeptabel scheint. Um noch einmal auf Nummer sicher zu gehen, dass die Familie Riegel nicht doch irgendwelche Killerkommandos gegen Betriebsratsangehörige unterhält, schalte ich das Internet an. Oh nein, oh nein, oh nein! Laut Wikipedia stand Haribo im Jahr 2000 in dem Verdacht, während des Zweiten Weltkriegs Zwangsarbeiter beschäftigt zu haben. Haribo bestreitet das allerdings, und solange nichts bewiesen ist, gilt ja wohl immer noch die Unschuldsvermutung. Dass das Bundeskartellamt 2008 ein Verfahren wegen unerlaubter Preisabsprachen gegen Haribo einleitete, hake ich jetzt einfach mal unter Menschliches/Allzumenschliches ab. So sind sie halt, unsere Unternehmer, die reinsten Temperamentsbündel.

Leider kann ich die meisten Haribo- und Katjes-Sorten dann trotzdem nicht essen. In allen Weingummis und in den besten Lakritzen wie »Tapsis« von Katjes oder »Haribo Konfekt« ist Gelatine drin. Gelatine besteht aus Schweineschwarte, Rinderhaut, gemahlenen Schweine- und Rinderknochen, toten Fischen oder Hühnern. Sie ist gut für die Gelenke und schlecht für das Tier, von dem die Gelatine stammt. Es weigert sich nämlich, Gelatine herauszurücken, wenn man es nicht vorher umbringt.

Immerhin, Lakritzschnecken darf ich noch.

Zufällig ist die vegetarische Küche auch das Titelthema der Märzausgabe des Berliner Kulturmagazins »tip«, das ich natürlich sofort erwerbe. So erfahre ich, dass Berlin die vegetarierfreundlichste Stadt Deutschlands ist, was in der Praxis aber bloß bedeutet, dass es hier die meisten und einige der besten vegetarischen und veganen Restaurants geben soll. Na, das lässt doch hoffen. Überhaupt sehe ich der fleischlosen Zeit einigermaßen gelassen entgegen. Ich will jetzt nicht behaupten, fleischlos zu leben bedeute überhaupt keinen Verzicht. Aber es ist ein erträglicher Verzicht, wenn man wie ich gern asiatisch isst. Das Beste am Fleisch, so behaupte ich, ist nämlich die Soße, und die asiatische Küche kennt erstklassige Soßen auf der Basis von Kokosnussmilch und Currypasten, ohne dass dafür ein Tier behelligt werden muss. Schon während meiner Bio-Phase hatte ich mich ja dazu verpflichtet, in Restaurants, die kein Bio-Fleisch anboten – praktisch also jedes Mal –, nur vegetarische Gerichte zu bestellen. Bei meinem Lieblingsvietnamesen und meinem Lieblingsinder empfand ich den Unterschied als unbedeutend. Als ich jedoch einmal mit meiner Lektorin Esther Kormann außerhalb Berlins essen ging, in Buckow nämlich, im Restaurant Seeterrassen, das neben Fischspezialitäten auch prächtige Kohlrouladen anbietet, kam ich mir mit meinen fünf vegetarischen Knoblauch-Backofenkartoffeln degradiert vor. Nein, nein, nein, bei aller Liebe: Ein Vegetarier, der behauptet, dass trockene Kartoffelhälften plus ein kleiner Salat genauso gut schmecken wie ein Zanderfilet oder die in reichlich Soße schwimmenden Kohlrouladen, der lügt doch. Für einen Liebhaber gutbürgerlicher Gerichte wäre die Umstellung auf vegetarische Gerichte also ein viel größerer Einschnitt als für mich. Für Männer sowieso. Die denken ja immer gleich, sie würden vor Schwäche ohnmächtig, wenn es mal einen Tag lang kein Steak oder Schnitzel gibt. Männer essen ungefähr doppelt so viel Fleisch und Wurst wie Frauen. Schon im 19. Jahrhundert war klar, dass Papa das größte Bratenstück bekommt und Gemüse und Obst eher Frauennahrung sind. Deswegen erleben Männer fleischlose Kost als Verweigerung eines Anspruchs, der ihnen eigentlich zustünde.

Einmal saß ich mit zwei Herren in einer Radiodiskussion. Der eine war der bekannte Kulturtheoretiker und

Schriftsteller Klaus Theweleit (»Männerphantasien«), der andere war der ehemalige Wurstfabrikant Karl Ludwig Schweisfurth (Herta), der mit dem ganzen schönen Geld, das sich durch Blut und Wurst verdienen ließ, ein ökologisches Unternehmen gegründet hatte, die Herrmannsdorfer Landwerkstätten. Im Gespräch ging es um artgerechte Tierhaltung und humanere Schlachtmethoden, und irgendwann erwähnte ich die Möglichkeit, einfach gar kein Fleisch zu essen. Dass Herr Schweisfurth, der ehemals größte Wurst- und Fleischfabrikant Deutschlands, sofort »Der Mensch kann ohne Fleisch gar nicht leben« rief, verwunderte mich nicht weiter, aber auch Herr Theweleit sah mich damals an, als wäre ich völlig verblödet.

»Nein, das geht nicht«, sagte er schlicht und schüttelte den Kopf. Dann sahen beide über mich hinweg, wie starke Raucher, denen man eine Entwöhnungskur vorgeschlagen hat. Das ist nun allerdings auch schon ziemlich lange her, mindestens zwölf Jahre. Inzwischen, so »tip«, genießt der Vegetarismus regen Zulauf, besonders seit sich alle um das Klima sorgen. Fleischkonsum gilt nämlich als entscheidender Mitverursacher der Treibhausgas-Ausstöße. Die landwirtschaftliche Nutztierhaltung trägt mehr zur globalen Erwärmung bei als der gesamte Transportverkehr in der Welt zusammengenommen – Autos, Eisenbahnen, Schiffe, Flugzeuge. Es wäre also günstig, nicht nur öfter mal das Auto, sondern auch den Grillteller stehen zu lassen. Außerdem sei das Bewusstsein für gesunde Ernährung gestiegen.

Und die Tiere? Kein Wort über die Tiere. Eigentlich war ich davon ausgegangen, dass es beim Vegetarismus darum geht, keine Tiere zu töten. Stattdessen erzählt mir der »tip«, dass Mangelerscheinungen bei Vegetariern kaum vorkommen, weil die meisten Vegetarier auf

Eier, Milchprodukte oder Fisch nicht verzichten möchten. Auf Fisch? Vegetarier essen Fisch? Habe ich da irgendetwas missverstanden? Ich schaue bei Wikipedia und im Brockhaus nach. Von wegen! Das Wort »Vegetarier« kommt aus dem Englischen, ist von ›vegetation‹ (Pflanzenwelt) und ›vegetable‹ (pflanzlich, Gemüse) abgeleitet und meint einen Menschen, der bewusst kein Fleisch und keinen Fisch isst. Die vegetarische Ernährung basiert also auf Pflanzen, wenn auch die meisten Vegetarier trotzdem weiterhin Milchprodukte (Lacto-Vegetarier) oder Eier (Ovo-Vegetarier) konsumieren oder beides (Ovo-Lacto-Vegetarier). Leute, die kein Fleisch, aber noch Fisch essen, nennt man Pescetarier und die befinden sich allenfalls in einem Übergangsstadium zum Vegetarismus. Das heißt, ... hoppla, ... nein, in anderen Lexika werden sie den Vegetariern im weiteren Sinn zugeordnet und heißen dann Pesco-Vegetarier. Vegetarierverbände grenzen sich allerdings davon ab. Ich auch. So ein Quatsch! Nach dieser Logik wäre ich, da ich gern Grillhähnchen gegessen habe, bisher dann wohl eine Gallo-Vegetarierin gewesen. Jemand, der sich wie Jiminy Grille nur sehr selten Fleisch oder Fisch auf den Teller legt, heißt übrigens Flexitarier. Ich hatte mich schon darauf gefreut, in diesem Monat moralisch an ihr vorbeizuziehen, aber prompt hat Jiminy sich entschlossen, jetzt ebenfalls Vegetarierin zu werden. Mal sehen, ob sie das durchhält. Jiminy Grille ist nämlich eine begeisterte Anglerin, und wenn im April die Heringsschwärme an den Küsten vorbeiziehen, ist sie normalerweise nicht mehr zu halten, sondern zieht mit Rute und einer natogrünen Angeltasche über der Schulter an die Ostsee, um kleine Fische zu killen.

»Was meinst du, wie weh das tut, wenn man einen

Haken im Oberkiefer stecken hat und mit seinem ganzen Körpergewicht daran hängt«, sage ich zu Jiminy. Sie steht am Herd und brät gerade ein paar Tofuwürstchen und Dinkelburger für uns, aber deswegen kann ich ihr das herzlose Verhalten gegenüber Fischen ja nicht durchgehen lassen. Jiminy macht ein gequältes Gesicht und tritt wie ein hospitalistischer Elefant von einem Bein auf das andere.

»Hm, jaja, ist mir schon klar … allerdings steckt der Haken an einer Stelle, die nicht so schmerzempfindlich ist …«

»Ich weiß, ihr Angler behauptet ja immer, dass Fische ein völlig anderes Nervensystem haben und deswegen gar keine richtigen Schmerzen empfinden können.«

»Sag ich doch gar nicht. Ich hab bloß gesagt, dass der Haken an einer Stelle steckt, wo es dem Fisch weniger wehtut.«

Zwei fette Fliegen brummen durch die Küche, obwohl draußen immer noch Schnee liegt. Sie sind viel langsamer, als Fliegen normalerweise sind, und eine brummt mir in Schlangenlinien entgegen, prallt frontal gegen meine Stirn und fällt dann zu Boden. Angeekelt laufe ich ins Badezimmer, um mir das Gesicht zu waschen. Die Fliege werfe ich dem begeisterten Piepsi in den Käfig.

»Also erstens«, sage ich, als ich zurückkomme, »kannst du gar nicht kontrollieren, wo der Haken stecken bleibt – womöglich kommt er am Auge wieder heraus –, und zweitens hat der Schmerz als Warn- und Leitsignal für jedes Tier die lebenswichtige Funktion, Gewebeschädigungen zu vermeiden.«

Für den Menschen gilt das natürlich auch. Lepra-Kranke, zum Beispiel, verlieren ihre Finger und Zehen nicht deswegen, weil sie abfaulen, wie immer wieder gern geglaubt wird, sondern weil die Krankheit die Nerven in den Extremitäten absterben lässt. Lepra-Kranke können dort keine Schmerzen mehr empfinden, bemerken nicht, wenn sie sich verletzen, und selbst, wenn sich die Verletzung nicht mehr übersehen lässt, messen sie ihr keine Bedeutung bei. Es tut ja schließlich nicht weh. In die unversorgte Wunde gelangen Erreger, und plötzlich fehlt schon wieder ein Zeh. Ein Kind, das mit einer seltenen genetischen Schmerzunempfindlichkeit geboren wird, ist bereits im Vorschulalter mit Narben übersät und hat eine deutlich verringerte Lebenserwartung. Wenn es also bereits für einen Menschen, den man ja wenigstens dick in Schutzkleidung einpacken und instruieren kann, dass er seine Finger nicht in der Tür einklemmen darf, so fatal ist, keine Schmerzen zu empfinden, wie katastrophal muss dieses Unvermögen dann erst für einen Fisch sein.

»Ein Tier, das keine Schmerzen empfindet, hat in freier Wildbahn keine Überlebenschance«, sage ich zu Jiminy.

»Ich behaupte doch gar nicht, dass Fische keine Schmerzen haben. Tu ich doch gar nicht. Ich sag doch bloß ...«

»Warum sollte das Leiden eines Fisches nicht mit dem eines Menschen vergleichbar sein? Wenn du ihn abstichst, blutet er nicht? Wenn du nach ihm greifst, versucht er nicht, dir zu entkommen? Wenn ...«

»Ist ja schon gut«, sagt Jiminy gereizt. »Ich geh dieses Jahr doch sowieso nicht angeln.«

In diesem Moment kommt Michi herein. Michi ist der Sohn von Beate und außerdem ist er Zimmermann. Er will uns ein Küchenregal anbringen, ist aber einverstanden, erst mal mit uns zu essen. Die andere dicke Fliege prallt gegen Michis Stirn.

»Äh, was habt ihr denn hier für 'n Viehzeug?«

»Irgendwo in den Balken muss es ein Nest mit Fliegeneiern geben. Jeden Tag schlüpfen neue.«

»Das liegt an dem da«, sagt Michi und zeigt mit dem Daumen auf den stinkenden Piepsi, der hinter den Gitterstäben seiner Luxus-Legebatterie auf und ab hüpft und gierig auf die abgestürzte Fliege starrt. Michi ist ebenfalls Angler. Seltsamerweise sind alle Angler, die ich kenne, besonders nette Menschen. Friedliebend, naturverbunden und mit einer ausgeprägten Sehnsucht, an Gewässern herumzulungern. Warum diese Neigung bei ihnen ausgerechnet an das hinterlistige und grausame Fangen von Fischen gekoppelt sein muss, bleibt mir ein Rätsel. Michi ist noch verrückter als Jiminy Grille. Er fährt bis nach Frankreich, um dort an irgendwelchen abgelegenen und mückenverseuchten Seen riesigen, uralten Karpfen nachzustellen. Er findet sie mit Echolot und mästet sie tagelang mit selbst gebackenen Ködern. Einige seiner Köderkekse haben Blaubeer- oder Marzipangeschmack. Ernsthaft! Wenn Michi so einen 15- oder 20-Kilo-Fisch dann tatsächlich ausgetrickst und gefangen hat, unterzieht er ihn einem Gesundheitscheck, entfernt Parasiten und versorgt mit seinem Fischmedikamentenköfferchen eventuelle Wunden, die so ein Karpfen sich bei einem Zusammentreffen mit einem Otter oder einem Reiher zugezogen haben kann. Oder bei seinem Zusammentreffen mit Michi. Anschließend baut der stolze Angler seine Kamera auf, fotografiert sich mit dem schwabbeligen Monsterfisch auf dem Arm und lässt ihn wieder schwimmen. Michi liebt Karpfen. Die Karpfen lieben Michi wahrscheinlich nicht ganz so sehr.

Und natürlich ist Michi auch überzeugter Fleischesser. Da die Einstellung, dass man Tiere essen darf, nicht durch Argumente gewonnen worden ist, ist sie mit Argumenten auch nur schwer wieder aus der Welt zu bringen. Also versuche ich es mit einem Trick. Ich lege Michi einen Dinkelburger und fünf Sojawürstchen mit extra-scharfem Curry-Ketchup auf den Teller, in der Hoffnung, dass der Ketchup ihm den Geschmack vernebelt. Mit ausreichend scharfer Sauce besteht die Aufgabe eines Fleischersatzes ja eigentlich nur noch darin, die Faserstruktur möglichst ähnlich nachzubilden.

»Na«, sage ich scheinheilig, »gib zu, dass der Dinkelburger viel besser schmeckt als die Würstchen.«

Ich hoffe, dass er sich jetzt trotzig für die Würstchen entscheidet, damit ich ihn aufklären kann, dass auch die Würstchen fleischlos sind. Und schon wäre wieder eine Seele für den Vegetarismus gerettet. Michi kaut und würgt ein Stück Dinkelburger herunter.

»Ich schmecke überhaupt keinen Unterschied.«

Und dann, weil er ein höflicher Mensch ist, setzt er noch hinzu:

»Nein, nein, das ist schon okay. Ich esse auch so was. Ich esse alles, was man mir vorsetzt. Aber irgendwann brauch ich dann Fleisch mit brauner Soße.«

Und so, wie er das sagt, kriege ich auf einmal wahnsinnig Appetit auf ein Stück Fleisch mit brauner Soße, und es hilft auch nicht, dass ich mir schnell in Erinnerung rufe, dass es sich dabei doch um ein Stück von einem lebenden Tier handelt. Ich stelle mir vor, wie das Tier gestorben ist, obwohl es nicht sterben wollte, wie es seinen Kopf hin und her warf, um dem Bolzenschussgerät zu entkommen – aber verdammt noch eins, ich krieg einfach den Gedanken an Fleisch mit Soße nicht aus meinem Kopf.

In der Post liegt ein Katalog der Firma »Siepmann – Alles für Agrar, Tier und Technik«. Den bekomme ich, seit ich im Internet einmal Silikatstaub gegen Milben im Geflügelhaus bestellt habe. Auf dem Umschlag läuft eine hübsche junge Frau im karierten Hemd durchs Kornfeld. Innen lauert das Grauen. Es gibt ja die weitverbreitete Meinung, Tierquälerei auf Bauernhöfen sei erst mit der Massentierhaltung entstanden, und in den kleinen Familienbetrieben sei alles eitel Sonnenschein. Tierhaltung in der Landwirtschaft hat aber seit jeher kaum etwas mit enthusiastischer Tierliebe, sondern viel öfter mit wirtschaftlichen Erwägungen zu tun. Nicht umsonst heißen die Tiere hier Nutztiere. Wenn ein Bauer seine 30 Hühner auf dem Hof laufen und dort auf dem Misthaufen scharren lässt, dann muss das nicht bedeuten, dass derjenige ein Verfechter von Freilandhaltung mit Aktivzonen für die Tiere ist. Wahrscheinlich ist es bei einem Hühnerhof dieser Größenordnung einfach bloß die wirtschaftlichste und praktischste Haltungsform, und der Bauer mit der vorbildlichen Hühnerhaltung hat im Hinterhof vielleicht noch einen vernachlässigten Hund im Zwinger und in der Garage Kaninchenställe, in denen die Kaninchen kaum zwei Sprünge vorwärts machen können.

Neben Gummistiefeln, Schlepperzubehör und Geflügeltränken bietet die Firma Siepmann solchen Landwirten auch verzinkte, einen Meter lange und 50 Zentimeter breite Metallkäfige an, die aussehen wie aus einem Versuchslabor. Bestimmt wahnsinnig praktisch. Für die Wachteln oder Kaninchen, für die diese sterilen Gefängnisse gedacht sind, muss es die Hölle sein. Für Schnecken wäre eine solche Umgebung vielleicht okay, wenn man ordentlich Salat hineinlegt, aber Wachteln sind Laufvögel. Die brauchen doch Bewegung. Und

Kaninchen ja wohl auch. Immerhin bietet der Metall-Kaninchenkäfig mit Metall-Wurfnest einen Kunststoff-Bodenrost. »Keine wunden Läufe mehr«, schwärmt der Katalog – scheint sonst also wohl allgemein üblich zu sein, dass Kaninchen auf blutigen Pfoten und durchgewetzten Läufen in ihren Metallgefängnissen vegetieren.

Oder hier, auf Seite 97: Kastrationsgerät NODECK, Artikelnummer 760097 für 79,00 Euro. Auf dem Foto daneben ist zu sehen, wie man das lebende und vermutlich grell quiekende Ferkel kopfüber an der Hüfte darin einklemmt, um ihm dann mit dem Skalpell (Skalpellgriff für 2,00 Euro, 5er-Pack Skalpellklingen für 0,80 Euro) den Hodensack aufzuschneiden und die Hoden rauszuschälen. Bringt der Tierarzt sein Operationsbesteck eigentlich nicht selber mit? Oh Gott, wenn ich die Sache hier gerade richtig verstehe, dann spart man sich in der Landwirtschaft auch gern mal den Fachmann und kastriert seine Ferkel einfach – zack, zack – selber. Der Mann, der dem eingeklemmten Ferkel auf dem Foto gerade mit einer Zange den Ringelschwanz abkneift, sieht mit seinen wild gemusterten Shorts und den nackten Füßen in Bequemsandalen jedenfalls nicht wie ein Veterinär aus. Tierarzt – ach was, kost' bloß Geld! Und »durch die senkrechte Lage des Ferkels ist die« – sonst wohl öfter mal vorkommende – »Verletzung des Darmes« dank Kastrationsgerät NODECK ja nun ausgeschlossen. Hinterher kann man mit einem Anti-Stress-Spielball für 14,50 Euro dem Ferkel Trost spenden.

Nein, Tiere quälen ist kein Privileg industrieller Massentierhaltung. Auch scharf kalkulierende Familienbetriebe sind zu mancher Grausamkeit bereit, wenn es offiziell erlaubt oder schwer zu überprüfen ist. Was mich von allen Artikeln am meisten schaudern lässt – mehr noch als Elektroschocker, schwere Eisenketten, Gleitschleim für Rektal- und Vaginaluntersuchungen, Hüftfesseln zum Bändigen »besonders störrischer Tiere«, die eigentlich lieber keine Rektal- oder Vaginaluntersuchung über sich ergehen lassen möchten, oder »Heißschneidegerät ENGEL«, »zum Kupieren von Ferkelschwänzen, aber auch zum Trennen und Verschmelzen von Schnüren und Seilen« geeignet –, sind die beliebten und »seit 20 Jahren mit der Praxis entwickelten« Kälberhütten. Die Praxis, von der hier die Rede ist, ist das Wegnehmen der Kälber von ihren Müttern direkt nach der Geburt und das Einpferchen der Neugeborenen in einen weißen Polyethylen-Iglu mit den Maßen 145 x 122 x 135 cm. Selbstverständlich ist auch ein »tier- und artgerechtes Großraum-Kälberiglu« für bis zu fünf Kälber im Angebot, sofern man es für artgerecht hält, wenn Kälber von ihren Müttern getrennt in weißem Fiberglas wohnen. Der Prospekt weist darauf hin, dass seit 2007 Kälber nur noch in Ausnahmefällen über acht Wochen in Einzelboxen gehalten werden dürfen – sonst drohen dem Bauern schmerzliche Prämienkürzungen. Aber acht Wochen Einzelhaft dürften auch genügen, um ein Neugeborenes psychisch zu demolieren. Insbesondere, da das Tierschutzgesetz immer noch erlaubt, die Hornansätze bei Kälbern in den ersten sechs Wochen ohne Betäubung auszubrennen. Früher ging man nämlich mal davon aus, dass die Kälber dabei keine Schmerzen empfinden würden. Heute weiß man, dass das ein Irrtum ist. Erlaubt und gemacht wird es immer noch, Betäubungen kosten schließlich Geld. Und ohne Hörner passen nun einmal mehr Kühe in einen Laufstall.

Zufällig gibt es in meiner Familie einen Landwirtschaftsminister. Es handelt sich um meinen Schwager, und ich habe ihn um ein kleines Streitgespräch für mein Buch gebeten. Streitgespräch habe ich es ihm gegenüber natürlich nicht genannt, sondern Interview. Zu meiner Überraschung hat er zugesagt. Einen Tag bevor ich ihn besuchen will, ruft er an und sagt wieder ab.

»Hab mich sowieso gewundert, dass du das machen wolltest«, sage ich, »kann ich gut verstehen, wenn du kalte Füße gekriegt hast.«

»Ich habe keine kalten Füße bekommen«, antwortet mein Schwager mit sonorem Politikerbass, »es wäre nur für dich nicht gut, wenn wir dieses Interview führen würden.«

»Och, das wäre dann ja meine Sorge«, sage ich.

»Es würde deinem Buch auch gar nicht nützen.«

Zehn Minuten lang versichere ich ihm mehrmals, dass es für das Buch durchaus gut wäre, wenn er mit mir ein bisschen über die Tierhaltung in der Landwirtschaft und die Verantwortung der zuständigen Minister plaudern könnte, und dass ich bereit sei, jegliche Risiken, die so ein Interview für mich bergen könne, zu tragen, wobei mir allerdings nicht ganz klar sei, worin die eigentlich bestehen sollen. Mein Schwager antwortet jedes Mal, dass das nicht gut für mich wäre und übrigens auch meinem Buch überhaupt nicht nützen würde. Ein Kafka-Gespräch. Schließlich gebe ich zermürbt auf. Einen Augenblick ist Stille auf beiden Seiten der Telefonleitung.

»Kannst du mich dann wenigstens mal in eine Mastanlage mitnehmen? Du besichtigst doch so etwas bestimmt öfter.«

»Da kommt aus hygienischen Gründen niemand hinein, damit keine Krankheiten eingeschleppt werden. Da komm auch ich nicht rein.«

»Oder in eine Großschlachterei. Wenn du eine Schlachtanlage einweihst oder was auch immer.«

»Nein, das wäre nicht gut, wenn ich dich da mitbringe.«

»Sag mal, gibt dir die ganze Geheimniskrämerei nicht selber zu denken? Wenn da alles so prima und korrekt läuft, wieso kann ich mir das dann nicht einfach mal ansehen? Dass in einer Schlachterei Tiere getötet werden, ist mir schon klar. Daraus werde ich schon keinen Enthüllungsbericht machen.«

»Da gibt es keine Geheimniskrämerei. Du kannst die Schlachtereien jederzeit allein besichtigen.«

»Glaub ich nicht.«

»Doch. Du musst da nur anrufen und einen Besichtigungstermin ausmachen.«

Ich atme tief ein und aus.

»Ist ein Landwirtschaftsminister, der gegen Massentierhaltung ist, eigentlich denkbar? Gibt es so etwas überhaupt?«

»Das kommt darauf an, was du unter Massentierhaltung verstehst.«

(Sehr sonorer Politikerbass.)

»Mann«, sage ich, »die Frage stellt sich doch gar nicht, wenn du es mit Betrieben von über Hunderttausend Hühnern zu tun hast. Da kommst du doch gar nicht in den Bereich, wo du überlegen musst, ob man jetzt schon von Massentierhaltung sprechen soll oder ob das noch ein Familienbetrieb ist. Ich persönlich würde den Trennstrich übrigens bei fünfhundert Hühnern machen – weil das in der Freilandhaltung die Obergrenze ist, wenn man sichergehen will, dass auch alle Hühner den Auslauf nutzen.«

Der sonore Politikerbass hellt sich auf und kippt in eine belustigte, vielleicht sogar erleichterte Stimmlage.

»Von 500 Tieren kann kein Bauer leben. Davon kann der noch nicht einmal die Schulhefte für seine Kinder bezahlen.«

»Von Rentabilität spreche ich aber gerade gar nicht, sondern davon, was man einem fühlenden Lebewesen zumuten kann.«

»Renate Künast«, sagt mein Schwager. »Die war dagegen. Da hast du ja schon mal jemanden. Übrigens wäre ich bereit, dein Buch, wenn es fertig ist, gegenzulesen. Damit du dich nicht blamierst, weil da lauter falsche Sachen darin stehen.«

»Nee«, sag ich, »nee danke. Lass man.«

Später überlege ich, was ich meinem Schwager auf die Frage, was ich eigentlich unter Massentierhaltung verstehe, hätte antworten sollen.

An der Anzahl der Individuen, die zusammen gehalten werden, kann man das Leid einer Spezies ja gar nicht festmachen. Wenn 2000 Rinder über die Prärie ziehen, geht es denen ja trotzdem besser als 100 Kühen, die in einem Stall festgebunden sind. Und Bienen leben ja auch in großen Mengen auf engstem Raum zusammen, ohne dass das ihr Befinden beeinträchtigt. Das Verwerfliche an der Massentierhaltung ist, dass hierbei nicht die Haltung an die Bedürfnisse der Tiere angepasst wird, sondern die Tiere an eine offensichtlich ungeeignete Haltungsform angepasst werden, indem man sie an Hörnern, Schnäbeln oder Ringelschwänzen verstümmelt, damit man noch mehr zusammenstopfen kann. Massentierhaltung bedeutet, dass man Tieren Höchstleistungen auf Kosten ihrer Gesundheit anzüchtet. Massentierhaltung bedeutet Turbo-Futter, schlechte Gesundheit, Schmerzen, Stress, Bewegungsmangel und frühzeitiger Tod. Massentierhaltung bedeutet Tierquälerei zur Gewinnmaximierung.

Am nächsten Tag ruft Esther Kormann für mich bei mehreren Großschlachtereien an und versucht einen Besichtigungstermin auszumachen. Die meisten bitten sie, morgen wieder anzurufen, weil es heute gerade nicht so gut passt. Von einer Sekretärin wird sie gefragt, ob sie etwa eine negative Berichterstattung plane.

»Nein«, sagt Esther. »Wir haben nicht vor, sie fertigzumachen. Wir wollen nur wissen, wie der Betrieb in einem Schlachthof abläuft. Eine Autorin schreibt ein Buch über Ernährung und da gehört das schließlich dazu.«

»Dann schicken Sie uns doch bitte eine E-Mail.«

Sie schickt eine E-Mail.

Am nächsten Tag ruft sie zum zweiten Mal bei allen Schlachtereien an. Fast alle bitten sie, morgen wieder anzurufen, weil es heute gerade nicht so gut passt. Die Schlachterei, der sie die E-Mail geschickt hat, sagt ab. Passt gerade nicht so gut. Sie könne es aber gern in einem halben Jahr wieder versuchen. Wahrscheinlich hat eine Großschlachterei einfach nichts zu gewinnen, wenn die unangenehmen Fakten des Massenschlachtens öffentlich werden. Paul McCartney glaubt, wenn die Wände der Schlachthöfe aus Glas wären, würde niemand mehr Fleisch essen.

Kaum ist der Schnee geschmolzen, wird der Piepsi unruhig und läuft den ganzen Tag laut lamentierend von einer Käfigseite zur andern. Am nächsten Tag wirft er seinen Futternapf um. Am dritten Tag wirft er den Futternapf wieder um und kickt ihn vor sich her zur anderen Käfigseite. Dort dreht er um und kickt den Napf wieder zurück. Dann wirft er seinen Wassernapf um. Wissenschaftlich kann ich es natürlich nicht belegen, dass dieses Huhn sich unwohl fühlt und aus seinem Käfig will – es sieht nur ganz verdammt so aus. Obwohl ich fürchte, dass der Piepsi sofort stiften geht, um sich den Hühnern der Nachbarschaft anzuschließen, kann ich es irgendwann nicht mehr mit ansehen und setze ihn nach draußen. Sofort beginnt er, in den Beeten zu scharren und die sich eben aus dem Boden wagenden Pflanzen zu zerstören. Er scharrt und pickt, läuft ein paar Schritte, schüttelt sein Gefieder und scharrt und pickt und geht vollkommen in dieser Aufgabe auf. Flow nennt man diesen Zustand in der Psychologie, wenn ein kleiner Junge so darin versunken ist, ein Modellflugzeug zu bauen, dass er darüber Zeit und Raum vergisst. Man könnte auch sagen: Glück. Wissenschaftlich belegen kann ich es natürlich nicht, dass der Piepsi gerade wahnsinnig glücklich ist – es sieht nur ganz verdammt danach aus. Als es dunkel wird, kommt er von selbst zum Haus gelaufen und lässt sich in den Käfig setzen. Dort haut er sich den Bauch mit Weizenkörnern voll, hopst auf seine Schlafstange und schließt die Augen. Ich lege die Wolldecke über den Käfig.

»Wach auf!« Jiminy schüttelt mich am Arm. Es ist drei Uhr morgens.

»Du hast geschrien«, sagt Jiminy. »Hörte sich an, als würdest du umgebracht. Ich hätte mich fast nicht in dein Schlafzimmer getraut.«

Ich versuche mich zu erinnern, was ich geträumt habe.

»Da war so 'n Papagei. Ich habe geträumt, ich hätte einen Papagei gefunden. Der sah total schlimm aus. Am Brustkorb hatte der überhaupt kein Fleisch mehr. Die Rippen standen einfach so in die Luft. Wie abgenagt. Ich habe ihn aufgehoben, um ihn zu einem Tierheim zu bringen, aber dann ist ein Mann gekommen. Überholt mich, schnappt sich den Vogel und nagelt ihn in Sekundenschnelle an eine Wand. Und bevor ich irgendetwas tun kann, trennt er ihm mit einer Motorsäge den halben Schnabel ab, und dann noch ein Bein.«

»Schrecklich«, sagt Jiminy.

»Das liegt natürlich an diesen ganzen Berichten über die Zustände in der Massentierhaltung und über Versuchslabore und kupierte Schnäbel von Hühnern, die ich ständig lesen muss. Die reinsten Horrorgeschichten.«

Jiminy hebt das Buch neben meinem Bett auf – »American Psycho«.

»Vielleicht solltest du nicht unbedingt gleichzeitig ein Buch über einen Serienmörder lesen. Komm mit in die Küche, ich mach dir einen Tee.«

Dann sitzen wir in der Küche und trinken Tee.

»Wusstest du, dass Serienkiller so gut wie immer zuerst Tiere gefoltert und getötet haben, bevor sie sich das erste Mal an einen Menschen wagen?«, sage ich. »Die tasten sich langsam an das heran, was sie eigentlich wollen. Vor ein paar Jahren, als ich noch in Niedersachsen wohnte, ging da mal ein Pferderipper um. Deswegen habe ich ein paar Nächte draußen bei meinem Pferd geschlafen, um es zu bewachen. Mir war überhaupt nicht klar, dass ich dabei selbst in Gefahr sein könnte. Ich wusste doch nicht, dass Pferdeaufschlitzen eine der üblichen Entwicklungsstufen in der Karriere eines Frauenaufschlitzers ist. Ich finde, das hätte einem mal jemand sagen sollen.«

»Jetzt trink deinen Tee«, sagt Jiminy.

»Wenn du mich fragst, dann ist auch ein Versuchsleiter, der in seinem Labor einem jaulenden, völlig verängstigten Hund immer wieder Stromstöße verpasst, ein gemeingefährlicher Typ – völlig egal, wie viele Doktortitel der hat.«

Mark Rowlands beschreibt in seinem Buch »Der Phi-

losoph und der Wolf« die von den Psychologen R. Solomon, L. Kamin und L. Wynne an der Harvard University erfundene Shuttle-Box: »Bei einer Variante wird
der Boden auf beiden Seiten der Schranke unter Strom
gesetzt. Wohin der Hund auch springt, stets erhält er einen Stromschlag. [...] Als die Forscher das Experiment
zu Papier brachten, schrieben sie, der Hund habe ein
›scharfes, vorwegnehmendes Jaulen‹ ausgestoßen, ›das
zu einem gellenden Schrei wurde, wenn er auf dem Gitter landete‹. Das Endergebnis ist das gleiche: Der Hund –
urinierend, seinen Darm entleerend, jaulend und zitternd – liegt erschöpft auf dem Boden. Nach zehn bis
zwölf Tagen solcher Experimente leistet der Hund den
Stromschlägen keinen Widerstand mehr.« Solomon,
Kamin und Wynne beförderten durch das Foltern von
Hunden ihre akademischen Karrieren und fanden viele
Nachahmer. Erst nach 30 Jahren derartiger Experimente
kam man zu dem Schluss, dass das Depressionsmodell
der erlernten Hilflosigkeit, das die Shuttle-Box beweisen sollte, einer Überprüfung nicht standhielt.

»Tiere quälen gilt bei Kindern als Zeichen von Ver-
haltensauffälligkeit«, sage ich zu Jiminy, »ein Zeichen
von fehlender Zuneigung und emotionaler Bildung und
Bindung. Aus Sicht der Psychologie wären Versuchslabore also eine institutionalisierte Störung des Sozialver-
haltens. Wer emotional seine fünf Groschen beieinan-
derhat, tut so etwas einem kleinen, freundlichen Hund
nicht an. Auch nicht, wenn er dafür Geld kriegt.«

»Nun trink deinen Tee, ehe er kalt wird.«

Im Nachbardorf logiert seit Wochen eine Raubtier-
gruppe aus einem Zirkus auf dem Gelände eines etwas
heruntergekommenen Gutshofes. Und weil das Wetter
immer noch so schön ist, gibt es am Wochenende eine

Vorführung unter freiem Himmel. Jiminy musste zurück nach Berlin, aber Beate erklärt sich bereit, mit mir hinzugehen. In einem Flugblatt des Vereins »Die Tierbefreier« habe ich gelesen, dass es eine Raubtiernummer ohne Folter und Angst, ohne Stromschlaggerät oder Dreizack kaum gebe. Nun kann ich mir ja selbst ein Bild machen.

Es handelt sich um vier halbwüchsige Löwinnen und eine junge Tigerin. Die Raubkatzen sind nicht in ihre vergitterten Zirkuswagen gesperrt, sondern dösen in einem großen Gehege in der Sonne und sehen ziemlich zufrieden aus. Die Tigerin sitzt allerdings doch in ihrem Käfigwagen.

»Ach, sind die schön«, sagt Beate, »das sind doch die schönsten Tiere, die man sich vorstellen kann. Kuck dir nur das Fell des Tigers an.«

Wir gehen zu der Manege, die ein paar Meter neben dem Gehege aufgebaut ist, und setzen uns auf eine provisorische Bank aus Holzklötzen und einem Brett. Viele Zuschauer sind nicht gekommen, gerade mal fünfzehn. Eine Dompteurin mit Peitsche in der Hand betritt das Gehege, geht von Löwin zu Löwin und zur Tigerin und schmust mit ihnen herum. Die lassen sich gern beschmusen und reiben ihre Köpfe am Gesicht der Dompteurin. Beate ist hin und weg.

»Wie meine Muffin.«

Muffin ist Beates Katze.

Die Manege ist mit dem Gehege durch einen Laufgang verbunden. Im Zirkus besteht so ein Laufgang normalerweise aus soliden Metallstäben. Hier ist es bloß ein provisorisches Gestell, über das so etwas wie ein Fischernetz geworfen wurde. Ich finde das beunruhigend. Wie verhält man sich, wenn fünf Löwen und ein Tiger ausbrechen? Mit der panischen Zuschauermenge wegrennen oder absichtlich langsam in eine ganz andere Richtung gehen, um die Jagdinstinkte nicht zu wecken? Aber suchen Löwen sich nicht immer genau das Tier aus, das sich zu weit von der Herde entfernt hat – ein altes, krankes Tier, das nicht mehr mithalten kann, oder ein unvorsichtiges Junges?

Ein dickes Kleinkind ist bis zu der kniehohen Absperrung vor der Manege gewatschelt und rüttelt daran, bis es die Aufmerksamkeit einer Löwin auf sich gelenkt hat. Die leichtsinnige Mutter steckt sich gerade eine Zigarette an. Wenn die Raubkatzen ausbrechen, werden sie sich diesen dicken kleinen Klops schnappen, da bin ich mir sicher. Die Mutter inhaliert voller Genuss. Die Leute sind so daran gewöhnt, dass sie diejenigen sind, die die Tiere anstarren – im Zoo, im Zirkus, im Fernsehen, in Bildbänden –, dass sie sich gar nicht mehr vorstellen können, es könne auch eine Bedeutung haben, wenn Tiere uns beobachten. Immer verlassen sie sich darauf, dass alles gut ausgeht. Wenn eine Mutter noch nicht mal beunruhigt ist, wenn ihr Kind von einer Löwin fixiert wird, wie soll man dann erwarten, dass sich die Menschheit wegen der globalen Erwärmung sorgt? Die merken es ja noch nicht einmal, wenn die Klimakatastrophe bereits da ist. Nichts gegen die sommerlichen Temperaturen, die wir jetzt schon im April haben. Aber in Rio de Janeiro gab es gerade die heftigsten Regenfälle seit 40 Jahren – 95 Tote durch Erdrutsche und Überschwemmungen.

Die Dompteurin knallt mit der Peitsche, um die Raubkatzen in die Manege zu treiben, und die Löwinnen ducken sich gereizt und fauchen faul. Äußerst widerwillig traben sie in den Laufgang. Auf halbem Weg überlegen es sich die ersten beiden wieder anders, drehen um und verheddern sich prompt im Netz. Die nächste Löwin nimmt das zum Anlass, auf sie draufzuspringen, und nun droht die ganze Stellage umzukippen. Beate sieht erstaunt zu mir hoch, weil ich plötzlich nicht mehr neben ihr sitze, sondern hinter der Bank stehe. Außer mir zeigt kein Mensch auch nur den Ansatz einer Reaktion. Das Kind, das gleich seinen Platz in der Nahrungskette finden wird, rüttelt immer noch am Absperrgitter. Erfreulicherweise steht der Mann der Dompteurin in der Nähe. Er hat ebenfalls eine Peitsche dabei, und damit schlägt er auf die verhedderten Löwen ein. Das Knäuel löst sich auf, und die Raubkatzen flüchten in großen Sprüngen in die Manege. Leicht errötend, setze ich mich wieder hin. Beate will sich über meine Feigheit kaputtlachen.

Nach einigen Widersetzlichkeiten nehmen auch die Raubkatzen ihre Plätze ein. Das heißt, sie flegeln und lümmeln sich kreuz und quer auf die in der Manege verteilten Podeste und geben allein schon durch ihre Haltung zu verstehen, dass sie keine Zirkusstars werden wollen. Dabei ist es weiß Gott nicht viel, was die Dompteurin von ihnen verlangt – das müsste auch der strengste Tierschützer zugeben. Eigentlich wird von ihnen nicht mehr verlangt, als von ihrem Podest herunterzukommen, ein dreistufiges Treppchen hinauf- und wieder hinunterzugehen, einen knappen Meter weit von einem Podest zum anderen zu springen oder sich mal kurz auf die Hinterbeine zu setzen und mit den Pfoten nach einem Fleischbrocken zu schlagen. Von einem Elektroschocker ist weit und breit nichts zu sehen, und jedes ihrer lustlos und schlampig ausgeführten Kunststücke wird sofort mit einem fetten Brocken Rindfleisch belohnt. Egal. Die Löwinnen haben einfach keine Lust, und die einsame Tigerin mittendrin auch nicht.

»Mann, sind das Schlafmützen«, sage ich.

»Es ist ja aber auch so heiß«, meint Beate.

»In Afrika ist es auch heiß. Außerdem haben die doch schon den ganzen Tag rumgehangen, da können die sich doch mal für eine halbe Stunde zusammenreißen.«

Die Löwinnen fauchen schon gereizt, wenn sie bloß vom Podest herunterkommen sollen. Selbst die Futterbrocken nehmen sie nur genervt entgegen. Die Dompteurin erklärt dem Publikum, dass es drei Jahre dauert, einen Löwen fertig auszubilden, und ist weiterhin freundlich und geduldig. Ab und zu knallt sie mit der Peitsche in die Luft, um wenigstens kurzzeitig die Aufmerksamkeit der Tiere zu bekommen, ansonsten stupst sie sie bloß mit dem Peitschenende an und versucht, sie verbal zu motivieren.

»Shanti auf den Platz! Auf den Platz, sag ich. Shanti auf den Platz! Shanti! Gehst du auf den Platz!«

Shanti legt eine Pfote auf das Podest und faucht. Ehrlich gesagt, halte ich es inzwischen für ziemlich wahrscheinlich, dass es Raubtier-Dompteure gibt, die mit Elektroschockern arbeiten. Nicht, dass ich es billigen würde, aber ich ahne ihre Beweggründe. Die Löwinnen erinnern mich an die arbeitslosen und schwer vermittelbaren deutschen Jugendlichen, über die ich neulich einen Fernsehbericht gesehen habe. Ein Personalchef fragte nach ihren Hobbys, und eines der Mädchen antwortete: »Shoppen und Chillen.«

Der Löwe ist das Chill-Tier überhaupt. In freier Wildbahn verpennt er bis zu 20 Stunden des Tages, und die übrige Zeit liegt er meistens auch bloß rum. Eine dermaßen faule Spezies ins Showbiz zwingen zu wollen, ist eine Schnapsidee. Man dressiert ja auch keine Regenwürmer.

»Die wollen das nicht«, sage ich zu Beate. »23 Stunden rumhängen am Tag ist denen nicht genug. Die wollen 24 Stunden rumhängen.«

»Das schöne Rindfleisch«, sagt Beate, »das scheint die überhaupt nicht zu interessieren.«

»Warum studieren die nicht lieber 'ne Nummer mit Pudeln ein? Oder mit Ponys. Ponys sind verfressen.«

»Wie Pepe«, sagt Beate, »der würde für ein Stück Brot notfalls auch einen Kopfstand machen.«

Pepe ist mein kleiner Maulesel. Irgendwann habe ich mal den Fehler gemacht, ihm Pfötchengeben beizubringen und ihn dafür mit Brot zu belohnen. Seitdem knallt er einem bei jeder Gelegenheit den Vorderhuf gegen das Schienbein.

Shanti, die endlich ihren Platz eingenommen hat, lässt sich nun im Zeitlupentempo mit dem Hintern wieder vom Podest rutschen. Die Dompteurin springt hinzu und nötigt die Löwin mit Peitsche und lauten Ermahnungen, sich wieder gerade hinzusetzen.

»Also ehrlich – meinetwegen müssen die nicht gerade sitzen«, sagt Beate.

»Nee«, sag ich, »meinetwegen auch nicht.«

7

April – weiterhin vegetarisch

»Sie haben soeben zu Mittag gegessen;
und wie sorgfältig auch immer das Schlachthaus
in einer taktvollen Entfernung von einigen
oder vielen Kilometern verborgen sein mag:
Sie sind mitschuldig.«

(Ralph Waldo Emerson)

Vorgabe: Natürlich immer noch kein Fleisch und keinen Fisch. Und nichts mit Gelatine.

Ich würde ja gern erzählen, dass ich mich viel fitter und gesunder fühle, seit ich Vegetarierin bin, aber leider hat meine Physiotherapeutin bei mir gerade einen Lymphstau diagnostiziert, und dann habe ich mich auch noch mit Keuchhusten angesteckt. Lymphstau – das ist doch ein Oma-Gebrechen. Liegt wahrscheinlich daran, dass ich von morgens bis abends am Schreibtisch sitze und an der 28. Version eines Drehbuchs bastele. Alle haben mich gewarnt: Schreib bloß kein Drehbuch! Und alle haben recht behalten. Die Wahrscheinlichkeit, sich mit Keuchhusten anzustecken, liegt bei eins zu zweihunderttausend, ist also zehn Mal so unwahrscheinlich, wie als Hermaphrodit geboren zu werden. Ich liege im Bett, schwitze Pyjamas durch, und alle fünf Minuten huste ich mir mit hervorquellenden Augen und hochroter Birne die Lunge aus dem Leib. Anfang April bin ich zumindest wieder in der Lage, mit Jiminy Fernsehen zu kucken und etwas Traubensaft zu trinken. Bei Rewe gibt es nämlich neuerdings auch noch Bio-Beeren- und Bio-Traubensaft.

Die ZDF-Sendung »Frontal21« berichtet über katastrophale Tierquälereien in deutschen Schlachthöfen. Etwa 200 000 Rinder werden pro Jahr nicht richtig betäubt.

»Grauenhaft«, sagt Jiminy, »das ist ja grauenhaft. Ich glaub, ich kriege jetzt auch Albträume.«

Ich erläutere Jiminy die Zusammenhänge:

»Es – hust, hust – liegt am – husthusthust – Bolzen … – husthusthust – husthusthusthusthusthusthusthust – hust – husthusthust – aaaraagh – husthusthust – hust – aaarghh. Es liegt am Bolzenschuss.«

Das Bolzenschussgerät, mit dem ein sieben bis elf Zentimeter langer Bolzen in den Schädel von Rindern getrieben wird, tötet das Tier nämlich nicht sicher, und vor allem nicht sofort. Das soll es auch gar nicht. Aufgabe des Bolzenschussgeräts ist die Betäubung vor der eigentlichen Schlachtung. Wenn alles gut läuft, führt der Aufschlag des Bolzens auf das Schädeldach zu einer kurzen Bewusstlosigkeit und das Eindringen des Bolzens verursacht Gehirnschäden, die die Wahrnehmungs- und Empfindungslosigkeit noch verlängern, sodass das Tier bereits die nächsten Schlachtstationen durchlaufen hat und längst ausgeblutet, also tot, ist, bevor es wieder zu sich kommen kann. Früher wurde direkt nach dem Bolzenschuss noch ein langer Stab durch die Einschussöffnung in den Schädel und bis in die Wirbelsäule geschoben und mehrmals vor- und zurückbewegt. Danach wacht kein Rind mehr auf. Der sogenannte Rückenmarkzerstörer wurde nicht nur aus Tierschutzgründen eingesetzt, sondern vor allem, um die Verletzungsgefahr zu vermeiden, die von einem 600 Kilo schweren, an seinem Hinterbein aufgehängten Bullen ausgeht, der plötzlich wieder zu sich kommt und, wahnsinnig vor Schmerzen, um sich tritt. Als die Rinderkrankheit BSE sich ausbreitete, wurde der Rückenmarkzerstörer EU-weit verboten, um das Risiko einer Übertragung von BSE-Erregern aus Gehirn und Wirbelsäule ins Fleisch zu reduzieren. Fehler bei der Betäubung oder beim Entblutungsstich machen sich seitdem auf scheußlichste Art bemerkbar. Ein schlecht gewartetes Bolzenschussgerät, ein wenig treffsicherer »Schütze« oder auch nur eine verängstigte Kuh, die ihren Kopf im entscheidenden Moment zur Seite wirft, und schon hängt ein unzureichend betäubtes Tier kopfüber am Schlachtband und bekommt mit, wie ein Hohlmesser in seinen Hals oder seine Brust gestoßen wird, um die Halsschlagader zu öffnen. Im schlimmsten Fall wartet der im Akkord arbeitende Schlachter die vorgeschriebene Zeit des Ausblutens nicht ab, sondern schiebt die Kuh, geschäftig vor sich hin pfeifend, gleich weiter, und sie bekommt auch noch ihre Zerlegung mit. Zu den nächsten Arbeitsschritten gehört das Abschneiden der Ohrmarken, das Abtrennen der Vorderbeine und das Herausziehen und Verknoten der Speiseröhre.

»Auf YouTube – hust – habe ich ein Video gesehen, wo einer Kuh das Bein abgeschnitten wurde, während sie damit noch gezappelt hat.«

»Lass gut sein«, sagt Jiminy. »Ich glaub, ich muss kotzen.«

Schweine werden nicht mit dem Bolzenschussgerät, sondern mit Gas oder mit einer Elektrozange betäubt. Unzureichende Betäubungen sind hier weniger das Problem. Die größte Fehlerquelle ist der sogenannte Stecher, bzw. sind die Arbeitsbedingungen des Stechers. 1500 Schweine schweben pro Stunde, am Band hängend, an ihm vorbei. Er hat also gerade mal 2,4 Sekunden, um einem Tier die Schlagader zu öffnen. Da kann man schon mal ein Blutgefäß verfehlen oder auch ein ganzes Schwein übersehen. Eigentlich erstaunlich, dass die Fehlerquote beim Schweineschlachten nur bei einem Prozent liegt, was hochgerechnet auf die rekordverdächtigen 56 Millionen Schweine, die 2009 in Deutschland geschlachtet worden sind, aber immer noch mehr als 500 000 Individuen bedeutet. 500 000 Schweine, die jedes Jahr im Brühbad wieder aufwachen und miterleben müssen, wie sie mit heißem Wasser übergossen werden. Das sind 1370 Schweine, die Tag für Tag in Deutschland auf diese grauenhafte, barbarische Art zu Tode kommen. Theoretisch stirbt in jeder einzelnen Minute dieses Tages gerade ein Schwein den Foltertod. Praktisch auch. Erlaubt ist das natürlich nicht.

Kontrolliert wird aber auch nicht. Man könnte es vermeiden. Es gibt spezielle Geräte, die den Blutentzug und damit den Tod eines Schweins sicher feststellen. Die würden allerdings Geld kosten.

Die Tierschutzorganisationen rufen wahrscheinlich wieder zu Unterschriftenaktionen und Protesten auf. Die Politiker sollen für bessere Kontrollen sorgen. Das haben die Tierschutzorganisationen schon 2001, kurz nach dem Verbot des Rückenmarkzerstörers bei der Rinderschlachtung, gefordert, als das Thema zum ersten Mal durch die Presse ging. Hat schon damals nichts genützt. Dabei gäbe es ein einfaches, garantiert funktionierendes Mittel, diese Grausamkeiten schnell zu beenden. 60–88 kg Fleisch verbraucht jeder Bundesbürger im Jahr (je nach Quelle). In Hähnchen gerechnet sind das ziemlich viele Tiere, die man jährlich vor Gefangenschaft, Misshandlung und Folter-Schlachtung bewahren könnte, ohne einen einzigen Protestbrief schreiben zu müssen.

Was die Fernsehberichte nämlich nicht erwähnt haben, ist die besonders mangelhafte Betäubung bei der Schlachtung von Geflügel. Allein 600 Millionen Hühner und Hähne werden jedes Jahr in Deutschland geschlachtet und zuvor mit den Köpfen durch ein Elektro-Wasserbad gezogen. Welcher praktisch veranlagte Mensch sich das wohl einmal ausgedacht hat? Hört mal her, ich hab 'ne Super-Idee: Wir hängen die lebendigen Hühner einfach an den Füßen auf und ziehen sie mit den Köpfen durchs Wasser. Und durch das Wasser jagen wir dann Strom.

Da die Hühner – und für Enten und Puten gilt das natürlich auch – panisch flattern, kommen nach Schätzungen der Albert-Schweitzer-Stiftung mindestens 20 Millionen Tiere unzureichend oder gar nicht betäubt aus dem Wasserbad und müssen ihren Kehlschnitt bewusst miterleben. Die Geflügellobby, die Schweinemäster, die Schlachthofbetreiber, die Politiker sind die Bösen und sollen etwas ändern. Aus irgendeinem Grund kommt kaum jemand auf die naheliegende Idee, selbst die Verantwortung zu übernehmen und einfach kein Fleisch mehr zu essen. Das ist, als würde man einem Ertrinkenden zusehen, sich darüber aufregen, wie jemand so herzlos sein konnte, ihn ins Wasser zu schubsen, und dann weitergehen, ohne ihn herauszuziehen.

»Weißt du noch, wie alle so erstaunt und empört waren, als der Gammelfleischskandal aufgedeckt wurde?«, sage ich zu Jiminy. »Oder als das mit dem Rinderwahn rauskam – dass da wissentlich kranke Rinder geschlachtet und an die Supermärkte verkauft worden sind?«

»Doch nicht wissentlich«, sagt Jiminy, »die haben zuerst bloß nicht gewusst, was ihre Rinder haben.«

Jiminy hat ja keine Ahnung, wie schlecht die Welt ist. Aber ich.

»Oh doch«, trumpfe ich auf. »Als 1988 in Groß-
britannien ein 100%iger finanzieller Ausgleich für an-
gesteckte Tiere beschlossen worden war, haben sich die
gemeldeten Fälle sofort verdoppelt. Es ist wohl nicht
allzu kühn, daraus zu folgern, dass vorher die Hälfte
aller BSE-kranken Rinder auf den Markt gelangt ist.
Die ganzen Fleischfresser haben allen Ernstes geglaubt,
dass eine Branche, die ihre Profite damit macht, Tiere –
hust – zu quälen, sich ihnen gegenüber dann – husthust –
plötzlich anständig verhält.«

»Vor zwei Monaten warst du auch noch Fleischfresser«, merkt Jiminy an.

Ich unterbreche das Gespräch für einen mehrminüti-
gen Hustenanfall, bevor ich fortfahren kann.

»Fleisch und Kriminalität, das gehört eben einfach
zusammen. Oder hast du schon mal was von einer Salat-
mafia gehört?«

»Na klar«, sagt Jiminy, »gibt es bestimmt auch.«

»Glaub ich nicht. Aber es gibt eine englische Fleischmafia, eine russische Fleischmafia, eine belgische
Fleischmafia und eine deutsche Fleischmafia. Und das
sind nur die, von denen ich gelesen habe. Vermutlich haben alle anderen Länder auch eine eigene Fleischmafia.
Außer Monaco vielleicht. Wusstest du, dass die belgische Fleischmafia 1995 einen Tierarzt von einem Auf-
tragskiller hat umbringen lassen, weil der Hormon-
händlern auf die Schliche gekommen war?«

»Ich geh ins Bett und les ein Buch. Ich kann jetzt
nicht noch mehr solche Storys hören«, sagt Jiminy.
»Gute Nacht.«

Ich kann mal wieder nicht schlafen. In letzter Zeit passiert mir das öfter. Vielleicht liegt es am Fleischentzug.
Oder am Husten. Auch Bulli fehlt mir immer noch ent-

setzlich. Ich kann mich überhaupt nicht daran gewöhnen, dass er beim Autofahren jetzt nicht mehr auf dem Beifahrersitz liegt und mit der Schnauze den Schaltknüppel blockiert. Wenn ich so wach liege und ins Dunkel starre, denke ich daran, was jetzt gerade überall auf der Welt in den Mastbetrieben, Schlachthäusern und Versuchslaboren passiert. Von all den bestürzenden Entdeckungen, die man im Laufe seines Lebens so macht – die Eltern sind doch nicht perfekt, Liebe ist vergänglich und ich werde wahrscheinlich nie in einem offenen Sportwagen durch Paris fahren und meine langen Haare im Wind wehen lassen –, war diese die schlimmste: dass sich hinter der hellen, freundlichen Welt der Supermärkte und Apotheken eine mitleidlose, düstere Fabrik des Leidens verbirgt, eine Hölle, in der die Tiere die gequälten Seelen sind und die Menschen die Teufel, die sie foltern. Es ist, als hätte ich diese Wahrheitspille aus dem Film »Matrix« geschluckt. ›Hier sind zwei Pillen, entscheide dich. Nimmst du die blaue, dann bleibt alles, wie es ist; du glaubst, was du glauben willst, brauchst nicht zur Kenntnis zu nehmen, welche Folgen dein Konsumverhalten für andere Menschen und Tiere hat, und niemand wird dir deswegen Vorwürfe machen. Nimmst du die rote, dann erfährst du, wie es wirklich ist. Alles, was ich dir anbiete, ist die Wahrheit, nicht mehr. Ich sage nicht, dass es für dich leicht wird, nur, dass es die Wahrheit ist. Und wenn du dich einmal dafür entschieden hast, gibt es kein Zurück.‹

Ich begreife auf einmal sehr gut, warum die meisten Menschen sich für die blaue Pille entscheiden.

Während ich krank bin, zappe ich mich ganze Nachmittage durch die Fernsehkanäle und schaue mir im Fieberwahn eine Tierdokumentation nach der anderen an.

Über 79 Millionen verschiedene Spezies leben auf der Erde, aber in meinem Fernseher laufen komischerweise fast immer bloß Dokus über Haifische, Krokodile oder afrikanische Großkatzen, die Zebras und Antilopen zerfleischen. Oder über Killerwale.

Zuerst sieht man zwei Killerwale in Freiheit große Sprünge machen, dann Schnitt, und in der nächsten Einstellung plätschert ein offenbar angeschlagener Wal mit stumpfer Haut und schlapper Rückenflosse in einer Bucht. Es ist eine alte Aufnahme von Keiko, der in »Free Willy« die Hauptrolle spielte. Über 20 Millionen Dollar Spendengelder wurden für seine Auswilderung ausgegeben, für Hubschrauber und Betreuer und Aufpäppelungsbecken, aber am Ende starb er trotzdem an einer Lungenentzündung. Es gibt Umweltschutzorganisationen, die sich darüber aufregen, dass so viel Geld für ein einzelnes Tier ausgegeben wurde, wo man doch Hunderte anderer Meeressäuger damit hätte retten können. Ich finde es okay. Ich finde es auch richtig, wenn man 20 Millionen ausgibt, um 5 Bergleute aus einem verschütteten Schacht zu holen, obwohl man mit dem Geld tausende Kinder in Krisengebieten vor dem Hungertod retten könnte. Ich finde es sogar in Ordnung, wenn man 20 Millionen ausgibt, um einen Spielfilm über außerirdische Trolle und Gnome zu drehen. Nachdem das Schicksal des alten Hollywood-Wals von allen Seiten beleuchtet worden ist, sieht man wieder die zwei Killerwale in freier Wildbahn. Hei, wie gut es denen geht. Die Rückenflossen steil aufgerichtet, durchpflügen sie eines der vielen Weltmeere. Sie sind nämlich auf der Jagd. Ein paar Einstellungen später haben sie ein Blauwalkalb erwischt und versuchen es zu ertränken, indem sie es mit ihren kerngesunden Körpern unter Wasser drücken. Jedes Mal, wenn sie sich aus dem Wasser schwingen, um sich auf das Kalb fallen zu lassen, sieht man ihre glänzende Haut. Der Todeskampf dauert sechs Stunden. Sechs Stunden lang allmählich ertrinken. Das muss man sich mal vorstellen. Mein Mitleid mit Keiko lässt gerade rapide nach. Vielleicht hätte man die 20 Millionen Dollar doch besser anlegen können. Andererseits könnte man die Sache natürlich auch aus der Sicht kleiner Fische sehen. Bevor das Blauwalbaby groß geworden wäre, hätte es 200 000 Fische gefressen. Ein Pottwal haut sich pro Tag manchmal 4 Millionen Krillkrebse rein. Und zwar beißt er sie nicht tot, sondern macht einfach das Maul auf und saugt sie ein, sodass die lebendigen Krebse nahezu unversehrt im Magen ankommen und dort langsam in Magensaft ersticken und verätzt werden. Das ist doch auch nicht viel besser, als wenn Käpt'n Iglo seinen gefangenen Fisch langsam auf einer Schicht von Eis ersticken lässt oder die Riesengarnelen in einen Topf mit heißem Wasser wirft. Menschen, Tiere – alle gleich widerlich. Ich glaube, ich mag bloß Pflanzen. Vielleicht sollte ich mir ein viktorianisches Glashaus anschaffen, und darin verschiedene Farnarten kultivieren. Vielleicht habe ich aber auch bloß wieder einen Fieberschub.

Seit Wochen bin ich mit Bonzo, meinem Maultier, nicht mehr ausgeritten. Erst lag so viel Schnee, dann hatte ich Keuchhusten. Ich bin immer noch etwas schlottrig auf den Beinen, und ehrlich gesagt wird mir bei dem Gedanken, mich demnächst wieder auf Bonzo zu setzen, ganz schön mulmig. Erst im letzten Jahr habe ich angefangen, ihn einzureiten. Nach der Bonbon-Methode. Immer, wenn er irgendetwas richtig machte, bekam er dafür ein zylinderförmiges Pferdebonbon aus gepresstem Getreide. Anfangs zeitigte das sehr schöne Erfolge. Schon nach zwei Wochen ritten wir die Straße herunter zum benachbarten Reitstall, wo wir uns in der Reitbahn tummelten. Lästig war höchstens, dass Bonzo ständig selbst entschied, wann er etwas gut gemacht hatte, und sich dann zu mir umdrehte, um die Belohnung einzufordern. Die Sache ging schief, als jemand mit einem Futtereimer an der Reitbahn vorbeikam. Bonzo wollte zum Futtereimer, ich wollte weiter geradeaus, er zerrte am Zügel, ich knuffte ihm die Hacken in den Bauch. Zwei Sekunden später lag ich im Sand, den Abdruck eines Hufes auf dem Hintern und über mir ein tobendes und bockendes Maultier, das völlig außer sich vor Wut mehrmals über mich hinwegtrampelte. Als ich mich endlich aufrappeln konnte und, von zwei Seiten gestützt, aus der Bahn humpelte, sagte jemand ziemlich laut: »Metzger!«

Seitdem reite ich ihn nicht mehr wirklich gern. Ich trau ihm einfach nicht. Außerdem reißt Bonzo sich neuerdings los, wenn ich ihn an einem Strick führe. Immer an derselben Stelle, sodass ich jedes Mal vorbereitet bin. Verhindern kann ich es trotzdem nicht. Dann galoppiert er davon, entweder in einen frisch angesäten Acker hinein oder in den Garten meines Nachbarn Ronny, dreht dort ein paar Runden und galoppiert zu mir zurück. Danach kann ich ihn anstandslos nach Hause bringen. Es ist, als wolle er bloß mal kurz klarstellen, dass ich ihm nichts zu sagen habe.

Diesmal befestige ich eine Metallkette am Halfterstrick, eine sogenannte Hengstkette. Es gibt zwei verschiedene Benutzungsmöglichkeiten. Üblicherweise lässt man die Kette ein Stück oberhalb der Nüstern über den knochigen Nasenrücken laufen, wo sie bei Zug unangenehmen Druck ausübt. Na ja, sagen wir doch, wie es ist: Wenn man damit einmal kräftig ruckt, tut das richtig weh. Zum Vergleich kann man sich ja mal eine Eisenkette übers Schienbein legen und daran reißen. Die Kette unterhalb des Mauls in der weichen Kinngrube entlanglaufen zu lassen, soll noch schärfer wirken, weswegen diese Methode nur von Profis angewandt werden darf, die wissen, was sie da tun. So mahnt es jedenfalls eines meiner Pferdebücher an. Ich lasse die Kette oben *und* unten entlanglaufen. Ich weiß auch, was ich tue. In den letzten zwei Wochen hat Bonzo dreimal Ronnys Garten verwüstet. Auf dem Weg zur Weide müssen wir leider daran vorbei. Ich weiß nicht, wie oft ich noch auf Nachsicht hoffen darf.

Wir nähern uns Ronnys Garten. Bonzo reißt an der Kette, als gebe es gar keine, und als ich mit aller Kraft gegenzuhalten versuche, breche ich mir bloß einen Finger. Na toll, jetzt habe ich Keuchhusten, eine doppelte chronische Achillessehnenentzündung, Lymphstau und einen gebrochenen Finger. Bonzo trampelt bereits wieder durch die Rabatten. Manchmal tritt er versehentlich auf den Strick und verpasst sich selbst einen unglaublich brutalen Kettenruck auf der Nase – was ihn aber auch nicht beeindruckt. Das ist kein Maultier, das ist ein 600-Kilo-Pitbull.

Am nächsten Tag knote ich eine acht Meter lange Pferdelonge an einem Baum fest, der gegenüber von Ronnys Garten steht, und hänge den Karabinerhaken in Bonzos Halfter ein, bevor ich ihn an der Stelle vorbeiführe. Zack, reißt er mir den Strick aus der Hand und galoppiert los. Die Longe saust hinter ihm her. Während sie sich strafft, habe ich plötzlich das Gefühl, einen entsetzlichen Fehler begangen zu haben. Und wenn ihm der Ruck nun die Nase zertrümmert? Oder Bonzo überschlägt sich und bricht sich das Genick? Ich bin fast erleichtert, als er, ohne sein Tempo im Geringsten zu drosseln, in Ronnys Garten hineindonnert. Ich hebe die Longe auf. Der Karabinerhaken hat sich aufgebogen wie Blumendraht. Das ist kein Maultier, das ist ein Panzer.

Am nächsten Tag fahre ich mit meinem Pferdeanhänger auf einem Gestüt vor. In den Boxen stehen lauter teure Dressur- und Springpferde. Die jungen Mädchen, die hier den Beritt übernehmen, begrüßen Bonzo mit großem Hallo. Er kommt in eine Box, in der er sich sofort über das Heu hermacht. Als ich gehe, sieht er nicht einmal hoch. Wohl ist mir trotzdem nicht dabei, ihn für Wochen in fremde Hände zu geben. Im Fernsehen laufen die ganze Zeit Berichte über Misshandlungen in katholischen Internaten. Ich steige wieder ins Auto und lasse den Motor an. Fast im selben Moment kommt aus dem Stall ein schriller, lang gezogener, gurgelnder Schrei, wie ihn nur ein Maultier zustande bringt. Eine Mischung aus rostiger Wasserpumpe und Feuersirene. Als ich in den Stall laufe, versucht Bonzo gerade, aus dem Fenster zu klettern. Er bekommt eine neue Box – ohne Fenster. Sein jämmerliches Geheule begleitet meine Abfahrt.

Zu Hause wartet Jiminy schon aufgeregt auf mich. Im Gartenteich ist eine Schlange, eine widerlich dicke Ringelnatter. Sie allein kann nicht schuld daran sein, dass letzte Woche etwa 100 Fische von einem Tag auf den anderen verschwunden sind. Trotzdem hätte ich nicht übel Lust, ihr den langen Hals umzudrehen. Meine armen Fische. Ich bin nun einmal parteiisch. Die Tiere, mit denen ich zusammenwohne und für die ich die Verantwortung trage, gehen vor. Wurmrechte schön und gut, aber zweimal im Jahr werden die Kater entwurmt. Und es ist mir auch egal, ob eine Ringelnatter oder ein seltener Kranich meine Billig-Kois fressen will – wer das tut, kriegt Ärger.

Jiminy und ich hüpfen mit Keschern um den Teich herum.

»Da ist sie … da unterm Strauch, … da … nee, ich

kann da nicht ran … mach du das … igitt … igittigitt-
igittigitt …«

Das Reptil gleitet in den Teich und in eleganten
Schwüngen durch das Wasser. Ich erwische sie mit dem
Kescher.

»Pass auf … die krabbelt raus … die krabbelt raus …
Äähh, nicht zu mir … nicht zu mir … tu die woanders-
hin … die krabbelt raus …«

Ich schüttle den Kescher immer wieder und die Natter fällt dann jedes Mal zurück auf den Grund des Netzes, aber sie ist gymnastisch ungeheuer begabt, und wenige Sekunden später lugt sie schon wieder über den
Rand. Als ich den Kescher an Land gebracht habe, muss
ich mich mit beiden Füßen auf die Öffnung des Netzes
stellen, damit es ihr nicht gelingt, sich dort herauszudrü-
cken. Zum Glück trage ich meine dicken australischen
Blundstone-Stiefel.

»Und jetzt?«, sagt Jiminy. »Ich fass die nicht an.«

»Nee«, sag ich, »ich auch nicht.«

Jetzt, wo die Schlange im Netz ist und verängstigt
nach einem Ausgang sucht, ist mein Zorn verraucht.
Exekutieren will ich sie nicht mehr.

Jiminy bringt einen Pferdeputzkoffer aus Plastik,
weigert sich aber, mitzuhelfen, die Schlange dort hinein-
zusetzen.

»Nä, ich fass die nicht an.«

»Dann mach wenigstens den Plastikkoffer auf.«

Ich schüttle noch einmal wie wild den Kescher, bis der
Natter richtig schwindlig sein muss, und dann schlenz
ich das Netz in den Pferdeputzkoffer und knall den Deckel zu. Der größte Teil des Netzes und der Kescherstiel
sind natürlich noch draußen, aber Jiminy und ich können die Schlange jetzt im Auto transportieren, ohne sie
anfassen zu müssen. Fragt sich bloß, wohin. An einen

Teich bringe ich sie auf keinen Fall. Ich will nicht diejenige sein, die den Tod ganzer Generationen von Fröschen und Kröten verschuldet. Schließlich fahren wir an einen Ort, der für eine Ringelnatter wohl eher mittelprächtig ist. Mitten in einen Wald hinein. Der nächste See ist mindestens zwei Kilometer entfernt. Aber wie ich es auch drehe und wende, wohl fühle ich mich bei der ganzen Sache nicht. Entweder habe ich einen ungünstigen Ort ausgesucht und verursache dadurch womöglich den Hungertod der Ringelnatter, oder sie schlägt sich durch, und ich habe damit automatisch den Tod vieler Frösche, Fische und Eidechsen auf dem Gewissen. Komischerweise scheint es viel einfacher zu sein, etwas Böses zu tun, als etwas Gutes. Das Böse, das man beabsichtigt, trifft prompt ein. Aber gute Absichten bedingen nicht notwendigerweise gute Ergebnisse. Als ich dem Piepsi drei Hühner zur Gesellschaft gekauft habe, musste ich kurz darauf in einem Zeitungsartikel lesen, dass die männlichen Küken in den Zuchtbetrieben für Legehennen gleich nach dem Schlüpfen getötet werden. Der Piepsi sitzt nämlich inzwischen in einem Gehege und mit ihm die neuen Hennen. Viele Leute denken, die männlichen Küken würden für den Grill gemästet, aber dafür hat man andere Zuchtrassen, die schneller wachsen. Die flauschigen kleinen gelben Hahnenküken aus der Legehennenzucht tötet man mit Gas, oder sie rutschen per Fließband in eine Art überdimensionierte Moulinex. Für jedes Huhn, das ich gekauft habe, ist ein Bruderküken lebend gehäckselt worden. Und es war mein Kauf, der die Rotorklingen dieses Küken-Zerkleinerers in Bewegung gesetzt hat. Außerdem hat sich der Piepsi über die neuen Hennen noch nicht einmal richtig gefreut, sondern fand es viel wichtiger, jeder einzelnen erst mal tüchtig auf den Kopf zu hacken.

Als Jiminy und ich Bonzo drei Tage später auf dem Gestüt besuchen, benimmt er sich, als hätte er mich noch nie gesehen. Er steht in seiner Box, frisst desinteressiert eine Wurzel aus meiner Hand und schaut an mir vorbei auf die Stallgasse. Die Pferdemädchen erzählen, dass er vormittags auf die Weide darf, und dass ein weißes Pferd ihn sofort adoptiert hat und gegen die anderen in Schutz nimmt. Sie sagen, Bonzo fühle sich hier sehr wohl. Ich versuche, eines seiner langen Ohren zu kraulen. Das hat er immer so gern gehabt. Bonzo zieht den Kopf zur Seite und starrt weiter an mir vorbei. Er wirkt nicht direkt apathisch, eher autistisch.

Ich sitze in der Küche und lese »Die Zeit«. Am 20. April ist die Bohrinsel Deepwater Horizon explodiert. 800 000 Liter zähflüssiges Rohöl laufen seitdem Tag für Tag in den Golf von Mexiko. Jiminy kocht Tee. Plötzlich erstarrt sie mitten in der Bewegung und sieht mich verzagt an.

»Sag mal, wenn wir dann ab Mai keine Milchprodukte mehr essen dürfen, dann heißt das ja auch, dass ich keine Sahne mehr in den Tee tun kann ...«

Jiminy kommt aus dem Ammerland. Das ist nicht weit von Ostfriesland, und Tee trinken ist da ganz furchtbar wichtig. Schwarzer Ostfriesentee mit Kluntjes und Sahne.

»So sieht es aus«, sage ich, schlage den Wirtschaftsteil um und streiche ihn glatt, »aber es zwingt dich ja niemand mitzumachen. Wenn es dir egal ist, dass bei der Produktion von Fleisch und Milchprodukten 18 Prozent aller Treibhausgasemissionen entstehen, dann mach doch einfach so weiter wie bisher.«

»Es geht mir ja nur um den Tee«, jammert Jiminy, »alles andere schaff ich. Aber ohne Sahne im Tee bin ich kein Mensch.«

»18 Prozent der gesamten Emissionen«, erwidere ich kalt, »das ist schlimmer als Autofahren und Flugreisen zusammen.«

Ehrlich gesagt, habe ich es zu Beginn meines Selbstversuchs selber noch gar nicht so richtig auf dem Zettel gehabt, dass Frikadellen und Uralt-Gouda zur Klimaerwärmung beitragen könnten. Klar, hatte ich schon mal davon gehört – ein Ohr rein, anderes gleich wieder raus. Inzwischen lese ich Artikel zu diesem Thema sehr aufmerksam. Wie es aussieht, sind sich jetzt so ziemlich alle Wissenschaftler darüber einig, dass die Tierhaltung zur Lebensmittelerzeugung eine der Hauptursachen für unsere schlimmsten Probleme ist – Welthunger, Umweltverschmutzung, Bodenzerstörung, zu hoher Wasserverbrauch, Verlust der Artenvielfalt und insbesondere Klimawandel. Es geht nicht bloß um die Güllepfützen vor der Mastanlage, sondern vor allem um den Regenwald, der CO_2 speichern könnte und der abgeholzt oder abgefackelt wird, um Futter für die Masttiere der Industrienationen anzubauen. Auch wenn es einem egal ist, dass Schweine, Hühner und Kälbchen in Schlachtanlagen landen – sind ja schließlich bloß Tiere und schmecken gut –, so hat man vielleicht doch Skrupel, diesen schönen Planeten so ohne jeden Bremsversuch gegen die Wand zu fahren. Der Weltklimarat (IPCC) schlägt vor, die Einwohner der Industrieländer sollten sich vegetarisch ernähren. Holland versucht es eine Nummer kleiner: Der Staat will künftig für einen fleischfreien Tag pro Woche werben. Das wird wohl kaum reichen. Aber zumindest scheint sich allmählich die Erkenntnis durchzusetzen, dass der zunehmende Verzicht auf Fleisch keine wirre Idee alternativer Spinner ist, sondern eine zwingende Notwendigkeit, wenn wir es noch ein paar Generationen lang machen wollen.

»Fleisch esse ich doch schon seit Jahren nur ganz selten«, jammert Jiminy.

»Ja«, antworte ich herzlos, »aber eigentlich hätte der Weltklimarat auch den Verzicht auf Milchprodukte und Eier vorschlagen müssen. Das trauen die sich bloß nicht.«

Die Leute haben ja gerade erst die Bio-Ernährung entdeckt, und man darf schon dankbar sein, dass sie fleißig Bio-Eier und ab und zu sogar mal ein Bio-Steak essen. Leider verseucht aber auch der Urin und Kot von Bio-Kühen und Bio-Hühnern Boden und Grundwasser. Mein Schwager, der Landwirtschaftsminister, behauptet sogar, Biohaltung verursache mehr Umweltbelastung pro Tier als Massentierhaltung. Allerdings behauptet er ja auch, ich brauche bloß bei einer Großschlachterei anzurufen, wenn ich sie besichtigen will. Trotzdem könnte natürlich etwas daran sein, dass ein Tier, das länger lebt, weil es nicht mit Turbo-Futter in Rekordzeiten gemästet wird, auch mehr Zeit hat, Kot, Urin und Methangase zu produzieren. Von Methangasen ist neuerdings ständig die Rede. Millionen und Abermillionen von Rindern verursachen nämlich nicht nur tonnenweise CO_2, sondern aus ihren Bäuchen entweicht auch noch das 20- bis 25-mal so schädliche Methangas. So lächerlich es klingt – aber die Methan-Rülpser und Blähungen der Kühe sollen ein schwerwiegender Faktor für die Erderwärmung sein.

»Keine Regierung der Welt wird es je wagen, Fleisch zu verbieten«, sagt Jiminy. »Das gäbe eine Revolution.«

»Vielleicht macht man es wie bei den Rauchern. Zuerst wird das Fleisch mit hohen Steuern belegt, und irgendwann müssen Fleischesser dann im Restaurant mit ihrem Steak auf dem Teller vor die Tür gehen und draußen essen.«

»Ja«, sagt Jiminy, »und am Anfang sind sie deswegen unglücklich, aber dann entdecken sie, dass man dort unheimlich gut andere Steakesser kennenlernen kann.«

Sie öffnet die Kühlschranktür und sucht nach dem Sahnetöpfchen.

»Sag mal, was ist das denn?«

Ich blicke zum klinisch blauen Licht des Kühlschranks hoch und denke, sie meint die Katzenfutterdose. Peinlicherweise habe ich nämlich immer noch nicht auf Bio-Katzenfutter umgestellt. Aber Jiminy zeigt auf die Joghurts, Panna Cottas und Mousse au Chocolats.

»Was denn«, sage ich, »drei Tage habe ich schließlich noch. Ich muss mich doch von all meinen kleinen Freunden anständig verabschieden.«

»Das sind deine Freunde?«

»Ja klar. Das waren mal sehr gute Freunde von mir. Als ich noch nicht wusste, dass das alles Schwerverbrecher sind.«

Jiminy nimmt den wunderbaren Kirschquark mit Schokostreuseln von Aldi in die Hand.

»Der ist ja noch nicht mal bio!«

Ich senke ertappt den Kopf.

»Ist dir eigentlich klar, wie fett das Zeug macht?«

Dieses Risiko ertrage ich allerdings mit Gelassenheit. Die vier Kilo, die ich während der Bio-Phase zugenommen habe, sind durch vegetarische Ernährung genauso schnell wieder verschwunden. Obwohl ich weiterhin Bio-Lebensmittel gegessen habe.

8

Mai – vegan

>*Weh mir, Mutter, dass du mich
geboren hast, einen Mann,
der mit aller Welt in Zank und Streit liegt.*«

(Jeremiah 15, Vers 10)

Vorgabe: Nichts vom Tier, weder auf dem Teller noch im Kleiderschrank.

Meine Eltern sind zu Besuch und laden mich zum Essen ein. Wir gehen in das Restaurant Seeterrassen, von dem man eine schöne Aussicht auf den Schermützelsee hat.

»Bestell, was du willst«, sagt mein Vater.

Meine Eltern haben es nicht immer leicht mit mir gehabt. Ich natürlich auch nicht mit ihnen. Aber wenn ich ehrlich bin, muss ich einräumen, dass es mit mir vermutlich ungewöhnlich lange ungewöhnlich anstrengend war. Sie haben ein wenig Ruhe verdient. Wir alle haben ein wenig Ruhe verdient.

»Na ja«, sage ich, »da ich ja jetzt Veganerin bin, kann ich froh sein, wenn es überhaupt etwas für mich gibt.«

Ich halte mich gar nicht erst bei der Tageskarte mit ihren Spargel-Spezialitäten auf. Spargel ohne Sauce hollandaise – das ist wie Mercedes ohne Stern, wie Sex ohne Liebe. Aber Sauce hollandaise besteht aus Butter, sehr viel Butter, und Ei. Ist also tabu.

»Kannst du nicht einmal über deinen Schatten springen?«, fragt meine Mutter.

»Hier geht es nicht um meinen Schatten, sondern um Ausbeutung und Grausamkeit«, sage ich gereizt. »Wo kommt denn die Butter her? Dafür müssen Kühe die ganze Zeit Milch geben, und nach zwei, drei Jahren werden sie geschlachtet. Die Kälber werden ihnen direkt nach der Geburt weggenommen und nach wenigen Wochen oder Monaten ebenfalls geschlachtet. Das muss man sich mal vorstellen: einer Mutter das Kind wegnehmen und umbringen, um dann der Mutter die Milch abzuzapfen, die eigentlich für das Kind gedacht war. Das ist doch widerlich!«

»Ich muss mal eben spritzen gehen«, sagt meine Mutter. Sie ist Diabetikerin. Ihre Mutter war Diabetikerin. Ihre Schwester war Diabetikerin. Ich weiß, welches Schicksal auf mich wartet, wenn ich mein Übergewicht nicht in den Griff kriege. Bisher ist meine Mutter mit Tabletten ausgekommen. Dass sie jetzt Insulin spritzen muss, ist neu. Das Spritzbesteck führt sie in einer kleinen goldenen Tasche mit sich wie ein kultivierter Heroinabhängiger. »Der goldene Schuss«, muss ich unwillkürlich denken.

»Milchprodukte haben übrigens auch etwas mit Diabetes zu tun«, rufe ich ihr hinterher und bereue es sofort. Das wäre jetzt nicht nötig gewesen. Kaum bin ich eine halbe Stunde mit meinen Eltern zusammen, benehme ich mich wieder wie mit fünfzehn.

»Normalerweise würde eine Kuh nicht mehr als zehn Liter Milch geben«, doziere ich vor meinem Vater. »Mehr braucht ein Kalb auch nicht. Aber die heutigen Hochleistungskühe geben das Dreifache, teilweise das Fünffache oder noch mehr. Das laugt die natürlich völlig aus und macht sie krank. Euterentzündungen, Magenbeschwerden, Knochenprobleme … – Kühe gehören zu den am brutalsten ausgebeuteten Geschöpfen.«

Mein Vater sieht von seiner Speisekarte hoch und mich über seine Lesebrille gequält an. Auch diesen Blick kenne ich noch aus meiner Jugendzeit.

Als meine Mutter zurückkommt, erkläre ich gerade dem Kellner, was alles nicht in dem Nudelgericht drin sein darf:

»Keine Butter, keine Sahne, kein Käse, keine Milch, kein Honig. Und fragen Sie bitte den Koch, ob die Schupfnudeln mit Ei gemacht sind, dann kann ich die nämlich sowieso nicht essen.«

Meiner Mutter ist es sichtlich unangenehm, wie ich den Kellner in Beschlag nehme und Bedingungen formuliere, statt einfach ein Gericht zu bestellen.

»Honig darfst du auch nicht essen?«, fragt sie verzagt.

»Das sind gestohlene Güter«, sage ich streng. »Da schuften Tausende von Bienen wochen- und monatelang. Die fliegen mehr als 80 000 Kilometer und besuchen mehr als zwei Millionen Blumen, um ein einziges Pfund Honig zusammenzutragen. Und dann steckst du das Messer ins Honigglas und schmierst dir mal eben den Wochenlohn von mehreren Tausend Arbeiterinnen aufs Brot ... oder von mehreren Hundert ... wenigstens. Findest du das okay?«

»Merken die das denn überhaupt?«, fragt meine Mutter.

»Das ist doch völlig egal! Du würdest doch auch nicht in die Kasse von eurem Skatklub greifen, bloß weil da alle längst den Überblick verloren haben und sowieso keiner mehr weiß, wie viel drin ist. Diebstahl wird doch nicht dadurch moralischer, dass es keiner merkt.«

»Und Schinken«, fragt meine Mutter, »darfst du denn wenigstens mal ein Schinkenbrot essen?«

Mein Vater sieht stumm auf seinen Teller.

Ein Abweichen vom Gewohnten ist natürlich immer mit inneren Spannungen verbunden. Aber vegan zu leben muss nicht Verzicht heißen – sagen die Veganer. Vielmehr bedeute es, bewusst zu genießen und neue Alternativen zu entdecken. Für mich bedeutet vegan zu leben vorerst, dass ich Stunden in Supermärkten verbringe, vor den Regalen stehe und Zutatenlisten lese, auf denen mit schöner Regelmäßigkeit als letzte von 27 ansonsten völlig veganen Inhaltsstoffen wie Invertzuckersirup, Maisstärke, Säuerungsmittel E334, Soja-Lecithin, Reismehl, Natriumhydrogencarbonat und Kakaobutter doch noch Milchzucker oder Volleipulver oder Gelatine aufgeführt ist. Kann ich also wieder nicht kaufen. Eine Haribo-Tüte nach der anderen lese ich mir durch. Aber wenn ausnahmsweise tatsächlich mal keine Gelatine und kein Milchpulver drin sind, steht am Schluss garantiert: »getrennt mit Bienenwachs«. Und ich beklau ja jetzt keine Bienen mehr. Haribo hat sich also vorerst erledigt.

Das Schlimme ist, dass ich vor drei Wochen auch noch eine Lesebrille verschrieben bekommen habe. Kurzsichtig war ich schon immer. Wie ein Maulwurf. Starke Hornhautverkrümmung und fast 10 Dioptrien auf beiden Augen. Aber lesen konnte ich bis vor Kurzem noch wie ein Luchs. (Ein alphabetisierter Luchs.) Zur nervenaufreibenden Lektüre der Inhaltsstoffe kommt jetzt also auch noch das seniorenhafte Gebaren des Brillenwechsels. Das ist nicht nur eine schwere narzisstische Kränkung, sondern erinnert mich auch jedes Mal daran, dass ich wie alle anderen Lebewesen der Sterblichkeit unterworfen bin. Die ersten Verschleißteile geben bereits den Geist auf. Erst kommt die Lesebrille, dann die Kunststoffhüfte und dann lohnt es irgendwann nicht mehr.

Weil ich keine Lust habe, zum achtzehnten Mal einen Brillenwechsel vorzunehmen, entscheide ich mich mal wieder für eine Packung Miracoli. Halt stopp, was tue ich da eigentlich? Miracoli ist selbstverständlich nicht vegan. Wegen der Tüte mit dem mumifizierten Parmesan. Geht also auch nicht mehr. Miracoli wieder zurück. Ich kaufe eine Packung Spaghetti (ohne Ei) und dann setze ich meine normale Brille ab und wieder die Lesebrille auf und lese mir die Zutatenliste einer Bio-Nudelsoße durch. Genehmigt. Immerhin: In der Obst-Abteilung von Kaufland gibt es die ersten Pfirsiche. Das Pfund für 1,29 Euro. Unglaublich.

Jiminy hatte sich ja entschlossen, die zwei Monate mit mir vegan zu leben. Aus Solidarität. Ich habe sie allerdings in Verdacht, dass es auch ein bisschen darum geht, ihren moralischen Vorsprung nicht aufzugeben. Trotzdem ist es natürlich schön, seinen Sojajoghurt und sein Tofuschnitzel mit jemandem teilen zu können. Ich biete ihr einen Pfirsich an.

»Der ist doch wieder um den halben Erdball geflogen«, mault sie.

»Ja, schlimm«, sage ich. »aber stell dir nur vor: Pfirsiche im Mai – was für ein Luxus!«

Jiminy verschränkt die Arme vor der Brust.

»Dann eben nicht.« Ich beiße in einen Pfirsich.

»Komisch, dass sich nie jemand über den langen Transportweg von Bananen aufregt«, sage ich. »Bei Bananen scheint das irgendwie in Ordnung zu sein, dass die erst mal über die sieben Meere tuckern müssen, bevor sie hier ankommen.«

Jiminy sieht mich abschätzend an. Ich kaue und schlucke, entsorge den Kern und wasche mir die Hände. Und weil Jiminy mich immer noch ansieht, esse ich gleich noch einen Pfirsich und wasche mir noch einmal die Hände.

»Schmeckt's?«, fragt Jiminy

»Nee«, sage ich. »Schmeckt nicht!«

Na gut, ich habe Pfirsiche gegessen. Es waren zweifelsohne Pfirsiche, sie sahen genauso aus, aber sie schmeckten nicht wie Pfirsiche. Auch nicht annähernd. Eigentlich schmeckten sie noch nicht einmal wie etwas Essbares, sondern wie feuchte Sägespäne.

Ich lege die Pfirsiche aufs Fensterbrett. Nach einer Woche sind sie größtenteils vergammelt, und die unvergammelten Stellen schmecken ein bisschen wie Pfirsich. Die Preisgestaltung der großen, billigen Supermärkte wiegt uns in der Illusion, wir könnten uns alles zu essen leisten, was immer wir haben wollen und wann wir es haben wollen. Nur kriegen wir für unser Geld Obst und Gemüse, das nicht schmeckt, Fertiggerichte, die schmecken, aber voller Chemie sind, und Fleisch, das unter Bedingungen hergestellt wurde, das uns zu Mittätern macht.

Der Mai wird kalt und nass. Sintflutartige Regenfälle – mehr als 70 l pro qm – setzen große Teile Mallorcas unter Wasser. Bei uns ist es auch nicht viel besser.

»Das bleibt jetzt den ganzen Sommer so«, unkt Jiminy. »Ich weiß das aus der Zeit, als ich noch im Freiluftkino gearbeitet habe. Wenn der Mai so anfängt, dann wird die ganze Saison schlecht. Das regnet jetzt bis August durch.«

Ich nutze das schlechte Wetter, um mit Stift und Notizblock von Zimmer zu Zimmer zu gehen und mir zu überlegen, welche Gegenstände ich aussortieren muss. Wer sich der Tiere wegen für die vegetarische Ernährung entschieden hat und über logisches Denkvermögen verfügt, wird sich irgendwann fragen, wieso er eigentlich noch Schuhe aus Leder trägt. Falls er sich die Frage nicht selber stellt, wird er garantiert von einem Lederschuhe tragenden Fleischesser damit konfrontiert werden: »Das ist doch inkonsequent.«

Natürlich macht es für die betroffenen Tiere keinen Unterschied, ob sie getötet werden, um auf dem Teller zu landen oder um zu Gürteln, Schuhen, Taschen oder einer Jacke verarbeitet zu werden. Allerdings, so könnte man dem konsequenten Fleischesser antworten, muss man bei 3,5 Millionen Rindern und 56 Millionen Schweinen, die jedes Jahr in Deutschland gegessen werden, wohl kaum noch weitere Tiere für die Ledergewinnung töten. Lederartikel zu benutzen verursacht also nicht zusätzliches Leid, sondern ist allenfalls eine Respektlosigkeit. Wenn ich Schuhe aus Leder trage, sage ich damit, dass ich es okay finde, Tiere zu töten. Es demonstriert eine Haltung, die das Tier zum Gegenstand erklärt – käuflich, ausbeutbar und nicht zu berücksichtigen. Genau diese Haltung stellen Veganer grundsätzlich infrage. Und deswegen benutzen Veganer auch keine Gegenstände, für die ein Tier auf welche Weise auch immer herhalten musste.

Ich fange in meinem Schlafzimmer an: Die Bettdecken sind mit Daunen gefüllt. Daunen sind kein Nebenprodukt der Geflügelmast, sondern eine nahezu gleichrangige Einnahmequelle. Dafür werden Gänse geschlachtet. *Falls* sie vor dem Rupfen geschlachtet werden. Bis zu 80 Prozent der aus China, Polen und Ungarn stammenden Daunen werden vom lebenden Tier gerupft. Harvesting ist der Fachausdruck dafür – ernten. Von einer toten Gans kann man nur einmal ernten. Wenn man dem lebenden Tier die Federn ausreißt, kann man das alle acht Wochen bis zum Schlachttermin wiederholen und bis zu vier Mal ernten. Wie das aussieht, hat die

Journalistin Katharina Nachtsheim auf Bild.de beschrieben: »Er klemmt sich das Tier zwischen die Oberschenkel, verdreht die Flügel. Es knackt. […] Und dann rupft der Mann dem armen Tier die Federn heraus. Bei lebendigem Leib. Grob, mechanisch, herzlos. Er zerrt so heftig, dass die Haut aufreißt. Der Arbeiter hält kurz inne, wischt sich den Schweiß von der Stirn, kramt in seinen Taschen. Er holt eine alte Nadel und einen Faden heraus, näht die Wunde zu. Ohne Betäubung. Zur Desinfektion schüttet er ein bisschen Industriereiniger auf die dürftig geflickte Stelle. Auf der Flasche steht »giftig«. Dann wirft er die Gans in die Ecke. Sie bleibt röchelnd am Boden liegen. Der Mann steht auf und holt sich das nächste Tier.«

Die Hamburger Tierschutzorganisation Vier Pfoten deckte 2009 auf, dass auch die niedersächsische Firma Schwerk, die in Wistedt in der Nordheide eine der größten Gänsezuchtanlagen betreibt, offenbar seit Jahren lebenden Gänsen die Federn ausreißen ließ. Die Arbeiter scheuchten die Gänse mit Fußtritten zu den Rupfmaschinen, die eigentlich für tote Tiere gedacht waren, und pressten die schreienden Gänse gegen die rotierenden Metallscheiben. Das dürfte sich so angefühlt haben, als wenn einem jemand die Haare büschelweise ausreißt – und zwar das gesamte Kopfhaar. Eine große deutsche Daunenfabrik bestritt später den Einkauf der illegalen Ware. Lebendrupf ist schließlich EU-weit verboten. Wieso merken eigentlich die Veterinärämter nie etwas? Das ist doch deren Aufgabe, solche Betriebe zu kontrollieren. Und halb nackte Gänse dürften nicht so leicht zu übersehen sein. Wieso muss immer erst eine Tierrechts- oder Tierschutzorganisation im Verborgenen recherchieren, um solche Missstände aufzudecken? Peinlich für die Veterinärämter.

Okay. Alles klar. Meine Daunendecken müssen also demnächst durch Bettdecken mit Kunststoff oder Baumwollfüllung ersetzt werden.

Badezimmer: Seife wird meist aus Tierfett und Knochen gekocht, und im Shampoo ist vermutlich auch irgendetwas drin. Kosmetika werden ja erfreulicherweise seit 1998 nicht mehr durch Tierversuche getestet, aber ich kann natürlich nicht 100-prozentig ausschließen, dass in einem der Lippenstifte zerquetschte Cochenille-Läuse sind. Meine Honey-Drop-Bodylotion kann ich natürlich gleich in die Tonne hauen. Zahnpasta ist meist auch nicht vegan (hat etwas mit dem Fluor zu tun, das mittels Rindertalg als Emulgator in die Zahnpasta eingebracht wird) – und im Vitamin-C-Pulver ist Lactose, also Milchzucker. Wozu eigentlich? Wieso muss in fast jedem verdammten Produkt ein Schluck Milch oder ein Stück Tierleiche sein? Damit die Milch- und Fleischindustrie ihre Abfallprodukte loswird? Warum ist Gelatine in einem Zinkpräparat? Das lässt sich doch wohl auch herstellen, ohne dafür zuerst ein Tier totzuschlagen.

Klamottenschrank: Schuhe und Stiefel sind fast alle aus Leder. Ich packe den größten Teil davon in einen Umzugskarton. Zwei Paar Lederschuhe behalte ich vorerst. Das ist natürlich etwas halbherzig. Aber ich denke mal, dass auch nicht alle Veganer von einem Tag auf den anderen schlagartig komplett vegan gelebt haben. Wenn ich jetzt alle Schuhe wegpacken würde, dann blieben mir nur noch ein Paar Laufschuhe aus Stoff, ein Paar Gummistiefel und Adiletten. Als Nächstes kommen die Gürtel in den Karton. Lederjacken habe ich zum Glück nur zwei. Aber an einigen Taschen ist Leder mitverarbeitet worden. Ein Wollpullover, ein Seidenschal – ab in den Karton. Eine Pelzjacke, die ich vor 25 Jahren auf dem

Flohmarkt gekauft habe. Aus geflecktem Raubtierfell, und die Haare gehen auch schon aus. Verstößt womöglich auch noch gegen das Artenschutzabkommen – bloß nach ganz unten in den Karton.

Ach Gott, und die ganzen Reitsachen, die Sättel und Trensen, der Besatz der Reithosen – alles Leder. Mich komplett auf eine vegane Lebensweise umzustellen, wird viel aufwendiger, als ich dachte. Es ist ja nicht damit getan, irgendwelche Kunststoffsättel zu kaufen. Ich brauche einen Fachmann, der die Sättel dem Maultier und dem Pferd anpasst. Das geht nicht mal so eben nebenbei.

Mittendrin ruft mein Verleger an. Ich erzähle ihm, was ich gerade mache.

»Hast du an deine antiquarischen Bücher gedacht? Die sind mit Knochenleim gebunden«, sagt Wolfgang Hörner, »die kannst du auch nicht behalten. Ich würde sie dir abnehmen.«

»Das gilt nicht«, jaule ich auf, »das hätte ich überhaupt nicht bemerkt, wenn du das nicht gesagt hättest.«

Bücher mit Ledereinband sind natürlich auch dazwischen. Sollte ich nicht wenigstens die aussortieren? Auf jeden Fall merke ich langsam, dass zwei Monate ganz schön knapp sind, um mein ganzes Leben auf vegan umzukrempeln. Ich werde den Versuch lieber auf vier Monate ausdehnen, sonst schaff ich das gar nicht. Im ersten Monat werde ich mich damit begnügen, vegan zu essen, meine Lederkleidung auszusortieren und das Offensichtlichste zu ändern.

»Sehr gute Idee«, sagt Jiminy Grille. »Ich fand dein Leichenschauhaus schon immer gruselig.«

Mit Leichenschauhaus meint sie meine exquisite Sammlung ausgestopfter Tiere. Prunkstücke sind ein

Nilpferdschädel und das Kopfpräparat eines Warzen-schweins, die ich erstanden habe, als der Nachlass eines Großwildjägers verauktioniert wurde. Bis heute habe ich es nie ganz verwunden, dass ich damals nicht auch das vier Meter lange Krokodil ersteigert habe. Jetzt ist es natürlich ganz gut, dass es nicht mir gehört, denn von diesem Krokodil könnte ich mich nicht so ohne Weite-res trennen. Mir fällt die Trennung von dem Ein-Me-ter-Krokodil, von dem prächtigen Hirschkopf und dem netten Stockentenerpel schon nicht ganz leicht. Ich be-schließe, meine besten Exemplare bloß einzumotten und vorerst nur die Hälfte der Präparate zu verkaufen. Ob ich mich wirklich von allen trennen will, kann ich ja am Ende des Experiments entscheiden. Ich nehme eine Birk-huhngruppe, ein kauerndes Rehkitz und zwei spielende Fuchswelpen von der Wand und versuche, sie mit den Augen eines Veganers zu betrachten. Was für eine Idee, sich tote Tiere hinzuhängen. Die Fuchswelpen sind aller-dings ziemlich niedlich. Jiminy kommt herein.

»Das ist eine unglaubliche Geschmacklosigkeit, dass die Füchse auch noch so ausgestopft worden sind, als wenn sie spielen«, sagt sie. »Man würde sich ja auch keine niedlichen Kinder ausstopfen und, im Spiel er-starrt, ins Wohnzimmer stellen.«

Wo sie recht hat, hat sie recht.

»Bulli hast du schließlich auch nicht ausstopfen las-sen.«

Ich erzähle ihr, wie ich einmal in Hanoi den präpa-rierten Leichnam von Ho Chi Minh besichtigt habe, wie dort Tausende von Menschen in einer vier Kilome-ter langen Schlange stundenlang warteten, um noch ein-mal einen Blick auf ihren geliebten Präsidenten und Re-volutionsführer werfen zu können. Wie sie bei seinem Anblick bitterlich weinten und sich vor ihm verbeugten.

Selbst die alberne alte Vettel vor mir, die sich die Wartezeit damit vertrieben hatte, alle Umstehenden einzeln auf die Größe meiner Füße aufmerksam zu machen, wurde beim Anblick Ho Chi Minhs andächtig und ehrfürchtig.

»Es muss nicht unbedingt mit Respektlosigkeit zu tun haben, wenn man jemanden ausstopft«, sage ich.

»Denkst du, Ho Chi Minh wäre damit einverstanden gewesen?«

»Der war ja eher nicht so für Personenkult«, muss ich einräumen. Ich bitte Jiminy, mir zu helfen, die Präparate bei eBay einzustellen.

»Ich finde das nicht gut, mit Leichen zu handeln. Warum begräbst du die Tiere nicht im Garten?«

»Bist du wahnsinnig? Die sind von oben bis unten mit Gift getränkt. Die verrotten nicht. Ich kann höchstens versuchen, sie zu verschenken.«

Erstaunlicherweise will niemand die einst teuer ersteigerten Präparate haben. Nicht einmal geschenkt. Selbst mein Freund Johannes Schröer, bei dem ich doch schon zwei ausgestopfte Rehköpfe an der Wohnzimmerwand gesehen habe, winkt ab. Er hat inzwischen eine Tochter bekommen und sich aus Gründen der Hygiene von den Rehen getrennt. Am Ende kann ich mit viel gutem Zureden dem Stockentenerpel ein neues Zuhause beim Schriftstellerkollegen Schulz beschaffen und dem kleinen Eichelhäher ein neues Heim bei meiner Lektorin Esther. Die anderen toten Tiere lagere ich vorerst in einer Abstellkammer, die eigentlich mal Gästezimmer werden sollte und ab jetzt Blaubarts Zimmer heißt.

Meine Güte, geht mir das Frühstück auf die Nerven. Nichts ist, wie es war, und Essen hat doch auch mit Gewohnheit zu tun. Ein Brot mit Mayonnaise und Gurken, und die Mayonnaise ist noch nicht einmal richtige Mayonnaise, sondern ohne Ei hergestellt. Kein Wunder, dass es nur 200 000 Veganer (nach optimistischeren Schätzungen 450 000) in Deutschland gibt. Auch Jiminy rührt äußerst mürrisch in ihrem Tee, in dem der Soja-Sahneersatz ausflockt.

»Wie das schon aussieht! Nicht nur, dass es nicht so schmeckt, wie es schmecken soll ...«

»Vielleicht müssen wir nur erst das richtige Produkt finden«, sage ich, »irgendwo gibt es bestimmt Ei-freie Mayonnaise und Sahne-Ersatz, die ganz passabel sind.«

Das mit den Eiern ist für mich am schwersten einzusehen. Dass ich keine im Supermarkt kaufen darf, ist ja klar. Und ich habe inzwischen auch begriffen, dass ich Leid verursacht habe, als ich meine Hühner kaufte – schon wegen der zerhäckselten Hahnenküken. Für jedes Huhn ein zerstückelter kleiner Hahn. Aber nun sind sie ja einmal da, und eigentlich habe ich den Eindruck, dass es den Hühnern nichts ausmacht, wenn ich ihre Eier aus den Legenestern nehme. Genau wissen kann man das natürlich nie. Beim Aufräumen eines Schuppens bin ich einmal auf ein Nest mit siebzig Eiern gestoßen, die die Hühnerschar in zweiter Buchführung an mir vorbeigeschmuggelt hatte. Möglicherweise ist das Einverständnis also doch nicht so groß. Wie auch immer – wenn ich die Eier nicht fortnehme, verfaulen sie irgendwann und explodieren den Hühnern unterm Hintern. Jetzt verschenke ich sie halt. Es sind aber auch gar nicht die Eier, die ich am meisten vermisse. Ich möchte Butter und Käse. Ich verabscheue Pflanzenmargarine. Margarine habe ich zuletzt in den 70er-Jahren gegessen, als meine Eltern eine kurze Anwandlung hatten, sich schlankheitsbewusst zu ernähren. Jiminy hat aus Berlin ein Stück veganen Käse mitgebracht, den wir jetzt probieren. Mir wird schon vom Geruch übel. Tapfer schneidet trotzdem jede von uns ein Stück ab und beißt hinein. Schwer zu beschreiben, mit Käse hat das jedenfalls nur sehr entfernt zu tun.

»Unterirdisch«, sagt Jiminy.

Ich nehme den ganzen Käseblock und lasse ihn in den Abfalleimer fallen. Ich will diesen veganen Fraß nicht. Aber so essen wie früher will ich auch nicht. Ich weiß überhaupt nicht mehr, was ich will. Nun habe ich schon das irrwitzige Glück, zu den wenigen Menschen auf diesem Planeten zu gehören, die in einem Land leben, in dem man sich so ziemlich alles, was man essen möchte, jederzeit kaufen kann. Und was tue ich? Ich bin so blöd und mache mir selbst das Leben schwer. Das abscheuliche Gurkenbrot kann ich noch nicht einmal durch Müsli mit Früchten und Joghurt ersetzen, weil das hier auf dem Tisch kein vernünftiger Joghurt ist, sondern so ein ungenießbarer weißer Soja-Joghurt, den Jiminy aus der Bio-Company mitgebracht hat. In den Bio-Läden ist es auch nicht viel einfacher, vegan einzukaufen. Es gibt zwar mehr vegane Produkte als in den normalen Discountern, aber dafür wird es bei Brot und Kuchen schwierig. Die Bio-Branche backt gern mit Butter oder süßt der größeren Naturnähe wegen mit Honig statt mit Zucker. Und ich beklau ja jetzt keine Bienen mehr.

»Dann kauf doch das nächste Mal selber ein, wenn dir das alles nicht passt«, sagt Jiminy.

»Veni-vidi-vegi« ist ein klitzekleiner Tante-Emma-Laden in Berlin-Kreuzberg, der außer veganen Lebensmitteln auch noch vegane Schuhe, vegane Gürtel, vegane Haushaltsmittel und vegane Kosmetika führt. Und Bücher über die Tierrechtsbewegung. Und T-Shirts, auf

denen ein Schaf abgedruckt ist, das »friend, not food«
sagt. Während ich einkaufe, durchstöbert Jiminy den
Info-Tisch und deckt sich mit Flugblättern, Heften und
Prospekten ein. Was für eine Erleichterung, endlich einkaufen zu können, ohne jedes Mal die Liste der Inhaltsstoffe studieren zu müssen. Die meisten Lebensmittel
sind bio, das ganze Obst und Gemüse und Brot zum
Beispiel. Einige Kekse sind ohne Bio-Zertifikat und haben hebräische Schriftzeichen auf der Packung. Dass sie
für Veganer interessant sind, hängt mit den jüdischen
Speisegesetzen zusammen. Die Kaschrut verbietet den
gleichzeitigen Verzehr von Speisen, die Milchprodukte
enthalten, und Speisen, die Fleischprodukte enthalten.
Als »parwe« werden Lebensmittel bezeichnet, die weder Fleisch noch Milchprodukte enthalten. Für einen
Juden, der ein Glas Wein zu seiner Milchspeise trinken
und gleichzeitig die Speisegesetze einhalten will, ist es
wichtig zu wissen, ob der Wein womöglich mit Gelatine
geklärt worden ist. Und für einen Veganer ist das eben
auch wichtig. Die meisten Weine, auch aus den Bio-Läden, sind genau deswegen nämlich nicht vegan. Außer
den koscheren Doppeldecker-Keksen kaufe ich auch
noch Schokolinsen, zwei Wiener Schnitzel aus Weizeneiweiß, Nudeln, dies und das und ein Buch über die vegane Ernährung von Katzen. Jiminy legt noch Blaubeer-
Sojajoghurt und einen Brotaufstrich aus Rote Beete in
den Korb und lässt sich ein veganes Brot geben. Ich
frage den Verkäufer, ob Brot nicht meistens sowieso vegan ist. An den Plastikkästen, aus denen man sich in Supermärkten die Brötchen mit zu kurz angebundenen
Zangen herausnehmen kann, stehen doch immer die Zutatenlisten. Und wenn es sich nicht gerade um Milch-
brötchen, Buttercroissants oder Müslibrötchen handelt,
sind die alle vegan.

»Ja, aber da kannst du dich nicht drauf verlassen. Es werden nicht immer alle Zutaten angegeben. Außerdem weißt du dann ja nicht, ob die Bleche, auf denen die Brötchen gebacken wurden, mit Butter eingefettet worden sind. Das ist nämlich meistens so.«

Mein Einkauf ist nicht ganz billig, noch einen Tick teurer als in den Bio-Läden. Es sind mal wieder die Süßigkeiten schuld. Allein die 300-Gramm-Packung Schokolinsen, die in ihrer violetten, dunkelgrünen und braunen Färbung wie eine Grufti-Version von Smarties aussehen, kostet schon 3,85 Euro. Dazu die koscheren Kekse für 2,69 Euro die Rolle, und der 500-Gramm-Blaubeer-Joghurt ist auch schon mit 1,89 Euro dabei. Außerdem habe ich mir noch einen veganen Gürtel für 18,95 Euro gekauft. Er ist schlicht und schwarz mit einer rechteckigen Silberschnalle. Das Material ist etwas leichter und etwas dehnbarer, aber sonst kommt er ziemlich genauso wie ein Ledergürtel daher, sogar auf der Rückseite, und es ist absolut nichts gegen ihn einzuwenden. Auch vegane Schuhe sehen lange nicht so übel aus, wie ich befürchtet habe. Die Exemplare hier ähneln stark der Schuhmarke Camper. Mir sind die meisten zu rund und knuffig, aber schließlich finde ich doch noch einen flotten schwarzen Halbstiefel namens Chelsea, der in meiner Größe allerdings nicht vorrätig ist und erst aus England bestellt werden muss.

Auf der Rückfahrt blättert Jiminy in den Prospekten der Tierrechtsorganisationen.

»Angeln geht jetzt natürlich nicht mehr«, sagt sie nach einer Weile geknickt. Angeln war immer das Größte für Jiminy. Sie war wie ein Otter, und es tut mir schrecklich leid, dass ein Otter nun nicht mehr dem Fischfang nachgehen kann. Immerhin ist so ein Fisch ja in Freiheit aufgewachsen und verdankt seine Existenz möglicherweise sogar den Besatzmaßnahmen des örtlichen Anglervereins. Jiminy war ein Feind unter vielen, ein Feind, der Angst und Schmerzen bereitet hat, aber doch nicht mehr als die anderen. Die ganzen blöden Reiher hier im Naturschutzgebiet dürfen jeden Tag massenhaft Fische aufspießen, und Jiminy, die sowieso nur zweimal im Jahr etwas fängt, darf es von nun an als Einzige nicht. Bloß, weil ich ihr die Hölle heißgemacht habe. Ich habe ihr einen Teil ihrer Lebensfreude genommen, und jetzt liegt es nicht mehr in meiner Hand, ihn ihr zurückzugeben. Ich weiß noch nicht einmal, ob ich das wollen würde. Denn wie ich es auch drehe und wende – für den Fisch ist Angeln echt scheiße.

Jiminy seufzt schwer und nimmt das Faltblatt vom Antitierbenutzungshof in die Hand.

»Lies mal vor«, sag ich.

Jiminy liest. Abgesehen vom Namen scheint der Antitierbenutzungshof eine prima Sache zu sein. Hier leben gerettete Tiere, ohne fortan irgendeinen Zweck erfüllen zu müssen.

»Wir treten für eine vegane Lebensweise und ein antispeziesistisches Denken ein«, liest Jiminy. »Es sollen nicht nur einige wenige Tiere vor der Ausbeutung bewahrt werden, sondern menschliche Gewalt gegen Tiere soll insgesamt gestoppt werden.«

Und weiter: »Die Funktion eines Gnadenhofes, der Tierausbeutung legitimiert, indem er hierzu keine Stellung bezieht, sondern die gnädige Gewährung eines Gnadenbrotes für einzelne Tiere als ausreichend befindet, wollen wir ausdrücklich nicht erfüllen.«

Auf der letzten Seite steht, wie man helfen kann.

»Da wir […] den kompletten Antitierbenutzungshof nur zu zweit betreiben, sind wir auf Unterstützung angewiesen. Der Hof ist sehr heruntergekommen und muss mit großem Aufwand für die Tiere hergerichtet werden. Beispielsweise brauchen die Pferde dringend einen befestigten Auslauf für die Winterzeit, Zäune müssen errichtet werden, das Dach des Heubodens ist an einer Stelle schon eingestürzt und muss erneuert werden und vieles, vieles mehr. Selbstverständlich benötigen die Tiere auch täglich Nahrung, regelmäßige tierärztlicher Betreuung, manche Huf- bzw. Klauenpflege, … Unser Anliegen ist es, den Antitierbenutzungshof durch verschiedene bauliche Maßnahmen so auf die Bedürfnisse der einzelnen Tiere abzustimmen, dass sie hier ein möglichst einschränkungsfreies, schönes Leben verbringen können. All das können wir letztendlich nur durch finanzielle oder tatkräftige Hilfe bzw. durch Sachspenden realisieren. Wir möchten allerdings nicht, dass den bei uns lebenden Tieren angedachte Hilfe dazu dient, sich ein gutes Gewissen bezüglich der selbst vollzogenen bzw. in Auftrag gegebenen Ausbeutung anderer Tiere zu verschaffen. Den von uns aufgenommenen Tieren zu helfen, kann eine nicht-vegane Lebensweise nicht gutmachen oder rechtfertigen. Wir möchten Menschen dazu anregen, alle nichtmenschlichen Tiere zu respektieren und vegan zu leben.«

»Na toll«, sage ich, »dann müssen sie ihren Heuboden eben alleine flicken, wenn sie mein Schweinegeld nicht wollen.«

»Ideologisch völlig verstrahlt«, meint Jiminy, »voll Achtziger. Obwohl sie natürlich irgendwie recht haben.«

Inzwischen hat sich Bonzo im Reitstall einigermaßen eingelebt und wirkt weniger autistisch. Mich behandelt er weiterhin, als hätte er mich noch nie gesehen. Die Pferdemädchen erzählen, dass er sich jedes Mal losreißt, wenn ihn jemand von der Weide holen und von seinen neuen Freunden trennen will. Deswegen bleibt er jetzt morgens in der Box, bis er seinen Unterricht absolviert hat. Eigentlich hatte ich ja gehofft, dass man dieses Problem hier lösen würde, aber es sieht wohl so aus, als müsste ich mich damit abfinden, dass ein Maultier nur das tut, wozu es grundsätzlich bereit ist. Im Unterricht soll Bonzo aber schöne Fortschritte machen. Ich bin hergekommen, um mir das anzusehen.

Er wird ausgebunden. Das heißt, an beiden Seiten des Sattels wird ein Gurt befestigt und dann durch die Gebissringe geführt und weiter oben am Sattel noch einmal befestigt. Bonzos riesiger Schädel ist heruntergezogen. Mir wird unbehaglich, als ich das sehe. Einen Moment überlege ich, ob ich es hier abbreche und Bonzo einfach wieder mit nach Hause nehme. Aber das Mädchen, das ihn reiten soll, geht sehr freundlich mit ihm um, und Bonzo lässt sich bereitwillig von ihr in die Halle führen. Wenn ihm irgendetwas nicht passt, rührt er sich sonst nämlich keinen Zentimeter vom Fleck. Zum Glück dauert der Unterricht bloß eine Viertelstunde, in der Bonzo furchtbar hektisch und schwankend wie ein Betrunkener seine Runden trabt.

»Er ist noch nicht richtig ausbalanciert«, sagt das Pferdemädchen, als es die Ausbinder wieder abmacht. Bonzo ist klitschnass. Schaumiger Schweiß tropft von seiner Brust. Selbst seine Ohren haben geschwitzt.

»Aber er reagiert ganz stark auf Lob«, sagt das Pferdemädchen, »Lob ist ihm total wichtig.«

Ich kann mir nicht helfen, aber die Pferdehaltung mit all ihren Zwängen, dem Festbinden, Einsperren, Unterwerfen, den Brandzeichen und der Kastration der männlichen Tiere erinnert mich manchmal fatal an Sklavenhaltung. Das Hauptproblem des modernen Freizeitpferdes ist wahrscheinlich eher Langeweile als Misshandlung, aber es ist natürlich auch kein Zufall, dass Reitstiefel, Reitpeitschen und nietenbeschlagenes Leder in sadomasochistischen Kreisen zur Grundausstattung gehören. Hundehaltung ist etwas völlig anderes. Hundehaltung ist, als hätte man die Vormundschaft für einen guten Freund übernommen, einen Freund, dessen Bedürfnissen man nie ganz gerecht werden kann, der aber doch vor allem ein Freund ist. Ich bemühe mich nach Kräften, auch dem Pferd, dem Maultier und dem Maulesel, die bei mir wohnen, das Leben möglichst angenehm zu machen, aber letztlich kann ich doch nicht mehr für sie sein als ein freundlicher Gefängniswärter.

Wir sitzen beim Tee. Jiminy steht auf und geht zur Speisekammer, um Kluntjes zu holen. Plötzlich ein Aufschrei.

»Komm schnell. Hier sind überall Ameisen. Komm bloß her und kuck dir das an.«

Ich folge Jiminy zur Speisekammer.

»Hier! Hier kommen sie aus der Wand und dann laufen sie zum Regal – da, wo du immer rumkrümelst.«

Ich nehme mir einen Keks aus der Packung im Regal. Die parwen Kekse schmecken ausgesprochen gut. Offenbar ist es möglich, einen guten Schokoladenkeks à la Prinzenrolle ohne Milch zu produzieren. Die Kekse mit der weißen Füllung sind sogar noch besser.

»Oh, nein«, ruft Jiminy, »... kuck dir das an, ... kuck dir das an ... – also das geht nicht, die laufen hier noch durch dein Schlafzimmer, ...«

Die Ameisenkarawane führt unter meinem Bett hindurch und die Wand entlang bis ins Badezimmer. Über dem Wäschekorb hängt eine Jeans mit klitschnassen Beinen, die ich heute Morgen schnell ausgezogen habe, nachdem ich in einen heftigen Regenguss gekommen bin. Jiminy hebt eines der Beine hoch, und hundert Ameisen wuseln aufgestört in alle Richtungen.

»Ich kann da nichts machen«, sage ich mit treuherzigem Augenaufschlag und krümele ein Stück Keks zwischen die Ameisen, »ich bin Veganerin.«

»Dann mache ich das eben«, schnaubt Jiminy, »ich kaufe einen Giftköder. Sonst fressen die die Holzbalken auf.«

Ich zucke die Achseln. Wenn sie so grausam sein will ... Die Ameisen sind Natur, Jiminy ist Natur – wer bin ich, ihr Einhalt zu gebieten?

Die erste Kolonne hier fege ich einigermaßen vorsichtig auf ein Kehrblech und bringe sie ans andere Ende des Gartens. Als ich zurückkomme, ist der Tee natürlich längst kalt. Jiminy schenkt uns frischen ein, dann rührt sie unwirsch in ihrer Tasse. Das leidige Sahneproblem. Ich weiß nicht, ob es jetzt Hafer-, Soja- oder Reismilch ist, die da gerade ausflockt.

»Wir finden schon noch etwas, das du magst«, sage ich. »So weit sind Sojamilch und Milch doch gar nicht auseinander. Der Blaubeerjoghurt aus dem Vegi-Laden hat auch wie ganz normaler Joghurt geschmeckt. Ich habe da keinen Unterschied gemerkt.«

»Ich schon«, muffelt Jiminy, »ich merk den Unterschied. Aber das ist okay.« Sie schiebt die Tasse von sich weg. »Ich weiß nur nicht, ob ich mich an die Soja-Sahne gewöhnen kann. Ostfriesentee mit Zucker und Sahne, das ist für mich auch so etwas wie ein Ritual. Das hat auch mit Kultur zu tun, mit Identität.«

»Von nun an vor jedem Essen sein Mitleid und den Verstand einzuschalten, kann doch auch ein schönes Ritual sein«, versuche ich zu trösten. Jiminy seufzt.

9

Juni – veganer

»Dieser Weg wird kein leichter sein,
dieser Weg ist steinig und schwer,
nicht viele werden mit dir einig sein,
doch das Leben bietet so viel mehr.«

(Xavier Naidoo)

Vorgabe: Wie gehabt. Außerdem besorge ich mir endlich ein veganes Portemonnaie.

Seit unserem Einkauf im Vegan-Laden stimmt das Frühstück. Das Brot ist toll, eine gute Mayonnaise haben wir auch gefunden, und mit Tomaten, Schnittlauch, Pfeffer und Salz darauf schmeckt das ganz hervorragend. Außerdem hat sich der Rote-Beete-Aufstrich als echte Entdeckung erwiesen. Vega-Fit Rote Beete – klingt übel, ich weiß, und ich hätte ihn normalerweise auch nie im Leben probiert. Aber da wäre mir etwas entgangen. Trotzdem vermisse ich manchmal Käse. Okay, ich sehe ja ein, dass es nicht richtig war, wie ich mich bisher ernährt habe, aber muss ich wirklich für alle Zeiten auf den fantastischen Uralt-Gouda verzichten? Nie wieder Butter, Vollmilchschokolade oder Kirschjoghurt? Und wenn ich das ganz, ganz selten esse und alles im Bio-Laden kaufe – wäre es dann nicht okay?

Ich bin schon auf dem Weg zum Kuh-Altersheim, als mir einfällt, dass es ja eigentlich ganz nett wäre, wenn ich ein Geschenk mitbringen würde. Also halte ich in Strausberg vor der Buchhandlung.

»Haben Sie etwas über Tierrechte?«, frage ich.

»Tierrechte?« Die Verkäuferin sieht mich erstaunt an.

»Ja, etwas über Massentierhaltung, über unseren Umgang mit Tieren, möglichst kein Sachbuch. Es soll ein Geschenk sein, und die Leute sind Veganer. Die wissen vermutlich schon alles darüber, aber vielleicht gibt es ja etwas Philosophisches oder einen Roman, der davon handelt, oder einen Krimi.«

Jetzt kommt die Buchhändlerin aus einem zweiten Zimmer.

»Haben wir etwas über Tiere?«, fragt die Verkäuferin erleichtert.

»Ein kritisches Buch über unseren Umgang mit Tieren«, präzisiere ich, »aber lieber einen Roman als ein Sachbuch. Coetzee – oder wie der sich ausspricht – hat so etwas geschrieben. ›Elizabeth Costello‹ – das haben Sie wohl nicht zufällig da?«

»Nein, aber wir könnten es bestellen.«

»Ich brauche es jetzt. Es soll ein Geschenk sein.«

Plötzlich hellt sich das Gesicht der Buchhändlerin auf und sie geht zum Taschenbuch-Regal.

»›Emmas Glück‹«, ruft sie, »kennen Sie ›Emmas Glück‹? Das ist ein ganz schönes Buch! Es handelt von einer Bäuerin, die immer besonders nett zu ihren Tieren ist. Auch wenn sie sie schlachtet. Die schlachtet ihre Tiere immer auf so besonders schöne Weise, und sie nimmt sie dabei auf den Schoß und streichelt sie …«

Die Buchhändlerin kriegt ganz plüschige Augen, während sie davon erzählt, wie nett die Tiere geschlachtet werden. Mir wird gleich übel.

»Nee«, sag ich, »nee, das geht nicht. Die Leute, für die das ist, sind dagegen, dass Tiere getötet werden.«

»Die sind dagegen, dass Tiere getötet werden?«

Die Buchhändlerin sieht mich so fassungslos, ja, angewidert an, als hätte ich einen Ratgeber für abnorme Sexualpraktiken verlangt.

»Aber die essen doch Fleisch?«

»Nee«, sage ich, »die essen auch kein Fleisch.«

»Die essen überhaupt kein Fleisch?«

Die Buchhändlerin und die Verkäuferin tauschen einen Blick.

»Wissen Sie was«, sage ich, »ich glaube, ich nehme ganz was anderes. Haben Sie das Buch von diesem Rechtsanwalt, dem Schirach?«

Erlöst zieht die Buchhändlerin ein weißes Buch aus dem Regal neben der Kasse.

»Ja, hier – das meinen Sie doch: ›Schuld‹. Soll ich es in Geschenkpapier packen?«

»Unbedingt«, sage ich, »packen Sie es bitte ein.«

Hof Butenland liegt hoch oben im Norden, noch nördlicher als Nordenham, zur Nordsee ist es nicht mehr weit. Eine zugewachsene, nicht ganz einfach zu findende Nebenstraße geht von der Hauptstraße ab, tief hängende Zweige streifen das Autodach, dann stehe ich vor einem breiten Tor, und dahinter sieht es aus wie auf dem Werbeaufdruck einer Packung Hühnereier, Güteklasse A. Ein schmucker Bauernhof im Sonnenschein, roter Backstein und blau gestrichene Holztüren. Blütenweiße Hühner spazieren vorbei, jede Gruppe von einem Hahn begleitet. Ein großer Hund liegt im Gras und betrachtet sinnend die Hühnerschar.

An diesem Tor endet das Wertesystem einer Gesellschaft, die in einem Tier ein Produktionsmittel sieht, eine biologische Maschine, die effizient zu laufen hat. Auf Hof Butenland wird nicht geschlachtet und gemolken und gemästet. Eher wird hier schon einmal ein Schwein mit Gewichtsproblemen auf Diät gesetzt, und die Kühe liegen auf der Weide herum und käuen wieder, ohne einen einzigen Tropfen Milch zu geben.

»Städter denken ja meistens, Milchkühe geben immer Milch, die seien dafür gezüchtet«, sagt Jan Gerdes, während er die schwarz-weiße Trine am Hals krault. Wir stehen zwischen den Tieren, den endlosen norddeutschen Himmel über uns. Der Wind ist ein bisschen salzig.

»Ich sage denen immer: Das sind keine Milchkühe, sondern zuallererst einfach nur Kühe. Milch geben sie, wie das bei Säugetieren üblich ist, nur nachdem sie geboren haben und allein zu dem Zweck, ihr Kalb zu ernähren.«

Das Kalb sieht von der Milch allerdings kaum etwas. Meistens – und das ist in Bio-Betrieben nicht anders als in konventionellen Betrieben – wird es direkt nach der Geburt von der Mutter getrennt. Manchmal kommen sie nicht einmal dazu, sich zu beschnuppern, die Kuh leckt ihr Kalb nicht ab und stillt es auch nicht. Das ist gesundheitlich bedenklich, weil das Kalb damit die wertvolle Kolostralmilch verpasst. Aber die Milchbauern gehen das Risiko ein – das Tier wird ja sowieso bald geschlachtet – oder sie machen sich die Mühe, die Kolostralmilch abzumelken und dem Kalb dann separat zu verabreichen. Um sich das Gejammer zu ersparen. Jan Gerdes kennt es, dieses Gejammer. Er betrieb nämlich selbst einmal Milchwirtschaft. Damals war Butenland ein Demeter-Hof, und es wurde sogar Käse hergestellt.

»Ein sehr guter Gouda war das«, sagt Jan Gerdes sachlich.

Bei ihm durften die Kälber zwei Wochen bei der Mutter bleiben, und wenn man die beiden dann trennte, dann muhte suchend und besorgt die Kuh und suchend und jammernd antwortete das Kalb. Dann wieder rief das Kalb, und die Kuh antwortete aus ihrem Stallbereich. Bis ins Wohnhaus hinein war das zu hören. Bis in die Nacht hinein.

»Wenn man das Kalb direkt nach der Geburt fortnimmt, leidet die Kuh dann nicht?«, frage ich.

»Dann leidet sie still«, sagt Jan.

Wie soll man auch nach jemandem rufen, den man nicht kennt? Meine Nachbarin Beate, die lange in einem Betrieb mit Milchkühen gearbeitet hat, meint, die Kühe würden gar nicht leiden. Aber selbst, falls die Kuh tatsächlich keinen Verlust empfindet, wenn die Prägephase übersprungen wird, so bleibt doch immer noch ein verzweifeltes, verängstigtes Kalb. Jedes neugeborene Säugetier ist darauf angewiesen, dass seine Mutter bei ihm ist. Normalerweise hängt sein Leben davon ab. Und es bleibt eine Kuh, die die Lasten, Risiken und Schmerzen einer Schwangerschaft Jahr um Jahr erträgt, ohne dass dafür ein freudiges Ereignis in ihr Leben tritt.

»Ich konnte das irgendwann nicht mehr aushalten«, sagt Jan Gerdes, »dass man Kühe wie Maschinen behandelt. Und dass die Kälber nur geboren werden, um zu sterben oder ebenfalls zu Milchmaschinen zu werden.«

»Und wenn man das Kalb einfach bei der Kuh lässt und nur den Rest melkt«, fällt mir ein. »Da ist doch genug.«

Jan rechnet mir vor, dass meine Super-Idee den Bauern pro Tag und Kuh um die drei Euro kosten würde, je nach dem aktuellen Milchpreis. Wenn jemand 200 Kühe besitzt, wie das ja heutzutage keine Seltenheit mehr ist, rechne ich selber weiter, deren 200 Kälber 30 Tage im Monat trinken, dann macht das ruck, zuck eine Einnahme-Differenz von 18 000 Euro. Im Monat.

»So viel nicht«, sagt Jan, »die Kühe geben ja nicht die ganze Zeit Milch.«

Aber selbst bei einem Familienbetrieb mit 30 Kühen, bei dem gerade nur 20 Kühe Milch geben, wären es immer noch 1800 Euro Miese im Monat. Den Bauern, der dazu bereit wäre, kenne ich auch nicht. Doch so schnell lasse ich nicht locker.

»Wenn das aber nur ein Drittel der Menge ist, die die Kuh sowieso gibt, dann könnte man ja einfach den Milchpreis um 30 % anheben. Das könnte man ja gesetzlich beschließen – in einem zivilisierten Land werden keine Tiere gequält, und deswegen kostet die Milch jetzt 30 % mehr, basta. Jetzt nur mal hypothetisch … »

»Ja, aber dazu müsstest du wieder den Willen der Kuh brechen. Die gibt dir nämlich nicht freiwillig ihre Milch. Das Kalb trinkt auch nicht gleichmäßig an allen vier Zitzen, sondern immer nur einen Strich leer. Und wenn die Kuh dann an die Melkmaschine angeschlossen wird, tut ihr das an der leeren Zitze weh. Außerdem ist die übertriebene Milchproduktion nicht gesund. Alle unsere Kühe, die einmal in der Milchproduktion waren, haben irgendwelche Schäden davongetragen. Huf- und Gelenkentzündungen oder Stoffwechselerkrankungen. Normalerweise werden Hochleistungsmilchkühe ja schon nach zwei oder drei Schwangerschaften geschlachtet, die werden gar nicht so alt, dass man die Folgeschäden beobachten könnte.«

Sieht nicht so aus, als ob ich je wieder guten Gewissens werde Käse essen dürfen.

»Aber es gibt doch so guten veganen Käseersatz«, sagt Karin Mück. Inzwischen sitzen wir nämlich schon wieder im Hof an einem Tisch und trinken Tee, und Karin Mück hat sich zu uns gesetzt. Sie ist die Lebensgefährtin von Jan Gerdes.

»Och nee, lass gut sein«, sage ich, »veganen Käse finde ich richtig schlimm.«

»Was hast du denn bisher für welchen gegessen? Kennst du den No-Muh-Chäs?«

Sie geht ins Haus, um mir welchen zum Probieren zu holen. Der weiße Hund und sein kleinerer Kollege kommen herüber und legen sich unter den Tisch in den Schatten. Zwei Gänse marschieren vorbei und inspizieren ihre Futternäpfe. Prinz Lui, ein Minischwein, das es nur schwer aushält, wenn es nicht im Mittelpunkt steht, stempelt mit seiner dreckigen Nase mein Hosenbein. Ich frage Jan, wie es denn dazu kam, dass er irgendwann Milchviehhaltung nur noch als Ausbeutung sehen konnte.

»Eigentlich habe ich mich die ganze Zeit dabei unbehaglich gefühlt, das wurde halt immer mehr. Und dann waren da auch noch die Praktikanten. Das waren teilweise Vegetarier.«

Während Hofschwein Lui sich von mir den Rücken kratzen lässt, erzählt Jan mir von der Praktikantin, die so geweint hatte, als eine Kuh geschlachtet werden sollte. Oh bitte, nicht diese, nicht jetzt, flehte sie. Jan Gerdes blieb fest – das gehöre zu so einem Betrieb nun einmal dazu, anders gehe es nicht. Am Abend bevor die Kuh zum Schlachter sollte, setzte sich die Praktikantin zu ihr in den Stall und spielte ihr zwei Stunden auf der Blockflöte vor. Und am nächsten Tag ging sie mit ihr mit – der Schlachter wohnte nur ein Dorf weiter – und spielte wieder Blockflöte, während der Kuh das Bolzenschussgerät an die Stirn gesetzt wurde.

»Mir war das natürlich total peinlich«, sagt Jan, »aber den Schlachter hat das nicht weiter gestört. Der meinte bloß: ›Ach, die war doch süß, die Kleine.‹«

Jan Gerdes' Unbehagen wurde dadurch natürlich

nicht gerade weniger. Seine Frau verstand das nicht. Auch nicht, dass es ihn befremdete, wenn sie gleich nach dem Schlachten mit einem aufgeschnittenen Brötchen zum Ort des blutigen Geschehens lief, sich das erste frische Mett drauftun ließ und fröhlich mampfend wieder heimkehrte. Seine Kinder verstanden diese Empfindsamkeiten auch nicht. Und eines Tages waren Frau und Kinder weg, und er saß allein auf dem Hof und wollte eigentlich nur noch, dass das alles ein Ende haben sollte. Vierzehn Kühe gab es noch, die sollten alle zum Schlachter, und dann wäre endlich Schluss gewesen mit der Landwirtschaft. In dieser Situation lernte er Karin Mück kennen. Und Karin machte einen so interessanten wie auch verblüffend naheliegenden Vorschlag: Er solle doch den schönen Hof behalten und seine letzten Tiere einfach auch. Es genüge doch völlig, wenn er aufhören würde, sie auszubeuten. Seitdem stehen Ochs und Kuh auf der Weide, und kein Tier wird mehr gemolken oder geschlachtet. Der Hof ist jetzt eine Tierschutzstiftung, die sich über Spenden und Kuh-Patenschaften finanziert. Zu den eigenen vierzehn sind über einen Tierschutzverein noch weitere fünfzehn Rinder hinzugekommen.

»Mir ist eine zentnerschwere Last von den Schultern gefallen. Zum ersten Mal konnte ich die jungen Bullen füttern und ihnen ohne schlechtes Gewissen in die Augen sehen – weil ich ja nicht mehr vorhatte, sie zu schlachten.«

»Na ja«, sage ich, »aber abgesehen von der Trennung von ihrer Mutter hatten die doch kein schlechtes Leben bei dir. Wenn die bei dir zwei, drei Jahre alt geworden sind, dann haben sie ja auch länger gelebt, als sie es aller Wahrscheinlichkeit nach in der Wildnis getan haben würden. Dann hast du denen ja eigentlich etwas geboten und hättest ihnen auch mit reinstem Gewissen in die Augen sehen können.«

Jan schüttelt langsam den Kopf.

»Nein. Nein, das geht eben nicht.«

Karin kommt mit dem veganen Käse zurück und schneidet mir ein erschreckend großes Stück ab. Sie und Jan nehmen sich jeder ebenfalls ein großes Stück und essen es voller Genuss. Ich mümmle am Rand von meinem. Es schmeckt tatsächlich ein bisschen wie Käse, allerdings keiner, den ich mir kaufen würde.

»Den haben wir aus dem Internet«, sagt Karin. »Da gibt es ganz viele Firmen, die vegane Produkte anbieten. Da kriegst du alles, was du möchtest. Und es gibt dort auch Listen darüber, welche Produkte in ganz normalen Supermärkten vegan sind.«

Wie lehnen uns zurück und blinzeln in die Sonne. Im Blumenbeet liegt Lui, das exaltierte Schwein, und frisst das mitgebrachte Buch samt Geschenkpapier.

Von Butjadingen fahre ich gleich weiter nach Hamburg, wo meine Freunde Angela und Friedemann wie jedes Jahr ein Elfmeterschießen in ihrem kleinen Hamburger Stadtgarten veranstalten. Diesmal kurz vor der Fußball-Weltmeisterschaft. Es läuft nach dem Ausschlussverfahren. Jeder tritt gegen jeden an, und der Sieger kriegt am Ende einen Pokal. Kinder unter zwölf und Frauen dürfen zwei Meter näher ans Tor treten.

Jiminy hat getobt, als ich ihr davon erzählte.

»Entwürdigend! Eine Demütigung! Da würde ich mich weigern!«

Aber Jiminy spielt auch ziemlich gut Fußball. Ich bin für die Zwei-Meter-Regelung. Ich kann jeden Vorteil gebrauchen.

Gegrillt wird natürlich auch. Wieso muss eigentlich

vor einer Fußball-WM ständig gegrillt werden? Die Supermarktkühltruhen sind rammelvoll mit Schaschlikspießen und Bratwurstschnecken. Ist das magisches Denken? Die amerikanischen Astronauten sollen vor ihren Raumflügen auch immer Fleisch gegessen haben. Möglichst viele Tiere töten, damit Deutschland den Weltmeistertitel holt? Also wenn's daran liegt, schaffen wir es diesmal. Ich habe die Freundschaft zu Angela und Friedemann mal ein bisschen auf die Probe gestellt, ihnen einen Flyer über Massentierhaltung geschickt und ein veganes Grillfest verlangt. Leider habe ich auf Hof Butenland die Zeit vergessen und komme jetzt viel zu spät zur Party. Das große Fleisch- und Würsteverschlingen ist schon vorbei. Meine tierrechtlerischen Aufkleber kann ich nur noch an einem leeren Grill anbringen. Die Aufkleber zeigen ein Schwein auf schwarzem Grund und unter dem Schwein steht: »Mein Fleisch gehört mir. Wenn du trotzdem Fleisch essen willst, beiß dich doch in den eigenen Arsch.« Na ja, so richtig lustig finde ich die selber nicht. Neben dem Grill liegen noch zwei eingeschweißte Packungen Tofu-Würste. Die sollen dann wohl für mich sein. Die Sonderkost für die Essgestörte.

Auch das Elfmeterschießen ist bereits gelaufen. Wie schon im letzten Jahr hat eine Frau gewonnen, eines von den jungen Mädchen. Die Männer brummen missmutig vor sich hin. Viele Jahre hindurch wurde der Zwei-Meter-Bonus gönnerhaft und einstimmig gewährt, aber nun mehren sich die Stimmen, dass es irgendwie nicht in Ordnung sei, wenn die Frauen so bevorzugt werden.

»Aber das ist doch der Sinn der Sache«, sage ich, »dass die Frauen dann auch einen Vorteil davon haben. Oder wollt ihr sie nur so viel näher ans Tor lassen, dass es keinen Effekt hat?«

»Du bist wahrscheinlich auch für Frauenquote«, sagt Friedemann.

»Natürlich«, sage ich, »wofür denn sonst – für Frauenarbeitslosigkeit und sexuelle Verstümmelung?«

Ein Kind, das doch noch eine letzte Wurst ergattert hat, läuft vorbei. Als es hineinbeißt, spritzt der Saft in alle Richtungen. Unter einem Zeltdach sitzt die Nachbarschaft. Eine pastellfarben angezogene Dame zerreißt mit Zähnen und Fingern ein Bein, mit dem vor Kurzem noch ein Huhn durch den Kot einer Mastanlage stapfte. Ich schließe die Augen, und als ich sie wieder öffne, sehe ich für einen kurzen Moment alle um mich herum knöcheltief in Blut waten, Blut tropft ihnen aus den Mundwinkeln und von den Händen, während sie so tun, als ob nichts wäre. Es hilft nichts, ich muss mal wieder die Nervensäge geben, mich in den Vordergrund spielen und von Spaltenböden erzählen, von Kastrationen ohne Betäubung, von humpelnden Hähnchen, deren Knochenwachstum mit dem Wachstum der Beinmuskeln einfach nicht Schritt halten kann, von Rindern, die, bereits am Schlachtband hängend, wieder aufwachen, von millionenfachem Leid und Tod. Sonst halt ich das hier nicht aus. Ich weiß, dass man andere Leute nicht belehren soll – damit macht man sie nur bockig –, aber es sind doch so empörende Grausamkeiten. Niemand kann das wollen. Man muss es den Leuten einfach nur sagen, und sie werden aufhören, dieses schreckliche Fleisch zu essen.

Inken, Konrad und Jörg-Uwe hören mir auch mit sorgenvoller Miene zu.

»Du hast ja recht, eigentlich hast du ja recht …«

»Aber so ein schönes knuspriges Grillhähnchen …«, sagt mein Ex-Freund Helmut, reibt sich wie in Vorfreude die Hände und wendet sich sofort ab, um die Antwort nicht hören zu müssen.

Wie kommt es, dass so viele an sich nette und intelligente Männer so wenig Bereitschaft zeigen, in Zusammenhängen zu denken, wenn es um ihren Fleischkonsum geht? Warum glauben Menschen, die die Welt ansonsten kritisch und differenziert betrachten, es sei gut, ausgerechnet bei einer existenziellen Sache wie dem Essen unhinterfragt die Überzeugungen ihrer Eltern zu übernehmen? Manche scheinen geradezu stolz darauf zu sein, Fleisch zu essen. Als bestünde eine Leistung darin, unbewusst zu kaufen und rücksichtslos zu konsumieren.

»Was meinst du«, brülle ich Helmut hinterher, »ist es legitim, jemandem durch Aufklärung die Partylaune und das unbeschwerte Vergnügen an einer Mahlzeit zu verderben, bloß weil sein Unwissen und seine Gleichgültigkeit Gewalt und Grausamkeit verursachen?«

Helmut bearbeitet gerade sein iPhone. Er sieht nicht einmal auf, als ich mich neben ihn stelle.

»Weißt du eigentlich, dass dein iPhone in einem Betrieb in China hergestellt wird, in dem die Arbeiter so wenig Lohn bekommen, dass sich immer wieder welche aus lauter Verzweiflung umbringen?«

Helmut tippt weiter Daten in seinen kleinen Angebercomputer.

»Die Leute da bringen sich um, weil die hundert Dollar, die sie kriegen, zum Leben einfach nicht reichen«, sage ich. »Und weißt du, wie die Firma darauf reagiert hat? Die haben drei Maßnahmen ergriffen. Als Erstes musste jeder Arbeiter einen Vertrag unterschreiben, in dem er sich verpflichtete, sich nicht umzubringen.«

Jetzt sieht Helmut doch kurz auf und lacht.

»Die zweite Maßnahme war, dass in den Treppenhäusern der Firma überall Fangnetze angebracht worden sind, und als Drittes haben sie dann tatsächlich noch das Gehalt auf hundertdreißig Dollar aufgestockt.«

»Bei jedem anderen technischen Produkt hast du wahrscheinlich ähnliche Zustände in den Fabriken«, sagt Helmut gelassen.

Vermutlich hat er recht. Wenn der Skandal alltäglich ist, ist es verführerisch, zu denken, man bräuchte ihn deshalb nicht zu beachten. In Wirklichkeit heißt das aber, dass unser Alltag ein Skandal ist und dass etwas grundsätzlich falsch ist an der Art, wie wir leben.

Bonzo ist wieder heimgekehrt. Pferd Torino und Mauleselchen Pepe sind ganz aus dem Häuschen vor Freude und wollen ihn begrüßen, aber Bonzo beachtet sie nicht. Er läuft am Zaun entlang und stößt laute Einsamkeitsheuler aus. Offensichtlich vermisst er die neuen Freunde vom Gestüt. Einen Tag später ist es, als sei er nie fort gewesen. Selbst mich kennt er plötzlich wieder und rangelt mit Pepe darum, wer zuerst gekrault wird. Leider sind mit ihm zusammen auch die Stechmücken eingetroffen. Es ist sehr heiß geworden in Brandenburg. Während in Frankreich sintflutartige Wassermassen vom Himmel strömen und Straßen in reißende Flüsse verwandeln, trocknet der Lehmboden in meinem Garten völlig aus. Auf dem Rasen liegen zwei tote Maulwürfe.

»Wie war das noch gleich?«, frage ich Jiminy. »Was hattest du prophezeit – wenn's im Mai regnet, wird das ganze Jahr so nass?«

Gegenüber von meinem Haus gibt es einen verlandeten Teich, kaum noch knietief, der sich nun in eine üble körperwarme Brühe verwandelt, rot und violett schillernd mit schlabberigen Algen auf der Oberfläche, eine richtige Brutstation für blutsaugende Insekten. Die Gnitzen stürzen sich in Wolken auf Pferd und Mulis. Da es das Problem schon im letzten Jahr gab, habe ich vorgesorgt und Insektenschutzanzüge gekauft. Jeden

Morgen verhülle ich nun Pferd und Mulis mit einer Art
Burka, die nur die Nase und den unteren Teil der Beine
frei lässt. Jeden Morgen 12 Schnallen und 6 Karabinerhaken an den Decken schließen, die Gesichtsmasken
über die langen Mauleselohren stülpen und dann noch
einmal 10 Klettverschlüsse am Kopf und am Hals schließen. Nach einer Woche werden die Gnitzen etwas weniger, dafür bekommen sie jetzt Verstärkung von kleinen
schwarzen Käfern, die unter die Schutzdecken krab-
beln. Wenn ich Torino ausziehe, ist seine Brust voller
geschwollener Striemen. Dort, wo sein Fell besonders
dünn ist, sitzen die Käfer in einer Reihe nebeneinander,
haben sich in die Haut verbissen und lutschen das süße
Blut. Torino ist der Verzweiflung nahe. Ich wünschte,
ich hätte eine dunkle, kühle, lichtarme Box für ihn, wie
sie normalerweise der Inbegriff der nicht artgerech-
ten Pferdehaltung ist. Was für eine Erleichterung das
jetzt wäre. Kann ich aber nicht bieten. Nur den Plas-
tikvorhang vor dem Laufstall. Nach den Käfern kommen fette, graubraune Pferdebremsen, wahre Prachtex-
emplare, deren Stachel so dick ist, dass man meint, man
bekäme eine Injektionskanüle in den Arm gejagt, wenn
sie einen stechen. Sie sitzen überall dort, wo die Decke
nicht schützt, an den Nüstern und an den Beinen. Auch
wenn ich jetzt Veganerin bin – ich kann da nicht tatenlos
zusehen. Wenn ich eine Bremse auf meinem Muli entdecke, zerquetsche ich sie. Mein größter Hass aber gilt den
Dasselfliegen. Das sind riesige, pelzige Biester, die so
laut brummen, als wären sie aus Blech und würden eine
winzige Batterie mit sich herumschleppen. Sie stechen
nicht. Es ist viel schlimmer. Manche kleben ihre Eier an
den Bauch oder an die Beine eines Pferdes, wo sie aufge-
leckt werden. Die Larven haken sich dann in der Mund-
höhle fest, fressen sich durch Zunge und Schleimhäute

und wandern als Maden in den Schlund, um von dort blutsaugend über den Magen zum Darm zu wandern, wo sie nach ein paar Monaten ausgeschieden werden. Andere Dasselfliegen spritzen ihre Eier im Flug einem Tier in die Nasenlöcher. Die Larven der Rinderdasselfliege bohren sich durch die Haut von Rindern ein und wandern durchs Rückenmark und das Unterhautgewebe, bis sie sich am Rücken der Kuh schließlich wieder einen Weg ins Freie bohren. Dasseln sind meistens auf ein bestimmtes Wirtstier spezialisiert, aber sie machen auch Ausnahmen. Auf YouToube gibt es einen Film, wie ein junger Mann seiner Freundin eine fette Dassellarve aus der Kopfhaut operiert.

Ich müsste die Dasselfliegen und Pferdebremsen nicht unbedingt töten. Ich könnte sie fangen und in ein leeres Marmeladenglas sperren. Sie sind einfach zu erwischen. Am Ende des Tages könnte ich sie weit weg in den Wald hinausbringen, so wie ich es mit der Ringelnatter gemacht habe. Dann hätte ich Pferd und Mulis geschützt, ohne mein veganes Gewissen zu beflecken. Die Sache ist nur: Ich will hier schuldig werden. Ich will verhindern, dass eine umgesiedelte Dasselfliege munter durch den Wald summt und über einen Hirsch oder ein anderes armes Tier herfällt. Tut mir leid, aber ich glaube, die ganze Welt wäre ohne diese Teufelsbrut besser dran. Die sind aus purer Bosheit erschaffen worden. Mir ist schon klar, dass sie nur ihren Hunger stillen und keine andere Wahl haben, als das zu tun, was sie nun einmal tun. Ich halte sie auch nicht für minderwertig. Möglicherweise ist das Leben einer Dasselfliege viel erfüllter und aus einer bestimmten Perspektive deswegen auch schützenswerter oder sogar wertvoller als das der etwas quengeligen und eingesperrten Lebewesen, als die man meine Mulis, mein Pferd und auch mich bezeichnen könnte. Vielleicht ist es *die* Sache überhaupt, den Großteil seines Lebens sich durch den Körper eines Wirtstieres zu fressen, sich blind mit Fettgewebe, Rückenmark und Schleimhäuten vollzuschmatzen. Vielleicht empfindet eine Dasselfliegenlarve ein Geborgenheits- und Zufriedenheitsgefühl, von dem unsereiner nur träumen kann. Aber das wäre mir auch egal. Ich kann diese hässlichen Mistviecher nicht ausstehen. Sie quälen das, was ich liebe, und das kann und will ich ihnen nicht verzeihen. Also zerquetsche ich weiter Pferdebremsen und Dasselfliegen, dass mir das Blut nur so an den Fingern herunterkleckert. Und später stehe ich dann im Supermarkt und darf keine Haribo-Lakritzschnecken kaufen, weil die einzelnen Teile mit Bienenwachs überzogen sind. Oh, nein, nein, nein, das geht ja gar nicht! Bienen das Bienenwachs wegnehmen, an diesem Verbrechen möchte ich nicht beteiligt sein.

Mitte Juni kriegen wir Nachricht von der Hamburger Filmförderung. Ich will gerade los, vegane Döner für uns zum Mittag holen, als Jiminy mit dem Brief hereinkommt. Wir setzen uns an den Küchentisch. Jiminy öffnet den Umschlag. Es geht um den Film, zu dem ich das Drehbuch geschrieben habe und bei dem Jiminy Regie führen wird.

»Sie müssen uns fördern«, sage ich, »das Drehbuch spielt in Hamburg, und ich bin geborene Hamburgerin. Mehr können die nicht verlangen.«

Jiminy liest stumm. Die Kater Simbo und Freddy schieben scheppernd ihre Näpfe über die Küchenfliesen. Sie versuchen, um das vegane Katzenfutter, das ich ihnen unter ihr übliches Dosenfutter gemischt habe, herumzuessen. Jiminy lässt den Brief sinken und schüttelt den Kopf. Und wir haben so sehr darauf gehofft.

»Ich geh erst mal Rasen mähen«, sagt Jiminy.

»Dann hole ich jetzt die Döner.«

Der Imbissverkäufer in Neuhardenberg macht sie immer extra für uns. Sie bestehen eigentlich nur aus dem heißen Fladenbrot, Salat und einer scharfen roten Soße, deren Zutaten ich mir auf der Plastikflasche durchlesen durfte. Kein einziges Mal hat der freundliche Imbissverkäufer gefragt, was es mit diesem Sonderwunsch auf sich hat.

»Gut«, sagt Jiminy, »aber ich will meinen diesmal mit Kräutersoße.«

Ich schaue sie an.

»Und Schafskäse«, sagt Jiminy.

Normalerweise würde ich als Veganerin ja so eine Bestellung gar nicht annehmen, aber erstens ist Jiminy wirklich sehr geknickt, noch mehr als ich, und zweitens empfinde ich klammheimlich Genugtuung, dass ich moralisch endlich an ihr vorbeiziehen kann. Also Döner mit Schafskäse und unveganer Soße für Jiminy. Was fallen will, das soll man auch noch stoßen.

Ich selber halte bisher ganz gut durch. Ab und zu mache ich noch kleine Fehler. Den ledernen Volvo-Schlüsselanhänger aus dem Autohaus, in dem ich meinen gebrauchten Ford gekauft habe, habe ich zuerst gegen einen gefilzten Fliegenpilzanhänger ausgetauscht. Erst Tage später ist mir eingefallen, dass Filz ja aus Wolle gemacht wird und den Filzpilz gegen ein grünes Kunststoffherz getauscht. Auf meinem Bett liegt immer noch die alte Daunendecke, aber meine Kleidung habe ich bis auf eine einzige Ausnahme – meine Blundstone-Stiefel – jetzt komplett umgestellt. Dank Internetlisten weiß ich inzwischen auch ziemlich genau, welche Lebensmittel für mich noch infrage kommen, und da das nicht so viele sind, erledige ich meine Supermarkt-Einkäufe immer in

fünf Minuten. Obst, Gemüse, Reis, Nudeln, Nudel-
soße und eine Tafel Ritter Sport Marzipan. Ritter Sport
Marzipan ist die typische Veganer-Schokolade. Zuerst
dachte ich, ich dürfte sie nicht essen, weil auf der Verpackung »kann Spuren von Milch enthalten« steht. Aber
im Vegan-Laden wurde ich aufgeklärt, dass das nur
heißt, dass die Schokoladentafeln durch dieselben Maschinen gelaufen sind, in denen vorher schon Vollmilch-
Mixturen angerührt wurden. Die ich natürlich viel lieber
essen würde. Was aber natürlich nicht erlaubt ist – bloß
noch bestimmte Zartbitter-Sorten. Wer unbedingt Vollmilchschokolade haben muss – also ich, zum Beispiel –,
kann sich Reismilchschokolade kaufen. Die Tafeln kosten zwischen 2,29 und 2,99 Euro und schmecken ein
bisschen seltsam, aber doch erstaunlich ähnlich – ungefähr wie Eisschokolade. Wenn ich meine Fehlernährung weiterhin konsequent fortsetzen will, dann werden sich meine Lebensmittelkosten diesmal womöglich
nicht verdoppeln, sondern verdreifachen. Außerdem hat
die Reismilchschokolade auch noch satte 100 Kalorien
mehr als die herkömmliche. Eigentlich hatte ich ja erwartet, dass ich vom veganen Essen abnehmen würde.
Da tut sich aber gar nichts. Jiminy kann leider sehr gut
kochen – frisches Kartoffelmus, das mit Soja- statt mit
Kuhmilch angerührt wird, und Spinat mit Kokosmilch
statt mit Sahne und gebratene Zwiebeln mit gar nichts
statt mit Leber.

Auf einem veganen Straßenfest frage ich Steffen Mohr,
ob meine Beobachtung stimme, dass Veganer eigentlich
fast ausnahmslos jung und überdurchschnittlich schlank
seien. Steffen Mohr ist relativ jung, schlank und zweiter Vorsitzender von »die Tierbefreier« – einem einge-
tragenen Verein, der für eine vegane Lebensweise ein-
tritt, die die Tiere in ein moralisch bewusstes Denken

und Handeln einschließt. Im vereinseigenen Magazin werden Bekennerschreiben von autonomen Tierbefreiern veröffentlicht.

»Nein, gar nicht«, sagt Steffen Mohr, selbstverständlich gebe es auch dicke Veganer, alles sei voller dicker Veganer, es gebe ja für jedes dick machende Lebensmittel eine ebenfalls dick machende vegane Entsprechung, und er selber habe gerade 3 Kilo zugenommen, weil er soviel veganen Käsekuchen[*] gegessen habe.

»Das sind ja schlechte Nachrichten«, sage ich, »ganz schlechte Nachrichten. Wenn ich als Veganerin schlank werden würde, könnte ich die verstockten Fleischesser doch mit der Aussicht auf einen modernen, windschnittigen Körper überzeugen.«

»Aber das ist doch der völlig falsche Grund«, sagt Steffen Mohr. »Man wird doch nicht Veganer, um schlank zu werden, sondern weil es so einsichtig ist. Eine Sache von Fairness und Menschlichkeit.«

Während ich mit Steffen Mohr rede, passiert mir wieder, was mir ständig passiert, wenn ich mit einem oder mehreren Veganern zu tun habe. Ich fühle mich beschämt. Dabei hat mir noch kein einziges Mal jemand etwas vorgeworfen oder etwas von mir verlangt. Es genügt allein, dass sie existieren. Sie sind der lebende Beweis dafür, dass eine anständige und gewaltfreie Lebensweise möglich und so schwer dann nun auch wieder nicht ist, und das macht mir meine eigene Charakterlosigkeit schmerzlich bewusst. Daran, dass die vegane Lebensweise die einzige ethisch konsequente Haltung ist, daran habe ich inzwischen keinen Zweifel mehr. Trotzdem bin ich mir noch keineswegs sicher, dass ich tatsächlich für alle Zeiten Veganerin werden

[*] Rezepte auf www.rezeptefuchs.de/Rezepte/Kaesekuchen_20280

will. Wenn ich gerade einen Artikel über Schlachthöfe oder Hochleistungskühe gelesen habe, scheint gar keine andere Entscheidung mehr möglich. Wenige Stunden später vermisse ich plötzlich Fleisch, und der Zusammenhang zwischen dem, was ich essen will, und dem, was ich vorhin gelesen habe, ist mir schlagartig entfallen. Erstaunlicherweise aber scheint es nicht nur darauf anzukommen, zu welcher Überzeugung ich selber gelangt bin, sondern auch, welchen Überzeugungen die Menschen anhängen, mit denen ich gerade zu tun habe. Unter Fleischessern denke ich, ich werde in Zukunft eben sehr viel weniger Fleisch und Milchprodukte essen, ein Bruchteil nur von dem, was ich früher gegessen habe. Wenn alle so wenig essen würden wie ich, wäre es schon ganz anders um die Welt bestellt und Massentierhaltung hätte sich auch erledigt. Das ist doch mehr, als man von mir erwarten darf. Wenn ich mit Veganern zusammen bin, habe ich nicht mehr das Gefühl, dass man nicht mehr von mir erwarten darf. Kein Wunder, dass die so ein Imageproblem haben.

Ich frage Steffen Mohr, wo für ihn die Grenzen der Gewaltfreiheit sind.

»Was ist, wenn eine Mücke dich sticht, schlägst du die tot?«

»Nein, die streich ich dann so ab.«

Er macht eine vorsichtige Wischbewegung mit der Hand. Wahrscheinlich ist er ein Städter. Da gibt es nicht so viele Mücken. Für Städter ist es viel leichter, konsequent vegan zu leben.

Zum Reiten habe ich mir jetzt eine Nylontrense und einen Sattel aus Kunststoff besorgt. Aus einem Versandhaus habe ich mir auch kurze Reitstiefel aus Kunststoff kommen lassen. Im Katalog nannte sich der Kunststoffschuh »der Schöne«. Er war aber eher für den schmalen Fuß gemacht und bereitete mir schon beim ersten Ausritt solche Schmerzen, dass ich ihn sofort Jiminy vermachte. Da die Stiefel aus dem Vegan-Laden immer noch nicht lieferbar sind, trage ich also weiter meine Blundstones, mit denen es sowieso kein anderer Schuh aufnehmen kann. Blundstones sind australische Lederstiefel, gut aussehend, wasserabweisend, bequem und so robust, dass man mit ihnen ohne Weiteres über ein im flachen Sumpf dösendes Krokodil balancieren kann. Außerdem sind Blundstones ein Ausdruck meiner Persönlichkeit.

Es schmerzt mich schon genug, auf einen Ledersattel zu verzichten. Ich sehe nicht das tote Tier, ich sehe Handwerkerstolz und Tradition. Ein Menschenjäger, der den Gürtel voller Schrumpfköpfe hat, empfindet wahrscheinlich ähnlich. Sind sie nicht gediegen, sind sie nicht schön, meine Schrumpfköpfe? Zeichen des Mutes, uralte Sitte im Stamm, und früher hat sich doch auch keiner darüber aufgeregt. Eine Kunst ist das, einen Kopf so einschrumpfen zu lassen. Weder ich noch der alte Schrumpfkopf-Indianer denken beim Anblick unserer heiß geliebten Naturprodukte an Schmerz und Todesangst.

Torino ist mit dem neuen Sattel auf seinem Rücken auch nicht besonders glücklich. Irgendwo zwickt es. Er macht einen Katzenbuckel und trippelt auf der Stelle. Ich steige schnell ab, bevor er zu bocken anfängt. Der Sattel ist ja auch eigentlich für Bonzo gedacht. Torino hat noch keinen. Aber ein Veganer reitet nun einmal nur mit Kunststoffsattel. Falls er reitet. Für vegane Hardliner ist Reiten eine besonders perfide Form der Ausbeutung, eine Beleidigung des Pferdes und der zur Schau getragene Herrschaftsanspruch über ein Tier. Ehrlich gesagt, habe ich das aber auch schon manchmal gedacht.

Eigentlich ist das ja eine unglaubliche Zumutung und Respektlosigkeit, ein anderes Lebewesen zu zwingen, einen zu tragen. Die komplette Unterwerfung. Auf die leiseste Gewichtsverlagerung, den leichtesten Zug am Zügel muss es folgen.

Ich habe noch den typischen Reitunterricht der 60er-Jahre mitgemacht. Sechzehn kleine Mädchen, die auf großen müden Pferden im Kreis reiten. Jedes mit einer Gerte in der Hand. Was für eine Idee, kleinen Mädchen Peitschen zu geben, damit sie Tiere schlagen, um ihnen ihren Willen aufzuzwingen. In der Mitte stand ein Reitlehrer mit militärischer Vergangenheit und brüllte: »Jetzt zieh dem Bock doch endlich mal einen über.« Das Ganze war so natürlich nur möglich, weil Pferde stille Dulder sind und keine Schmerzenslaute von sich geben. Man stelle sich vor, Pferde würden jedes Mal aufjaulen wie Hunde, wenn sie geschlagen werden. Das könnte die Freude am Reitsport doch sehr beeinträchtigen.

Ich sattle Torino wieder ab. Je länger ich über das Reiten nachdenke, desto mehr neige ich zu dem Entschluss, während meiner veganen Phase einfach mal ein paar Wochen damit auszusetzen. Es ist sowieso furchtbar heiß, die blutsaugenden Insekten setzen Torino und den Mulis immer noch zu, und sie stehen jetzt am liebsten im Stall.

Jiminy findet eine Schwalbe mit verklebten Flügeln im Paddock. Es ist eine der beiden Schwalben, die im Pferdestall nisten. Der erste Tierarzt weigert sich schon am Telefon, sie zu behandeln.

»Wird sowieso nichts mehr.«

Schließlich landen wir mit unserem antiken Holzvogelkäfig, der eigentlich nur zur Zierde gedacht war, jetzt aber gute Dienste tut, in der Strausberger Kleintierpraxis von Frau Barich. Frau Barich stellt auch gleich die richtige Diagnose. Die Schwalbe ist in einen der klebrigen Fliegenfänger geflogen, die ich vor ein paar Tagen im Pferdestall aufgehängt habe.

»Sie müssen die Flügel mit Geschirrspülmittel sauber waschen und vorsichtig trocken föhnen«, sagt Frau Barich. »Stellen sie sich darauf ein, dass das Stunden dauern kann. Und wenn Sie Pech haben, stirbt der Vogel währenddessen vor lauter Angst an einem Herzinfarkt. Wäre nicht das erste Mal, dass so etwas passiert. Aber eine andere Chance gibt es nicht.«

Nur gut, dass ich noch kein veganes Bio-Spülmittel angeschafft habe. In diesem Fall kann man vermutlich jede scharfe und umweltschädliche Chemikalie gebrauchen. Wo wir schon einmal vor Ort sind, frage ich die Tierärztin gleich, was sie von veganer Katzenernährung hält. Sie ist, gelinde gesagt, entsetzt.

»Hunde – na gut, das könnte ich mir vielleicht noch vorstellen, aber Katzen, das sind reine Fleischfresser.«

»Ich weiß«, sage ich, »ich füttere das ja nicht einfach so, ich habe mich natürlich vorher schlaugemacht. Es geht wohl vor allem ums Taurin. Ohne Taurin können Katzen erblinden. Deswegen habe ich ja dieses Spezialfutter gekauft. Die Firma würde doch wohl ziemlichen Ärger bekommen, wenn die Katzen von dem Futter jetzt reihenweise blind werden oder tot umfallen.«

»Kommen Ihre Katzen raus? Dass die sich wenigstens mal eine Maus fangen können?«

»Ja«, sage ich, »außerdem mische ich ja sowieso erst eine kleine Menge unter das normale Futter.«

»Und mögen die das?«

»Nein«, sage ich, »die hassen das. Die sind aber sowieso zu dick. Das ist gar nicht schlecht, wenn die mal etwas weniger essen.«

Kopfschüttelnd lässt uns Frau Barich hinaus. Wieder das schlechte Gewissen. Nur kommt es diesmal von der anderen Seite. Jetzt hält man mich für einen Katzenquäler, weil ich keine Rinder und Schweine quälen will.

Während Jiminy das Vogelbad in eine Tupper-Schüssel einlässt, baue ich erst mal die Fliegenfänger ab. Nicht, dass auch noch das Schwalbenweibchen hineinfliegt. Ich töte Tiere nicht nur durch das, was ich esse, sondern auch durch die Veränderungen, die ich in meiner Umgebung vornehme, ja eigentlich schon durch meine bloße Existenz. Auch die Fenster im Haus fordern von der heimischen Vogelwelt ihren Tribut. In den Pool fallen immer wieder kleine Wirbeltiere, von den schwarzen Käfern, die ich zu Tausenden tot, halb tot und lebendig herausschöpfe, mal ganz zu schweigen. Und ich möchte nicht wissen, durch wie viele Ameisenstraßen ich schon gejoggt bin.

Zwei Stunden lang waschen Jiminy und ich den winzigen Vogelkörper mit Pril. Massieren jede einzelne Flugfeder durch, streichen sie aus, wischen sie mit einem Geschirrhandtuch ab, spülen nach, kratzen den Leim mit den Fingernägeln heraus, und immer noch sind Klebstoffreste im Gefieder. Langsam kriegen wir eine Ahnung davon, was die Vogelretter leisten, die die ölverschmierten Vögel am Golf von Mexiko waschen. Das Bohrloch ist immer noch nicht geschlossen. Nach dem Bad föhnen wir den Schwalberich noch eine Stunde lang, ohne dass er vernünftig trocken wird. Zu nahe darf man einem so zerbrechlichen Tier mit der heißen Luft ja auch nicht kommen. Der Schwalberich sieht jetzt aus wie ein winziger zerzauster Geier, besonders auf dem Kopf. Heute Abend lassen wir ihn lieber noch nicht frei.

Es ist schon dunkel und falls er abstürzt, finden wir ihn nachher nicht wieder. Außerdem könnte es regnen und das Federkleid hat jetzt überhaupt keine Imprägnierung mehr.

»Der kann ja über Nacht seine Federn selber noch mal glätten«, sage ich, »dann startet er morgen auch besser.«

»Falls er morgen noch lebt«, sagt Jiminy. Wir fürchten beide, dass wir ihn zu Tode gewaschen und geföhnt haben.

Aber als wir am nächsten Morgen die Decke vom Käfig heben, sitzt der zerrupfte Miniaturgeier sehr munter da. Allerdings würde immer noch kein Mensch in diesem Exemplar eine Rauchschwalbe erkennen. Mit wenig Hoffnung tragen wir den Käfig nach draußen und öffnen die Tür. Wie ein Pfeil schießt die Schwalbe in den Himmel.

»Nie«, sagt Jiminy, »das hätte ich nie gedacht, dass der das schafft.«

10

Die Sache mit der Milch

»Die Milch macht's!«

(Werbespruch)

Milch ist eines der gesündesten Lebensmittel überhaupt. Sie macht nicht nur müde Männer munter, sondern steckt auch noch voller Kalzium und ist deswegen gut für die Knochen. So habe ich das gelernt, und so sieht das auch unsere Bundesforschungsanstalt für Ernährung und Lebensmittel.

Veganer – die alten Spielverderber – sehen das mal wieder völlig anders. Milch, so sagen sie, ist zwar ein super Lebensmittel – aber nur für Kälber. Menschen sollten lieber die Finger davon lassen.

Nun haben Veganer ja öfter mal seltsame Ansichten, etwa wenn sie behaupten, dass ihnen der schauderhafte vegane Ersatz-Käse so richtig gut schmecken würde. Mein erster Verdacht also, als ich im veganen Umfeld immer wieder auf Bücher und Artikel über die Gesundheitsrisiken des Milchkonsums stieß, war deswegen auch der, dass sich hier einige Übereifrige die Tatsachen zurechtbiegen, wie sie ihnen in den veganen Kram passen. Verdenken könnte ich es ihnen allerdings nicht. Der Konsum von Milch produziert unendliches Leid. Kaum einem Haustier wird so grausam mitgespielt wie der Kuh. Aber Fernsehsendungen über geschundene Tiere haben bedauerlicherweise wenig Auswirkung auf den Fleisch-, Eier- oder Milchkonsum. Läuft im Fernsehen hingegen

ein Bericht über Gammelfleisch oder zerhackte Küken-
embryonen in Frischeinudeln, ist die Kauflust des Konsumenten am nächsten Tag deutlich gebremst. Offensichtlich ist der Magen empfindlicher als das Herz, und
es macht mehr Sinn, die Leute zu erschrecken, als zu
versuchen, ihr Mitleid zu erregen. Nun handelt es sich
bei den Autoren, auf die sich die Veganer beziehen und
die sich so vehement gegen den Milchkonsum ausspre-
chen, aber nicht um irgendwelche Spinner, sondern um
Fachleute und Wissenschaftler wie Dr. Colin T. Campbell, einen emeritierten Professor für Biochemie an der
Cornell University, das eines der renommiertesten Institute der USA ist. Campbell hat über 40 Jahre lang in
der Ernährungsforschung gearbeitet und 170 Dörfer in
China über Jahre hinweg auf die Beziehung zwischen
Ernährung und Zivilisationskrankheiten untersucht.
Seine 1990 veröffentlichte »China Study« gilt als eine
der umfassendsten Studien zu den Auswirkungen von
Ernährung und Lebensstil auf die Gesundheit. Deswegen habe ich mir die Argumente gegen die gute Milch
sehr gründlich durchgelesen. Dann habe ich mir noch
einmal die Argumente der Milchbefürworter angesehen,
und jetzt versuche ich mal zusammenzufassen, wie sich
die Sache für mich darstellt:

Also, einig sind sich beide Seiten immerhin so weit,
dass Menschen, die Kuhmilch verdauen können, ein relativ junges Phänomen sind. Es gibt sie erst seit höchstens
9000 Jahren. (Untersuchungen an neun europäischen
Skeletten aus der Jung- und Mittelsteinzeit (7800 bis
7200 Jahre alt) haben bei der Analyse ihrer Gene ergeben, dass keiner dieser Menschen in der Lage war, Milch
zu verdauen.) Bis dahin konnten Menschen – wie alle anderen Säugetiere auch – Milch nur so lange vertragen, wie
sie von ihren Müttern gestillt wurden. In dieser Zeit bil-

den Säuglinge nämlich das Verdauungsenzym Laktase, das den in der Milch enthaltenen Milchzucker aufspaltet. Werden Babys nach einigen Monaten entwöhnt, wird auch bald das Enzym nicht mehr ausreichend gebildet. Diese sogenannte Laktoseintoleranz ist keine Krankheit und kein Gendefekt, sondern für 75 Prozent der erwachsenen Weltbevölkerung bis heute der Normalfall. Wären Menschen Autos, dann wären erwachsene Menschen, die keine Milch vertragen, Serienmodelle und Menschen, die die Mutation besitzen, Laktose auch noch im Erwachsenenalter aufspalten zu können, wären Sondermodelle mit der Extraausstattung »Laktasepersistenz«. Völlig sinnlos für die meisten Menschen, da sie im erwachsenen Alter zu erwachsener, also fester Nahrung wechseln. Deswegen hat sich diese Mutation auch nur bei Ethnien durchgesetzt, die bereits vor einigen Tausend Jahren angefangen haben, Viehwirtschaft zu betreiben. In Afrika vertragen 90 % der Bevölkerung keine Milch, in Südostasien 98 % – und die 2 %, die sie verdauen könnten, tun es wahrscheinlich auch nicht. In Deutschland sind hingegen 75 bis 85 % aller Einwohner Mutanten, die Käse, Quark und Buttermilch bestens verdauen – und die, die sie nicht vertragen, wissen das oft gar nicht, sondern haben bloß immer so komische Bauchschmerzen.

Auch wenn es die Veganer nicht gerne hören werden – aber bei einer Mutation, die sich im Europa nördlich der Alpen fast komplett durchgesetzt hat, muss es sich um einen Evolutionsvorteil gehandelt haben. Er wird in Zeiten akuten Nahrungsmangels vor allem im Fett- und Kaloriengehalt der Milch begründet gewesen sein. Die Bundesforschungsanstalt für Ernährung und Lebensmittel würde wahrscheinlich noch auf die vielen guten Inhaltsstoffe – Kalzium, Kalium, Magnesium, Jod, Aminosäuren und fettlöslichen Vitamine – hinweisen.

Meiner völlig unmaßgeblichen Meinung nach könnte es allerdings auch daran gelegen haben, dass in einer Gesellschaft, in der sich plötzlich alles um die Milch drehte, diejenigen, die das neue angesagte Nahrungsmittel nicht vertrugen und es wegen des gesellschaftlichen Drucks trotzdem weiter tranken, plötzlich einen deutlichen Evolutionsnachteil hatten. Die Symptome der Laktose-Intoleranz wie Blähungen, Durchfall, Erbrechen, Akne, Schlafstörungen, Kopfschmerzen, Depressionen usw. klingen nicht unbedingt lebensbedrohend. Man darf aber nicht vergessen, dass die Umweltbedingungen vor ein paar Tausend Jahren wesentlich härter waren und andauernde schwere Durchfälle den Dünndarm schädigen und zur verminderten Nahrungsaufnahme führen können. Ein übles Handicap, wenn Nahrungsmittel knapp sind.

Wie auch immer, heute trinken die Deutschen laut dem Presse Online Service der deutschen Milchindustrie jedenfalls um die 130 Liter Milch pro Jahr und Kopf oder löffeln sie als Joghurt und Pudding. Die Bundesforschungsanstalt für Ernährung und Lebensmittel findet, dass wir noch viel mehr Milch trinken sollten, am besten jeden Tag einen ganzen Liter. Besonders Kinder bräuchten das Knochen bildende Kalzium. Um Gottes willen, rufen da die Milchgegner. Sind die Bälger nicht fett genug? Bei europäischen und amerikanischen Kindern wurden alarmierend hohe Blutwerte gemessen, die direkt mit dem Überkonsum gesättigter Fettsäuren zusammenhängen, wie sie zum Beispiel in der Milch vorhanden sind. Schon 1984 antwortete Sir Douglas Black, seinerzeit Präsident der British Medical Association, auf die Frage nach der besten Vorbeugung gegen Herzkrankheiten: »Milch ist der größte Killer. Es ist Unsinn, den Kindern in Schulen Milch zu geben.«

Die Bundesforschungsanstalt für Ernährung und Lebensmittel sagt hingegen, es sei bewiesen, dass ein ausreichender Milchkonsum Herzinfarkt und Übergewicht vorbeuge. Diese Behauptung kommt nun allerdings auch mir ganz schön gewagt vor, insbesondere, da die Bundesforschungsanstalt ja einen ganzen Liter täglich empfiehlt. Selbst ein Liter fettarme (1,5 %) Milch hat schon 600 Kilokalorien. Wo soll man die wieder einsparen? Beim Gemüse? 1 Kilo Spinat hat 230 Kilokalorien. Einfach jeden Tag 2,6 Kilo Spinat weniger essen?

Aber nicht nur dem Übergewicht, auch der Osteoporose beugt Milchkonsum vor. Da sind sich Bundesforschungsanstalt, Schulmedizin und Milchindustrie einig. An dieser Stelle frage ich mich: Wenn Milch für eine gesunde Ernährung so unverzichtbar ist – wie 88 Prozent der Deutschen einer Emnid-Umfrage zufolge glauben –, was machen dann bloß die 75 % der Weltbevölkerung, die keine Milch vertragen und sie folglich auch nicht zu sich nehmen? Die Japaner zum Beispiel, die zu 94 % mit Laktoseintoleranz geschlagen sind. Keine Milch, kein Kalzium – denen müssten ja nun gleich reihenweise die Knochen brechen. Schrecklich, ganz Japan im Rollstuhl!

So ist es denn doch nicht. Der Durchschnittsjapaner ist zwar etwas kleiner als der Nordeuropäer, und während der Fußballweltmeisterschaft bangte das Land der aufgehenden Sonne sehr, als seine Mannschaft im dritten Vorrundenspiel gegen die hünenhaften Dänen antreten musste. Schlussendlich fegte das Laktose-intolerante Japan aber die großen Milchtrinker (Laktosetoleranz in Dänemark: 95 %) mit 3:1 Toren vom Platz, und niemand brach sich dabei ein Bein. Allein die Tatsache, dass wir bis vor 9000 Jahren alle bestens ohne Milch ausgekommen sind, und dass es drei Viertel der Weltbevölkerung immer noch tun, legt den Verdacht nahe, dass Milch ein überflüssiges Produkt sein könnte. Osteoporose kommt in Japan erstaunlicherweise viel seltener vor als in Deutschland. Überhaupt gibt es in den Ländern, in denen wenig bis gar keine Milch getrunken wird, deutlich weniger Zivilisationskrankheiten. Dr. Campbell, der die Beziehung zwischen dem Verzehr von tierischen Produkten und Krankheiten wie den verschiedenen Krebserkrankungen, Diabetes, Fettleibigkeit, Osteoporose, Herz-Kreislauf-Erkrankungen und degenerativen Gehirnkrankheiten untersuchte, behauptet sogar: Je höher der Konsum von Milchprodukten, desto höher das Risiko, an Osteoporose zu erkranken. Auch Kath Clements (die Autorin von »Vegan«) hält die Behauptung aus der Milchwerbung, das Kalzium der Milch schütze vor Osteoporose, für irreführend. Kalzium sei im Körper sowieso in großen Mengen vorhanden, sagt sie. Es steckt in grünem Blattgemüse, in Getreide, Nüssen und Tofu. Einen Kalziummangel gebe es praktisch gar nicht. Der Hauptgrund für Probleme bei der Knochenbildung sei vielmehr ein Mangel an Vitamin D. Ohne Vitamin D kann das Kalzium nämlich nicht vom Körper aufgenommen werden. Ein Dr. Winfried Beck stellte in einem Artikel in der »Medical Tribune« die These auf, dass die kombinierte Aufnahme von Kalzium und Eiweiß, wie sie bei Milchprodukten kaum zu vermeiden ist, nicht zur Kalziumaufnahme, sondern – im Gegenteil – zur forcierten Ausscheidung von Kalzium führe. Die Flut von Arbeiten, die diese These belegen, sei schier unübersehbar. Schon 1920 wurde der Effekt beschrieben, dass bei der Verdauung von tierischem Eiweiß Phosphorsäure entsteht, zu deren Neutralisation der Körper Kalzium benötigt. Und zwar braucht er dazu oft mehr Kalzium, als in der Milch vorhanden ist, sodass der Körper dafür sogar Kalzium aus den Knochen schwemmt.

Das wäre allerdings ein Hammer, wenn das stimmt. Das würde ja bedeuten, dass Milch nicht Osteoporose verhindert, wie uns seit Jahren erzählt wird, sondern dass sie deren Verursacher ist. Sitzen in der Milchindustrie etwa Lügner, die aus wirtschaftlichen Interessen unsere Gesundheit aufs Spiel setzen? Und in der Bundesforschungsanstalt für Ernährung und Lebensmittel lauter Dummköpfe, die für ihr Amt nicht taugen? Ich kann's nicht glauben. Wenn die Landesvereinigung Milch/ Hessen sagt: »Eine zusätzliche Milchportion pro Tag bewirkt, dass die Knochendichte der Jugendlichen deutlich messbar zunimmt«, dann wird sich diese Aussage doch wohl auf eine seriöse Untersuchung stützen. Wie aber erklärt sich dann, dass – laut Dr. Beck – Osteoporose überdurchschnittlich häufig in den Vereinigten Staaten und Europa auftritt, insbesondere in Schweden, Finnland und England, wo besonders viele Milchprodukte verzehrt werden?

Außer Osteoporose war auch Diabetes in Asien lange Zeit mehr oder weniger unbekannt. Mit der Übernahme des westlichen Lebensstils, sprich: höherer Fleischkonsum und gern auch mal einen Cappuccino mit viel Milch, hat sich das rapide geändert. Inzwischen sollen allein 40 Millionen Inder und fast genauso viele Chinesen an Diabetes mellitus leiden. Laut »Gesundheitsbericht Diabetes 2010« droht die Krankheit zur »Pandemie des 21. Jahrhunderts« zu werden. Weltweit sind die Erkrankungen in den letzten zwanzig Jahren auf das Siebenfache – etwa 250 Millionen Zuckerkranke – angestiegen. Die europäische und nordamerikanische Schulmedizin sieht keinen Zusammenhang zwischen Diabetes und Milchkonsum. Die Asiaten werden jetzt halt dicker und deswegen krank. Und dass Finnland, eines der Länder mit dem höchsten Milchkonsum, auch eine der höchsten Diabetesraten weltweit aufweist, liege wahrscheinlich am Lichtmangel so nah am Polarkreis und dem damit verbundenen Vitamin-D-Mangel. Spitzenreiter ist übrigens Deutschland mit mehr als 10 % Diabetikern in der Bevölkerung. Etwa 8 Millionen diagnostizierte Zuckerkranke gibt es bei uns, die mit starken Beeinträchtigungen ihrer Lebensqualität zurechtkommen müssen. 3 bis 4 Millionen sind vermutlich erkrankt, ohne es zu wissen, und ein Drittel der Bevölkerung ist auf dem besten Wege, demnächst daran zu erkranken. Als Folge von Diabetes können Herzerkrankungen und Erblindung auftreten oder Amputationen nötig werden. Die Krankheit belastet das deutsche Gesundheitssystem mit 18 Milliarden Euro jährlich. (Andere Quellen sprechen sogar von 60 Milliarden (Prof. Hans Hauner), wenn auch die indirekten Kosten mit eingerechnet werden.) Das sind etwa 15 % aller Gesundheitsausgaben. Sollten die Diabeteserkrankungen in Deutschland weiterhin im gewohnten Tempo zunehmen, könnten sich die Ausgaben dafür innerhalb der nächsten 10 Jahre verdoppeln, was bedeutet, dass die langfristige Finanzierung unserer Gesundheitsversorgung eines Tages an den explodierenden Kosten der Zuckerkrankheit scheitern könnte.

Während die leichteren Diabetes-2-Fälle (Altersdiabetes) im Allgemeinen mit Übergewicht im fortgeschrittenen Alter in Zusammenhang gebracht werden, könnte eine Ursache für die viel schwerer (und teurer) verlaufende Diabetes 1 (Jugenddiabetes) auch am Kuhmilchkonsum von Säuglingen liegen: Wenn Säuglingen sehr früh schon Kuhmilch gegeben wird, können durch die noch nicht voll ausgebildete Darmwand Milchproteine ins Blut gelangen und auch in die Bauchspeicheldrüse wandern. Und weil die Aminosäuren der Kuhmilch ganz ähnlich aussehen wie einige Aminosäuren, die sich in der Bauchspeicheldrüse befinden, bekämpft der Körper dann seine eigenen Zellen. Das behaupten jedenfalls einige Milchgegner. Die Bundesforschungsanstalt für Ernährung und Lebensmittel sieht das wahrscheinlich anders. Allerdings räumte einer ihrer Vertreter ein, dass eine amerikanische Studie über den Zusammenhang zwischen Milchkonsum und Prostatakrebs wohl als seriös einzustufen sei. Diese Studie erschien im Dezember 2005 im »Journal of the National Cancer Institute« und verglich zwölf vorangegangene Studien. Sie bestätigte auch eine im August 2003 veröffentlichte Studie der Harvard Universität, nach der Milchtrinker ein um 32 % erhöhtes Risiko eingehen, an Prostatakrebs zu erkranken. Nach Dr. Campbell – da ist er wieder – sind die Caseine, die 80 % der Gesamtproteinmenge in der Milch ausmachen, die Bösewichte, die den Krebs begünstigen. Die Autoren der amerikanischen Krebsstudie vermuten hingegen, dass hohe Dosen von Milchprodukten die Bildung von Vitamin D unterdrücken. Und Vitamin D ist nicht nur für die Knochenbildung wichtig, sondern beugt auch Prostatakrebs vor. Dabei fällt mir ein: Wenn die Finnen tatsächlich aufgrund von Lichtmangel und dem damit verbundenen Vitamin-D-Mangel so oft Diabetes bekommen, dann wäre es für sie natürlich ebenfalls fatal, wenn ihr hoher Milchkonsum zusätzlich noch die Vitamin-D-Bildung unterdrücken würde.

Die Bundesforschungsanstalt für Ernährung und Lebensmittel empfiehlt jedenfalls trotz der amerikanischen Krebsstudie weiter, mindestens einen Liter Milch oder 1200 mg Kalzium pro Tag zu sich zu nehmen, weil die Vorteile des Milchkonsums die etwaigen Risiken übertreffen würden. Während das Prostatakrebsrisiko ja noch gar nicht abschließend bewertet sei, ist es hingegen bewiesen, dass ein ausreichender Milchkonsum Osteoporose, Bluthochdruck, Herzinfarkt und Übergewicht vorbeuge.

So richtig überzeugt bin ich davon nicht mehr.

Aber würden die Lebensmittelindustrie und die Bundesanstalt für Ernährung und Lebensmittel tatsächlich den Genuss von Milch propagieren, wenn bekannt wäre, dass dieses Produkt eigentlich gesundheitsschädlich ist? Ist es denkbar, dass gewählte Politiker in einem demokratischen Staat die Interessen der Lebensmittelkonzerne wichtiger nehmen als die Gesundheit der Bevölkerung? Wäre die EU so dumm, Schulmilch zu bezuschussen, wenn sie die Schüler fett und krank machen würde?

Nun ja, im Juni 2010 hat das Europa-Parlament über die europaweite Einführung einer »Lebensmittelampel« entschieden. Die Idee der Ampel besteht darin, dass auf der Vorderseite von Lebensmittelverpackungen Aufkleber angebracht werden, die mit den Farben Rot, Grün und Gelb den Gehalt an Fett, gesättigten Fettsäuren, Zucker und Salz kennzeichnen, damit der Verbraucher beim Einkauf sofort sieht, was er da gerade seiner Bauchspeicheldrüse und seinen Arterien antun will. Enthält ein Produkt zum Beispiel besonders viel Fett, ist der Begriff »Fett« rot markiert; ist der Salzgehalt niedrig, bekommt der Begriff »Salz« einen grünen Punkt, und ist der Zuckeranteil in einem Lebensmittel nur so mittelschlimm, steht das Ampelzeichen neben dem Begriff »Zucker« auf Gelb. In England wurde die Lebensmittelampel bereits eingeführt und in einer Umfrage von 90 Prozent der Befragten als leicht und schnell verständlich bewertet. Das Konsumverhalten der Verbraucher änderte sich und einige Hersteller sahen sich sogar veranlasst, ihre Rezepturen zu ändern und die Fertiggerichte fortan mit weniger Fett, Salz und Zucker herzustellen. Laut einer Emnid-

Umfrage vom Juli 2009 waren zwei Drittel der deutschen Bundesbürger für die Einführung einer solchen Ampel auch bei uns. Die gesetzlichen Krankenkassen baten die Bundesregierung innig, sich in Anbetracht einer verfettenden Gesellschaft für das Ampelsystem einzusetzen. Vertreter des deutschen Berufsverbandes der Kinder- und Jugendärzte sowie der Vereinigung der europäischen Kinderärzte schrieben in einem Brief an die EU-Abgeordneten: »Wir bitten Sie dringend, nicht nur die Interessen der Nahrungsmittelindustrie zu unterstützen.« So ziemlich alle außer der Lebensmittelindustrie wollten die Ampel haben. Jetzt musste man sie nur noch beschließen. Seltsamerweise wurde dagegen entschieden. In verschiedenen Zeitungen war hinterher zu lesen, die Politiker hätten sich dem Lobby-Druck der Großkonzerne gebeugt. Das klang, als wäre es etwas völlig Normales, dass die Lebensmittel-Lobby Verbündete in der Regierung sitzen hat. Ich frage mich immer, wie das abläuft, wenn so ein Lobbyist einen Politiker dazu bringt, seinen Interessen nachzukommen.

Politiker: »Hm, hm, hier ist so ein Antrag: Lebensmittel-Ampel. Damit die Konsumenten erkennen, ob etwas gesund oder ungesund ist.«

Lobbyist: »Was? Kommt ja gar nicht infrage. Und wer soll dann all unsere fetten und zuckerreichen Produkte essen?«

Politiker (wird ganz rot): »Oh, das habe ich nicht bedacht. Andererseits ist das natürlich auch die Absicht, dass weniger fett und süß gegessen werden soll. Wegen der dicken Kinder. Die verursachen ja auch Kosten im Gesundheitssystem. Lange ist das nicht mehr zu finanzieren.«

Lobbyist: »Mir doch egal. Also entweder bleibt alles beim Alten, und das übergewichtige Volk frisst weiterhin unseren minderwertigen Dreck, oder ich zieh mit meiner Fabrik ins Ausland und entlasse 2000 Mitarbeiter.«

Politiker: »Na gut.«

Okay, ich weiß, dass es in diesem Fall nicht so war. In diesem Fall hat die europäische Lebensmittelindustrie nach eigenen Angaben eine Milliarde Euro für den Kampf gegen die allzu leicht verständliche Ampelkennzeichnung ausgegeben. Auf jedes Info-Blatt, das Krankenkassen und Verbraucherschützer an die Politiker geschickt haben, sollen neun Infoblätter der Industrie gekommen sein, aus denen hervorging, warum man unbedingt gegen die Lebensmittelampel stimmen müsste. Die wurden von den Parlamentariern so ernst und gewissenhaft gelesen, dass die CDU-Berichterstatterin Renate Sommer in ihrer Entscheidungsbegründung die Argumentationslinie der Lebensmittelindustrie fast im Wortlaut übernahm – die Art der Kennzeichnung sei zu simpel und wissenschaftlich nicht begründet.

Möglicherweise hat das EU-Parlament gar nicht böswillig die dringend notwendige Aufklärung des übergewichtigen Verbrauchers verhindert, sondern tatsächlich geglaubt, das Richtige zu tun. Es kursiert ja das Gerücht, dass es nicht gerade die geistigen Überflieger einer Partei seien, die nach Brüssel geschickt werden. Aber jetzt mal ehrlich: War das wirklich eine so schwierige Entscheidung, ob man eine rasant verfettende Bevölkerung durch ein einfaches optisches Signal über die Inhaltsstoffe von Lebensmitteln aufklären soll?

Wenn man mich also fragt, ob ich mir ernsthaft vorstellen könnte, dass die Lebensmittelindustrie auch dann für Milch werben würde, wenn ihr bekannt wäre, dass es sich dabei um ein dick machendes, Krebs, Osteoporose und Diabetes förderndes Produkt handelt, so muss

ich antworten: Beweise habe ich dafür nicht, aber ...
Scheiße ... ja, zutrauen würde ich es denen sofort. Da
kennen die nix, würde ich sagen.

Und wenn man mich fragt, ob ich etwa glaube, dass
unsere Politiker so etwas zulassen würden, so muss ich
antworten: Ja, auch das kann ich mir sehr gut vorstellen.

Aber vielleicht bin ja auch ich diejenige, die sich hat
übertölpeln lassen und die den Fake-Statistiken und
Fehlinformationen von ein paar raffinierten oder auch
nur schlampig arbeitenden Veganern aufgesessen ist.
Vielleicht ist Milch ja doch das Super-Lebensmittel, als
das sie uns seit Jahrzehnten verkauft wird, und wir hätten großen gesundheitlichen Vorteil davon, wenn wir
Kühen weiterhin ihre Kälber wegnehmen und deren Ba-
bynahrung trinken. Wie gesagt, ich weiß es nicht. Aber
wenn man mich fragt, was ich glaube ... Ich glaube, ich
werde in Zukunft sehr viel weniger Milchprodukte essen.

11

Juli – noch veganer

»Wir brauchen nicht so fortzuleben,
wie wir gestern gelebt haben.
Machen wir uns von dieser Anschauung los,
und tausend Möglichkeiten laden
uns zu neuem Leben ein.«

Christian Morgenstern

Vorgabe: Nichts vom Tier, und ich kaufe mir endlich eine Bettdecke mit Kunststoff- oder Baumwollfüllung

Nach einem extrem kalten Winter und einem äußerst nassen Frühling haben wir jetzt einen Sommer, der so heiß ist, dass nach Angabe der Wetter- und Ozeanografiebehörde NOAA (USA) gerade das wärmste Halbjahr weltweit seit Beginn der Wetteraufzeichnungen von 1880 stattgefunden hat. Im Radio läuft ständig das Lied »36 Grad, und es wird noch heißer«. Sieht aus, als käme die Klimakatastrophe doch nicht erst in fünfzig Jahren. Das US-amerikanische Datenzentrum für Schnee und Eis (NSIDC) in Boulder meldet, das Arktis-Eis sei im Juni so schnell wie noch nie seit Beginn der Messungen (1979) geschmolzen. Die geschlossene Eisfläche am Nordpol ist 10 % kleiner als normalerweise um diese Zeit, und alle vier Tage hat sich wieder ein Stück von der Größe Deutschlands aufgelöst. Die Eisbären wissen schon gar nicht mehr wohin. Ich erinnere noch gut, wie die Wetterexperten vor einigen Jahren immer abgewie-

202

gelt haben. Ja, haben sie gesagt, das ist jetzt zwar ein Extremwert, so heiß war's lange nicht mehr, und so viel Regen ist hier noch nie gefallen, und solche Tornados haben wir in Schleswig-Holstein auch noch nicht gesehen, aber extreme Werte und unübliche Wetter-Ereignisse passieren nun einmal, das heißt noch lange nicht, dass wir es mit einer globalen Erwärmung zu tun haben. Das haben sie ungefähr zehn Jahre lang durchgezogen, und dann haben sie mit den Schultern gezuckt und gesagt: Hm ja, leider, so wie es aussieht, handelt es sich wohl doch um eine globale Erwärmung. Selbst die Rekordhitze im Sommer 2003, die europaweit rund 70 000 Menschenleben kostete, haben Wissenschaftler damals als ein Ereignis gewertet, das halt alle 450 Jahre mal auftritt. Die waren wohl einfach gerade mal wieder um, die 450 Jahre. Jetzt wird langsam klar, dass uns solche Sommer demnächst öfter bevorstehen. Auch mit einem freiwilligen fleischfreien Tag pro Woche – an dem sich dann mit viel Glück zehn Prozent der Bevölkerung beteiligen – wird das nicht mehr aufzuhalten sein.

Eigentlich war für Anfang Juli eine Tierbefreiung geplant gewesen, bei der ich mitmachen wollte. Der Termin muss verschoben werden. Die Hühnerställe mit den Käfigbatterien, in die wir vorhatten einzubrechen, gibt es plötzlich nicht mehr. Warum, darüber kann man nur spekulieren. Da in diesem Jahr die Käfigbatterien verboten worden sind, liegt die Vermutung nahe, dass hier ein Eierproduzent die Drohungen der Geflügellobby wahr gemacht hat: Wenn wir nicht genauso weitermachen dürfen wie bisher, gehen wir eben nach Osteuropa, wo man uns mit offenen Armen empfangen wird, und wo wir die Hühner noch schlimmer quälen dürfen, als wir es hier schon getan haben. Das habt ihr jetzt davon. Ich möchte auch kein Landwirtschaftsminister sein – diese Ohnmacht gegenüber einer Industrie, die sich weder kontrollieren noch regulieren lässt, weil sie einfach am längeren Hebel sitzt. Der Einzige, der an einem noch längeren Hebel sitzt, ist der Verbraucher, der es in der Hand hätte, einfach keine Eier mehr zu kaufen. Aber der tut es nicht. Der tut es einfach nicht.

Ich bin bei meinen Eltern in Hamburg – Familientreffen. Mein Bruder mit Frau und Sohn und meine Schwester mit Kindern und Landwirtschaftsminister sind auch dabei. Ich trage ein schwarzes Tierbefreier-T-Shirt, auf dem vorne »Animal Liberation« steht. Darüber ist das Bild eines vermummten Autonomen gedruckt, der ein unglaublich herzig und schutzbedürftig aussehendes Tier einer undefinierbaren Spezies auf dem Arm hält. Vermutlich soll es ein Beagle aus einem Versuchslabor sein, es sieht aber eher wie eine Mischung aus Dachs und Nasenbär aus. Mein Schwager, der Landwirtschaftsminister, ignoriert das T-Shirt. Wahrscheinlich hat er keine Lust, sich mit seiner Reaktion in meinem Buch wiederzufinden. Kann ich ihm auch nicht verdenken. Trotzdem geht das Gespräch bald um Tierhaltung. Das ist eigentlich unvermeidlich, wenn ich irgendwo mit am Tisch sitze.

»Ja, wie ist das denn nun eigentlich«, sagt mein Bruder und schaut unseren Schwager an, »ich dachte, Legebatterien wären abgeschafft. Gibt es die Käfighaltung nun noch oder nicht?«

Der Landwirtschaftsminister erklärt den neuen, ausgestalteten Käfig. Als höflicher Mensch lasse ich ihn ausreden.

»Das ist zwar grundsätzlich richtig«, sage ich, als er fertig ist, »man muss dazu aber noch Folgendes wissen …«

Wer wäre geeigneter als ich, den nicht ganz unkomplizierten Sachverhalt zu erklären. Ich habe wochenlang recherchiert, und alle Daten und Quadratzentimeterzahlen noch im Kopf. Ich weiß, wann was beschlossen wurde und wann es wieder aufgehoben wurde. Ich habe die Meinungen und Angaben des Landwirtschaftministeriums, verschiedener Tierschutzvereine, verschiedener Tierrechtsgruppen und eines Herstellers von Hühnerkäfigen miteinander verglichen.

»Was die alte Käfighaltung von der neuen unterscheidet, ist vor allem …«

Mein Bruder steht auf und geht hinaus, um sich eine phosphorhaltige, das Kalzium aus den Knochen schwemmende Limo zu holen. Ich erkläre die Kleingruppenhaltung den anderen, die es eigentlich auch nicht hören wollen. Mein Schwager meint, dass die Konsumenten ja Bio-Eier und Bio-Fleisch kaufen könnten, wenn ihnen das wichtig wäre.

»Aber anscheinend wollen sie das ja gar nicht.«

»Das ist eine ethische Frage«, rege ich mich auf. »Das kann man doch nicht vom Markt regulieren lassen. Hier ist ja auch Kinderarbeit verboten, da sagst du schließlich auch nicht, das sollen die Konsumenten entscheiden. Das kann doch nicht dem Selbstverständnis eines entwickelten Staates entsprechen, dass in großem Stil Tiere gequält werden.«

Allmählich komme ich in Fahrt. Ich will meinen Schwager noch fragen, ob er sich denn wirklich bewusst dafür entschieden hätte, das zu essen, was er isst, ob er meint, dass hier am Tisch überhaupt ein Einziger sitze, der darüber tatsächlich einmal eine Entscheidung getroffen hat, oder ob hier alle einfach das essen, was ihnen vorgesetzt wird, was schon ihre Eltern aßen und ihre Großeltern, ohne es je zu hinterfragen. Ich will noch sagen, dass Landwirtschaftsminister heutzutage nicht mehr einer der mittelwichtigen Ministerposten ist, sondern dass da jetzt plötzlich Entscheidungen getroffen werden, die von globaler Tragweite sind. Dass auf Mallorca und in Frankreich und Südamerika und was weiß ich noch wo bereits die Leute absaufen und dass es doch eigentlich ein Jammer sei, einen kompletten Planeten dem Untergang preiszugeben, bloß weil man es sich nicht mit den Bauern verscherzen will. Aber die Frau meines Bruders klopft mir bereits seit einer halben Minute mit dem Finger auf den nackten Unterarm.

»Du, Johann hat mal eine Frage.«

Ich beuge mich zu meinem kleinen Neffen hinüber.

Johann möchte wissen, ob er von dem Rübensirup etwas nehmen darf, den ich mir mitgebracht habe, damit ich veganes Toastbrot mit Margarine und Rübensirup essen kann, während die anderen sich über die Kuchenplatte hermachen.

»Na klar«, sage ich, »hau rein. Da brauchst du nicht zu fragen.«

Jetzt wollen natürlich auch meine Nichte und mein zweiter Neffe Rübensirup. Das Gespräch dreht sich inzwischen um die Polenreise, die meine Schwester mit ihrem Mann gemacht hat. Meine Mutter kommt mit einer Schale selbst gemachter Roter Grütze.

»Die darfst du wahrscheinlich auch nicht essen, nicht wahr?«, fragt sie mit resigniertem Gesicht. Durch die Verweigerung fast sämtlicher angebotener Nahrungsmittel habe ich meine Mutter unglücklicher gemacht, als es mir durch exzentrische Partnerwahl oder aussichtslose Berufe je gelungen ist. Ich denke kurz nach – ja, tatsächlich, Rote Grütze geht. Beglückt läuft meine Mutter in die Küche zurück und kommt mit einem Tetrapack Milch wieder.

»Die kannst du dazu trinken. Die darfst du, die hat nur 0,5 % Fett.«

Abends steht eine große Fischplatte auf dem Tisch.

»Hm, sieht schlecht aus für dich«, sagt mein Bruder und lacht. Für meine Familie ist Veganismus nicht eine dringend gebotene Lebensweise, um Umweltzerstörung zu vermeiden und Grausamkeit zu verhindern, sondern mein persönliches, bedauerliches Problem. Meine Mutter will mir wieder ein Schüsselchen Rote Grütze auf den Teller stellen, aber fürs Abendbrot habe ich vorgesorgt und mir ein veganes Wiener Schnitzel mitgebracht, das ich mir jetzt in der Küche brutzle. Das Wiener Schnitzel aus Weizeneiweiß ist mit Abstand der überzeugendste Fleischersatz, den ich bisher probiert habe. Nicht, dass der Geschmack auch nur im Entferntesten irgendetwas mit einem Wiener Schnitzel zu tun hätte – aber wenn man sich von dieser Erwartungshaltung einmal löst, schmeckt es ganz hervorragend. Meine Mutter findet sogar noch eine süßsaure Soße von Uncle Ben, die laut Flaschenaufdruck vegan zu sein scheint. Die brate ich gleich mit. Als Beilage gibt es einen knallgrünen japanischen Algensalat. Als ich damit zum Abendbrottisch komme, schreien natürlich sofort alle Kinder, dass sie auch so etwas essen wollen. Ich reiche den Teller einmal rund um den Tisch, und alle außer meinem Schwager, dem Landwirtschaftsminister, probieren davon. Die Kinder äußern sich lautstark und enthusiastisch, die Erwachsenen nicken erstaunt und anerkennend. Das vegane Wiener Schnitzel ist schon sehr gut.

Später geht es dann noch einmal um Kühe, darum, wie sie gehalten werden, und mein Schwager wird etwas lauter, als ich es in Zweifel ziehe, dass es den Milchkühen seit 1950 kontinuierlich besser gehe.

»Das kannst du mir schon glauben, dass ich das weiß, ich habe mich mein Leben lang mit Milchwirtschaft beschäftigt, und Kühe sind früher alle in Anbindehaltung gehalten worden, und heute gibt es fast überall Laufställe, nur noch die ganz kleinen Betriebe haben Anbindehaltung und das erlaubt man denen auch nur, um sie nicht kaputt zu machen.«

»Und – kommen die auch mal raus aus ihrer tollen Laufstallhaltung? Kommen die im Sommer auch mal auf die Wiese?«, keife ich.

»Einige ja, einige nicht«, sagt der Landwirtschaftsminister jetzt wieder völlig ruhig.

Laufstall-Kühe werden in der Regel ganzjährig im Stall gehalten. Falls überhaupt eine Weide vorhanden ist, kommen sie nur in den zwei Monaten, in denen sie trockenstehen, also keine Milch geben, raus. Etwa 35 % aller Milchkühe stehen in Anbindehaltung, vor allem in kleineren Betrieben und vor allem im süddeutschen Raum. Auch in Bio-Betrieben trifft das immer noch auf ein Drittel der Kühe zu. Allerdings haben 85 % dieser Tiere in den Sommermonaten Weidegang.

»Es geht ja nicht nur um die gequälten Tiere«, sage ich jetzt zu den anderen, die – vermutlich wegen der ungemütlichen Stimmung, vielleicht aber auch wegen der etwas fokussierten Themenwahl – sich gerade davonstehlen wollen, »es geht auch darum, dass dank der EU-Exporte die Landwirtschaft in Afrika ruiniert wird. Die können da ihre eigenen Hühner nicht mehr verkaufen, weil es nämlich selbst in Afrika fünf bis acht Euro kostet, ein Huhn zu mästen. Stattdessen essen die da jetzt unser billiges, tiefgefrorenes, minderwertiges Qualfleisch.«

Jean Ziegler, UNO-Sonderberichterstatter für das Recht auf Nahrung, äußerte sich einmal dahingehend,

dass er die Landwirtschaftspolitik der EU als Hauptur-
sache dafür ansehe, dass die Zahl schwer unterernähr-
ter Afrikaner von 81 Millionen (1972) auf 203 Millionen
(2002) angestiegen sei.

»Außerdem ist die CO_2-Belastung durch Viehhaltung
noch schlimmer als das gesamte Verkehrswesen der Welt
zusammengenommen. Von den Methangasen ganz zu
schweigen. Das mit dem Erdöl ist doch schon schlimm
genug. Wusstet ihr, dass wir jedes Jahr so viel Erdöl ver-
brennen, wie in einer Million Jahren entstanden ist?«

Das habe ich neulich im Fernsehen gehört. Ich schaue
jetzt immer solche Sendungen: Schreckensmeldungs-
Sendungen, Weltuntergangs-Sendungen, Alles-längst-
zu-spät-Sendungen. Jedes Jahr so viel Erdöl, wie in einer
Million Jahren entstanden ist – stimmt das überhaupt?
Oder verbrauchen wir am Ende jeden *Tag* so viel Erdöl,
wie in einer Million Jahren entstanden ist.

»Jedenfalls gibt es bald keins mehr.«

»Hauptsache, das gibt es noch so lange, wie ich das
Zeug verkaufe«, sagt mein Bruder. Gott, das hatte ich
auch schon wieder verdrängt, mein Bruder arbeitet ja
für einen Ölmulti. Der Schwager Landwirtschaftsminister, der Bruder in der Erdölbranche und mein Vater
war vor seiner Rente in der Pharmaindustrie angestellt –
fehlen eigentlich bloß noch ein Banker und ein Islamist
in der Familie.

Als ich mich wieder auf den Heimweg mache, begleitet
mich der ganze Familientross zum Auto. Meine Mutter
stellt mir noch eine Tupper-Schüssel mit Roter Grütze
auf den Beifahrersitz, und mein Schwager, der Landwirtschaftsminister, sagt freundlich: »Denk daran, dein
Buch unbedingt von einem Fachmann gegenlesen zu
lassen, damit du dich nicht blamierst.«

Zu meinem Erstaunen muss ich feststellen, dass das weiße Pferd, das sonst immer eher scheu und zurückhaltend war, viel zutraulicher geworden ist, seit ich es nicht mehr reite. Wir knuddeln stattdessen ein bisschen herum, und neuerdings leckt es mir sogar wie ein Hund übers Gesicht. Ich habe mich schon dabei ertappt, dass ich »jetzt ist aber gut, Bulli« zu ihm gesagt habe. Leider ist Torino inzwischen auch so dick geworden, dass er aussieht wie ein zu stramm aufgeblasenes Badetier. Die Weiden hier stehen voller Luzerne und sind so hochkalorisch, dass ich Pferd und Mulis sowieso nur sechs Stunden am Tag weiden lassen kann und sie den Rest des Tages nur mit Stroh füttere. Alles in allem glaube ich, dass es dem Pferd besser gehen würde, wenn ich es wieder bewegen würde. Selbst wenn ich davon ausgehe, dass Torino das Gerittenwerden so richtig hasst, wären das doch zumindest schon mal wieder ein bis zwei Stunden Langeweile weniger am Tag. Er sieht mal was anderes, verbraucht dabei auch noch Kalorien und könnte hinterher vielleicht sogar eine Stunde länger auf der Weide stehen. Außerdem schmeckt das Essen einfach besser, wenn man etwas getan hat. Das weiß doch jeder, dass ein Käsebrot – falsch, ich meine natürlich ein Tofu-Wurstbrot nach einer Bergwanderung ganz anders schmeckt, als wenn man fünf Stunden vor dem Fernseher gesessen hat. Die meisten Leute gehen nicht gern zur Arbeit, aber wenn sie dann arbeitslos werden oder in Rente gehen, kriegen sie plötzlich Depressionen. Leider ist Torino nicht so leicht anzumerken, ob er etwas mag oder nicht. Das Maultier lässt einen darüber ja nie im Unklaren. Wenn Bonzo macht, was er soll, kann man davon ausgehen, dass er zumindest halbherzig damit einverstanden ist. Wenn er einen in Grund und Boden trampelt, ist er eher nicht damit einverstanden. Eigentlich das ideale Haustier für einen Veganer. Ich muss zugeben, dass es nicht nur die Hitze, die Insekten und mein antispeziesistisches Feingefühl sind, die mir die Entscheidung, ihn nicht zu reiten, leicht machen. Obwohl ich inzwischen schon mal wieder auf ihm gesessen habe und alles gut gegangen ist, reiße ich mich nicht gerade darum.

In der Nähe des Pferdestalls treffe ich Kater Simbo, der im Gras merkwürdige hohe Sprünge mit gewölbtem Buckel vollführt. Er hat eine Maus am Wickel. Schließlich lässt er sie ins Gras fallen und verpasst ihr mit der Pfote kleine, sanfte Ohrfeigen.

»Simbo«, brülle ich.

Er schaut zu mir hoch, und sein Blick sagt: Du hast ja keine Ahnung, was für ein Kick das ist. Jiminy würde jetzt wieder behaupten, da könne er nichts dafür, das sei schließlich seine Veranlagung, aber das Gleiche lässt sich natürlich auch von einem Serienmörder sagen.

Ich ziehe einen veganen Stiefel aus und werfe ihn nach dem Kater. Er flüchtet, und ich kann mir die Bescherung ansehen. Die Maus ist nicht tot. Simbo hat ihr nach Katzenart bloß die Wirbelsäule im Lendenbereich durchgebissen, sodass die hinteren Gliedmaßen gelähmt sind, damit er sie foltern kann, ohne dass die Maus eine Chance hat zu fliehen. Interessiert kommen jetzt die Hühner angerannt. Hühner zerreißen auch gern mal eine Maus. Mit schief gelegten Köpfen fixieren sie das Opfer, ohne ihr Tempo zu drosseln. Sie sehen aus wie diese fiesen, zweibeinigen Raptoren in den Dinosaurierfilmen – gierig, zielstrebig und völlig mitleidlos.

»Haut ab«, schreie ich sie an. »Mörder! Schweine! Ihr gehört doch alle in die Bratröhre.«

Aber das einzige Tier, das sich von meinem Geschrei einschüchtern lässt, ist Torino, das Sensibelchen. Schnaubend und die Augen rollend, trabt er durch seinen Auslauf. Die Hühner weichen keinen Zentimeter. Ich stülpe einen leeren Blumenkasten über die Maus, locke die Hühner mit Futter ins Hühnerhaus und sperre sie ein. Meine Wut über Simbo oder die Hühner ist natürlich eine einzige Heuchelei. Pferdefutter zieht Mäuse an. In Wirklichkeit profitierte ich davon, dass die beiden Kater so fleißige Mörder sind. Sonst müsste ich wahrscheinlich Fallen aufstellen und mir selber die Hände blutig machen. Ich wünschte nur, sie würden es auf eine weniger grausame Art erledigen. Ehrlich gesagt, finde ich Mäuse viel sympathischer als Katzen, aber das ist natürlich Geschmackssache. Was für ein schreckliches Leben sie haben: ein paar Wochen oder im besten Fall Monate voller Angst, und dann ein Tod wie aus einem Horrorfilm.

Jetzt sitze ich mit der halb gelähmten Maus da. Bis zur Körpermitte wirkt sie noch quicklebendig, nur äußerst gestresst. Alle dreißig Sekunden fängt sie an, sich zu putzen.

»Ist doch jetzt völlig egal, wie du aussiehst«, sage ich. Die Maus glättet ihr Brustfell. Ich kratze mich hinter dem Ohr. Dadurch, dass ich Simbo seinen Folterspaß verdorben habe, muss ich die Sache nun selber zu Ende bringen. Aber wie? An Autoabgasen zu ersticken soll ja angeblich schmerzlos sein. Man schläft einfach ein. Also starte ich den Ford, halte eine Plastiktüte an den Auspuff und fülle sie mit Abgasen. Dann setze ich die Maus hinein, halte die Tüte noch mal an den Auspuff und reiße sie gleich wieder herunter. Verdammt, werden die Abgase schnell heiß! Jetzt noch ein Gummiband.

Jiminy sitzt im Wohnzimmer und schaut Fußball. Quer über den Fernseher hat sie einen roten Wollfaden und an den Wollfaden die Sammelkarten von den Spielern der deutschen Nationalmannschaft gehängt, die es bei Rewe zu jedem Einkauf dazugab.

»Na endlich«, sagt Jiminy, »das Spiel ist gleich wieder vorbei. Ich dachte schon, ich müsste mir das allein ansehen.«

Ich setze mich zu ihr aufs Sofa. Neben mir, in einer roten Plastiktüte der Firma Esprit, stirbt langsam eine kleine Maus.

»Jogi Löw hat wieder seinen blauen Glückspulli an«, sagt Jiminy und grinst ironisch, aber doch auch etwas hoffnungsvoll.

»Jedes Mal wenn er den blauen Pulli anhatte, haben wir vier Tore geschossen. Jetzt darf er ihn nicht einmal mehr waschen.«

»Aha. Und warum haben dann ständig die anderen den Ball?«

»Es läuft nicht gut«, sagt Jiminy bedrückt, »wenn wir Glück haben, bleibt es 0:0 und wir gewinnen beim Elfmeterschießen.« Dann schreit sie auf – ein deutscher Spieler hat beinahe ein Tor geschossen. »Den haben sie eben erst eingewechselt, der ist erst ein paar Minuten drin.«

Aber letztlich hilft weder die große Fleischmenge, die die Deutschen vor und während der Weltmeisterschaft gegrillt haben, noch dass der Trainer im Stinke-Pullover herumläuft. Die Spanier schießen ihr Tor und Deutschland ist raus.

»Was hast du denn da in der Tüte?«

»Eine von Simbos Mäusen. Ich habe die Tüte an den Auspuff gehalten, um sie mit Kohlenmonoxid zu vergiften.«

Die deutschen Spieler wanken maßlos enttäuscht durch den Fernseher. Philipp Lahm hat Tränen in den Augen.

»Das geht doch gar nicht mehr mit den neuen Katalysatoren«, sagt Jiminy. Verdammt, daran habe ich nicht gedacht. Ich mache die Tüte auf. Die Maus ist jedenfalls tot.

»Wahrscheinlich ist sie an Sauerstoffmangel gestorben«, sagt Jiminy, »oder an ihren inneren Verletzungen. Sag mal, hast du auch das Gefühl, dass die Katzen mehr Mäuse fangen, seit sie das vegane Futter kriegen?«

Schwer zu sagen. Ihre Näpfe sind inzwischen zu 50 Prozent vegan gefüllt, aber sie fressen immer noch um das teure »Ami-Cat« herum und lassen eine Menge liegen. Beide sind deutlich schlanker geworden. Das kann aber auch an der Hitze liegen. Der Einzige, den wir für die vegane Lebensweise gewinnen konnten, ist der Garten-Igel, der sich jede Nacht über die Reste im Katzennapf hermacht. Ich bringe die tote Maus nach draußen, wo Simbo schon wartet. Ich zögere kurz, dann gebe ich sie ihm. Er kaut sie mit großem Genuss. Katzen würden Mäuse kaufen.

Inzwischen ist es nicht mehr anstrengend und kompliziert, vegan zu leben. Ich weiß, was ich essen kann, und ich weiß, woher ich es bekomme, und die meisten Sachen schmecken mir sehr gut. In den Supermärkten ist die Auswahl natürlich nach wie vor beschränkt. Manchmal mache ich noch einen Anlauf und schaue schnell einmal bei einer Packung Kekse nach, ob sie nicht doch zufällig ohne Ei und Butter gebacken wurden, nur, um sie dann jedes Mal seufzend zurückzulegen und mir doch bloß wieder eine Tafel Ritter Sport Marzipan in den Wagen zu legen. Ich bin so froh, wenn ich etwas finde, das ich noch von früher kenne und das ich immer noch essen darf, dass ich jetzt viel weniger darauf achte, ob ein Lebensmittel »bio« ist.

Irgendwann ist mir dann auch eingefallen, dass Cola ja eigentlich vegan ist. Es muss ja nicht unbedingt Coca-Cola sein. Warum nicht regional kaufen und Vita-Cola light trinken? Leider kriege ich nach einigen Tagen prompt wieder Magenkrämpfe und Gelenkschmerzen in den Fingern. Es war mir vorher gar nicht aufgefallen, dass die weggegangen sind, seit ich keine Cola mehr trinke. Jetzt sind sie jedenfalls wieder da, aber jetzt kann ich natürlich nicht mehr aufhören mit dem Cola-Trinken.

Die Reismilchschokoladen, die mir in den ersten Wochen ganz passabel vorkamen, habe ich von einem Tag auf den anderen plötzlich nicht mehr runtergekriegt. Ein schauderhaftes Zeug. Ich kann überhaupt nicht mehr verstehen, wie ich die einmal essen konnte. Vielleicht verhält sich Reismilchschokolade zu Vollmilchschokolade wie Methadon zu Heroin. Es hilft einem beim Entzug, aber letztlich kann es dem Vergleich mit der echten Droge nicht standhalten. Überhaupt verliert Essen, obwohl ich immer mehr interessante vegane Speisen entdecke, für mich an Bedeutung. Das Waffel-Eis aus dem Vegan-Laden schmeckt eigentlich ganz genauso gut wie ein ähnliches Eis aus Milch. Jedenfalls, während man es isst. Aber wenn man damit fertig ist, scheint plötzlich irgendetwas gefehlt zu haben. Vielleicht gibt es in der Milch einen Stoff, der die kleinen Kinder und Kälber ruhig und zufrieden macht. Kann aber auch Einbildung sein. Schließlich hat mir ja auch noch nie etwas gefehlt, wenn ich die Croissants von Knack & Back gegessen habe. Dass die vegan sind, also ohne ein einziges Gramm Butter hergestellt werden, habe ich erst über die Listen veganer Lebensmittel im Internet erfahren. Allein wäre ich da nie im Leben drauf gekommen. Auf meiner Internet-Startseite steht seit Tagen ein Bericht darüber, dass auch die meisten Fertigsoßen, die sich Sauce hollandaise nennen, überhaupt keine Butter und kaum Ei enthalten. Der Bericht tut so, als wäre das Ersetzen von tierischen Produkten in einem Lebensmittel durch pflanzliche ein Verbrechen am Verbraucher – vergleichbar dem Gammelfleischskandal. Ich hingegen horche natürlich auf. Wäre das nicht was für mich? Aber neben prima veganen Zutaten wie 80 % Sonnenblumenöl ist in den Fertigsaucen dann doch immer etwas Milchpulver und ein klitzekleines bisschen Ei – wohl um den Verbraucher zu beruhigen. Schade, schade – den Unterschied würde man bestimmt nicht merken, wenn man die drei Prozent Ei auch noch weggelassen hätte. Man sieht also, dass die großen Firmen in kürzester Zeit hervorragende vegane Soßen und Fertiggerichte entwickeln könnten – hätten sie nur ein Interesse daran. Als ich wieder einmal herumjammere, dass Spargel ohne Sauce hollandaise wie Mercedes ohne Stern, bzw. wie Sex ohne Liebe sei, fährt Jiminy mir über den Mund.

»Na und? Mercedes ohne Stern ist doch völlig in Ordnung. Was willst du mit dem Stern? Und gegen Sex ohne Liebe ist doch auch überhaupt nichts einzuwenden.«

An Margarine habe ich mich übrigens inzwischen gewöhnt. Vielleicht liegt es aber auch bloß daran, dass ich endlich die richtige Marke gefunden habe. Jedenfalls scheint mir ein Leben ohne Butter plötzlich denkbar. Manchmal scheint mir sogar ein komplett veganes Leben denkbar. Eine gute neue Idee macht anscheinend immer drei Phasen durch: Zuerst wird sie verlacht, dann wird sie bekämpft und dann finden es alle ganz selbstverständlich und können sich gar nicht mehr daran erinnern, dass es einmal anders gewesen sein soll. Wäre doch gar nicht schlecht, endlich mal zur Avantgarde zu gehören. Das Gerücht, eine vegane Ernährung würde die Gesundheit gefährden, weil sie dem Körper entscheidende Proteine, Vitamine und Eisen vorenthalte, hält sich natürlich deswegen so hartnäckig, weil sich die meisten klammheimlich wünschen, dass eine vegane Ernährung gar nicht möglich sei. Bloß nicht zugeben, dass man die ganze Zeit die Wahl hat zwischen Grausamkeit und ökologischer Zerstörung auf der einen Seite und der Möglichkeit, einfach kein Fleisch, keine Milchprodukte und keine Eier mehr zu essen. Dabei gibt es sogar einen veganen Bodybuilding-Weltmeister. Eiweiß und Eisen finden sich nämlich auch in Getreide und Hülsenfrüchten, und da Veganer viel Obst und Gemüse essen, nehmen sie auch viel Vitamin C zu sich, was die Eisenaufnahme sogar noch fördert. Im Grunde geht es nur um ein einziges Vitamin: B12. Es ist wichtig für die Blutbildung, überhaupt für jede Zellerneuerung und die Funktion der Nervenzellen. Vitamin B12 kann nur von Mikroorganismen wie Hefepilzen oder Bakterien gebildet werden, die im Verdauungstrakt von Tieren wohnen oder auf der Oberfläche von ungewaschenem Obst und Gemüse vorkommen. Auf pflanzlichen Nahrungsmitteln findet man sie nicht in ausreichender Menge, dafür aber in Milch (besonders Käse), Eiern und Fleisch (besonders Leber). Ganz sicher kann man allerdings auch da nicht sein. Durch Antibiotika, wie sie in der Massentierhaltung häufig verabreicht werden, kann die Darmflora eines Tieres so stark gestört werden, dass sich dort kein Vitamin B12 mehr bildet und dann auch das Fleisch dieses Tieres praktisch Vitamin-B12-frei bleibt. Kath Clements, die Autorin von »Vegan«, empfiehlt eine Dosis von 2,0 Mikrogramm täglich, die in Form von fermentierter Nahrung wie Tempeh, Miso und Shoyu (was immer das sein mag) oder als Vitaminpräparat genommen werden kann. Dazu habe ich aber keine Lust. Im Internet stand nämlich irgendwo, dass der menschliche Körper nur eine verschwindend geringe Menge Vitamin B12 braucht, die er auch noch jahrelang speichern kann. Eine Kontrolle der Blutwerte alle zwei bis drei Jahre würde völlig genügen. Ich lasse es einfach mal drauf ankommen. Sechs Monate ohne B12 werde ich schon überleben.

22. Juli. Sintflutartige Regenfälle in China lösen Überschwemmungen und Schlammlawinen aus und kosten 700 Menschen das Leben.

Jiminy und ich gehen essen. Ich trage meine todschicke, dreifarbige, völlig lederfreie Motorradjacke, die ich für 9,95 Euro im Landhandel erstanden habe. Früher hieß es ja immer, ein rücksichtsvoller, ökologisch denkender Mensch müsse möglichst naturnahe Produkte kaufen – wahnsinnig teure, kratzige Shetlandpullover und Hausschuhe aus handgewirktem Filz. Jetzt bin ich viel strenger als alle Müslifresser zusammen, und darf trotzdem in einer Kunststoffwelt schwelgen und billige Stiefel »aus herrlich weichem Velourlederimitat« kaufen. Wahrscheinlich ist es der schlechten Wirtschaftslage zu verdanken, dass es davon ein viel größeres Sortiment gibt, als ich mir je habe träumen lassen. Ob die jetzt auch alle mit veganem Kleber zusammengeleimt wurden, habe ich allerdings noch nicht recherchiert. Auch die Chelsea Boots sind endlich aus England gekommen. Sie sehen extrem gut aus und sind superbequem. Bei der lederfreien Lederjacke gibt es allerdings einen Haken, der mir natürlich wieder erst hinterher aufgefallen ist –

ich vermute, dass sie aus Erdöl gemacht wurde. So rette ich die Welt natürlich nicht. Ein ökologisch denkender Mensch kauft wahrscheinlich am besten gar nichts.

Nirgendwo ist es so einfach, vegan essen zu gehen, wie in Berlin. Über 30 vegetarisch/vegane Restaurants, Bars und Imbisse gibt es. Auch bei einem thailändischen Restaurant in Kreuzberg steht draußen dran, welche Gerichte vegan sind. Da waren Jiminy und ich aber schon einmal. Was uns vorgesetzt wurde, schmeckte so fade, dass ich noch nicht einmal Lust habe, über die Pampe zu schreiben. Die vegetarischen Restaurants waren alle recht ordentlich. Herausragend war das Gourmet-Restaurant ›La Mano Verde‹, in das mich Karin Graf, meine Literaturagentin, eingeladen hat. Überbackener Spargel, Spaghetti mit Passe Pierre Algen und ein Schokoladennachtisch, bei dem man sich fragt, was einen in Gottes Namen eigentlich noch davon abhält, für immer Veganerin zu bleiben. Jiminy kennt diesen Tempel noch nicht. Ich würde sie ja gern dorthin einladen, aber da ich so viele Restaurants wie möglich ausprobieren will, führe ich sie stattdessen in eine vegetarische Burger-Bude, die Bio-Ware und mehrere vegane Gerichte anbietet. Uns wird der Lappland-Cheeseburger empfohlen. Aufgrund unserer enttäuschenden Erfahrungen mit veganem Käse entscheide ich mich sofort für Currywurst mit Pommes frites. Jiminy nimmt den Lappland-Burger.

»Aber ohne Käse. Veganen Käse finde ich schrecklich.«

»Wieso das denn«, ruft der junge Mann vom Grill, »unser veganer Käse ist richtig lecker. Was habt ihr denn für einen probiert? Ich zeig euch mal, welchen wir nehmen.«

Er holt eine Packung aus dem Kühlschrank und legt

sie vor uns auf den Tresen. »Hier, der wird garantiert auch euch schmecken.«

Jiminy und ich sehen uns an. Es ist genau der schreckliche Käse, den ich bereits nach einem einzigen Bissen komplett in der Mülltonne versenkt habe. Aber der junge Mann strahlt so begeistert, dass wir es nicht über's Herz bringen, ihm das zu sagen.

»Vielleicht schmeckt er ja, wenn er geschmolzen ist«, sagt Jiminy. Ich schlage vor, dass wir beide Bestellungen gerecht teilen, um das persönliche Risiko zu minimieren.

»Der Typ hat wahrscheinlich seit zwanzig Jahren keinen richtigen Käse mehr gegessen«, flüstert Jiminy mir beim Rausgehen zu. »Der weiß überhaupt nicht mehr, wie Käse eigentlich schmeckt.«

Wir setzen uns an einen der Holztische draußen und warten auf unsere Bestellung.

»Wusstest du, dass in Uruguay der ganze Regenwald abgeholzt wird, um Soja-Felder anzulegen?«, sagt Jiminy. »Hat mir gestern jemand aus dem Entwicklungshilfeministerium erzählt. Stell dir vor, jetzt essen wir die ganzen Tofu-Sachen, um die Tiere und das Klima zu schonen, und nun stellt sich heraus, dass wir damit noch mehr Schaden anrichten ...«

»Nein«, sage ich, »tun wir nicht.«

Ich kann Jiminy beruhigen, dass die Felder nicht ausschließlich für ihren Tofu-Hamburger in den Regenwald geschlagen werden, sondern dass über 80 Prozent der weltweiten Sojaernte und mindestens ein Drittel, wenn nicht sogar die Hälfte des angebauten Getreides als Futter für Schlachttiere und Milchkühe benutzt wird. Der größte Teil der Kalorien geht dabei über den Stoffwechsel der Tiere verloren – beim Rind sollen das laut dem Verein »die Tierfreunde« über 90 Prozent sein. In ein

Schwein muss man 7000 Kalorien Soja hineinschütten, um 1000 Kalorien Schweinefleisch zu produzieren.

»Wenn du jetzt also statt Tofu wieder Frikadellen essen willst, dann wird deinetwegen erst recht Soja angebaut, nämlich mindestens siebenmal so viel und sieben mal so viel Dschungel gerodet.«

»Echt?«

Jiminy ist sichtlich erleichtert.

»Ja echt«, sag ich. »Vegan zu leben heißt ja nicht, dass man überhaupt keinen Schaden anrichtet, sondern bloß, dass man ihn soweit wie möglich und praktikabel vermeidet.«

Auch beim Getreide- und Gemüseanbau werden Tiere getötet. Etwa 90 000 Rehkitze geraten jährlich in die Mähdrescher, und selbst in der ökologischen Landwirtschaft werden bestimmte Gifte zugelassen.

Kartoffel oder Kartoffelkäfer, das ist hier die Frage.

»Aber wenn du Fleisch isst, müssen siebenmal so viele Rehkitze in Mähdreschern sterben.«

Unsere Bestellung ist fertig. Auf dem Burger, zwischen lauter Soße und Gurke und Ersatz-Hack, schmeckt der vegane Käse tatsächlich wie Käse, ganz okay eigentlich. Die Currywurst geht so, der Ketchup ist milder Bio-Tomatenketchup – mit ein bisschen Curry-Pulver überstäubt. Das ist ja nun nicht das, was ich unter einem guten Curry-Ketchup verstehe. Die Pommes frites sind dünn und schrumpelig.

»Schade um die schönen Bio-Kartoffeln«, sagt Jiminy.

Ich schiebe den Teller zur Seite. Plötzlich habe ich einen wahnsinnigen Appetit auf ein Steak. Mir ist absolut bewusst, was einem Rind dafür angetan wird. Ich habe auch parat, was die ökologischen Folgen sind. Mir ist völlig klar, wie unentschuldbar es wäre, so etwas zu tun, aber offenbar spielt der Egoismus eine größere Rolle in meinem Leben als mir lieb ist. Ich bin wie ein psychopathischer Mörder, der das Verwerfliche seiner Taten eingesehen und Besserung gelobt hat, und der jetzt trotzdem unbedingt wieder ein Stück aus einem lebendigen Körper in seinen Mund stopfen und darauf herumkauen will. Und die Versuchung, die schreckliche Versuchung, die darin liegt, dass niemand in meinem näheren Bekanntenkreis in mir den Mörder erkennen würde. Alle fänden es völlig in Ordnung, wenn sie mich mit einem Stück Fleisch im Mund antreffen würden. Auch mit den deutschen Gesetzen würde es nicht kollidieren. Nicht einmal mit dem Tierschutzgesetz. Niemand außer mir selber wüsste, was für ein abscheulicher Verbrecher ich bin. Dabei anständig zu bleiben ist schwer, das ist so gottverdammt schwer! Allerdings würde Jiminy es wissen.

»Weißt du, worauf ich jetzt Appetit hätte?«, sagt Jiminy. »Auf richtige Frikadellen, wie sie meine Mutter immer macht.«

»Das sagst du jetzt ja wohl nicht im Ernst? Frikadellen? Wer hat mir denn früher immer die Vorträge über Qualfleisch gehalten?«

»Ist ja schon gut«, murmelt Jiminy mit gesenktem Kopf.

Ende Juli lösen die stärksten Monsunregenfälle seit mehr als achtzig Jahren in Pakistan eine Flutkatastrophe aus. Indus und Swat treten über die Ufer und zerstören Brücken, Straßen und Felder. Sechsunddreißig Distrikte werden überschwemmt. Das Wasser steht teilweise bis zu fünf Meter hoch. Mehr als eine Million Einwohner sind davon betroffen. Weil das Adjektiv »sintflutartig« in diesem Jahr schon im Zusammenhang mit den ungeheuren Regenfällen auf Mallorca, in Frankreich, China, Mexico und so weiter und so fort überstrapaziert worden ist, und man es in Pakistan mit einer noch gewaltigeren Dimension zu tun hat, wird in den Nachrichten jetzt von apokalyptischen Regenfällen und Zuständen gesprochen.

12

August – am vegansten

*»… der Mensch hat doch, was Tiere betrifft,
keinerlei Pflichten.«*

(Pius IX., Papst von 1846–1878)

*»Spanier sind fromme Christen,
gegen Satan sind immun sie,
trotzen mancherlei Gelüsten,
aber Tiere quälen tun sie.
Tiere haben keine Seele,
so wird nämlich dort gepredigt,
drum ist's gut, dass man sie quäle,
bis sie tot sind und erledigt.«*

(Heinz Erhardt)

Vorgabe: Keine Ausnahmen mehr. Jetzt muss alles vegan sein.

Noch mehr Hitzerekorde: Der Juli ist weltweit der viertheißeste Juli gewesen seit Beginn der Temperaturaufzeichnungen vor 130 Jahren. In Russland werden die heißesten Temperaturen gemessen, die dort jemals aufgezeichnet worden sind. Am 2. August hat es in Woronesch 44 Grad Celsius. Ein Nebenfluss der Wolga ist komplett ausgetrocknet. Mehrere Hundert Wald- und Torfmoorbrände sind ausgebrochen, teilweise in der Nähe von Moskau. Putin erfindet das Life-Dokudrama:

Er lässt sich für die Fernsehnachrichten in einem Birkenwald filmen, wie er mit dem Handy weitere Hilfskräfte ordert. Gegenschnitt: In einem Büro sitzt der russische Präsident Medwedew mit dem Telefonhörer am Ohr und sichert Putin so viel Mann zu, wie er haben will. In Pakistan regnet es weiter. Die Überschwemmungen wandern den Indus entlang Richtung Süden. Inzwischen sind drei Millionen Menschen von den Überflutungen betroffen. Auch in Polen, Tschechien, Bayern und Ost-Sachsen gibt es jetzt Überschwemmungen. Mancherorts fallen mehr als 50 l Regen pro qm. In Polen gibt es acht Tote. Die Witka-Staumauer ist gebrochen. In Deutschland ertrinken drei Rentner im eigenen Keller. Aus Teilen der Grenzstadt Görlitz müssen Tausende evakuiert werden. Von den Autos schauen nur noch die Antennen aus dem Wasser. Der Pegel der Neiße steht in Görlitz bei 7,07 m. Normal wäre 1,70 m.

Die neuerlichen Hitzerekorde und Überschwemmungen bedeuten aber nicht, dass die Klimakatastrophe bereits da sei, versichern Experten. Wir müssten uns allerdings darauf einstellen, dass wir aufgrund der globalen Erwärmung zukünftig häufiger mit extremen Wetterlagen zu rechnen haben. Na, was denn nun, Jungs? Ist die Klimakatastrophe nun da, oder ist sie bloß schon da?

Der Kleinbus hält vor einem rechteckigen, lang gestreckten Gebäude aus Wellblech, dessen Ende nicht auszumachen ist und das zwei Stockwerke hoch in den klaren Nachthimmel ragt. Mit Fahrerin und Kamerafrau sind wir acht. Wir ziehen die Kapuzen unserer schwarzen Kapuzenpullis über die Köpfe und springen leise heraus. Das heißt, ich habe keinen Kapuzenpulli dabei, kann also bloß den Kragen meiner schwarzen Jacke hochschlagen. Peter hat die Heckklappe schon geöffnet, und jeder greift sich zwei der in dunklen Tarnfarben gehaltenen Katzentransportboxen und läuft geduckt in den Schatten eines Gebüsches. Auch das gigantische Gebäude wirft einen scharfen schwarzen Schatten. In seiner abweisenden, finsteren Größe hat es etwas von einer religiösen Kultstätte, in der grausame Rituale zelebriert werden. So ganz falsch ist das nicht. In den zweistöckigen Hallen werden Hühner gehalten, Zehntausende, vielleicht sogar Hunderttausende. Ich werde nicht dazu kommen, sie zu zählen. Der Kleinbus fährt langsam davon. Peter geht mit seinen Transportboxen vor uns her. Wir folgen ihm schweigend einige Hundert Meter bis zu einer Stahltür. Dort warten wir, während Peter noch einmal zurückgeht, um den mit einem Funkgerät ausgestatteten Wachtposten zu positionieren. Die Sterne stehen so hell und deutlich wie in einem Planetarium am Himmel, aber im Schatten des Gebäudes herrscht absolute Schwärze. Man sieht die Hand vor Augen nicht. Niemand spricht. Neben mir pinkelt ein Mädchen ins Gras. Lächerlicherweise beginnt plötzlich mein linkes Knie zu schlottern. Erst langsam, dann nimmt es den Takt und die Geschwindigkeit einer Nähmaschinennadel auf. Ich habe in meinem ganzen Leben noch keinen einzigen Ladendiebstahl begangen. Ich fahre auch nie schwarz. Selbst als ich einmal hinter der Hamburger Punk-Band »Die goldenen Zitronen« und den Dithmarschern »Huah« herstiefeln musste, zog ich unter dem höhnischen Gejohle der Musiker, die bereits in die S-Bahn gesprungen waren, noch schnell eine Fahrkarte aus dem Automaten. Ich gehe ein paar Schritte, damit sich mein Knie wieder einkriegt. Manchmal muss man das Richtige tun, auch wenn man schlechte Nerven hat, und die deutsche Gesetzgebung es für falsch hält. Schwächere quälen, ausbeuten und töten und das damit begründen, es seien ja schließlich keine Menschen, entspricht nun einmal nicht meiner Vorstellung von Recht.

Peter kommt zurück. Er gibt uns schwarze Einweghandschuhe – Wo kriegt man denn so etwas? Im Tierbefreiungsbedarf? – und Plastik-Überstülper für die Schuhe, damit wir keine Bakterien in den Stall einschleppen. Wer hätte gedacht, dass Tierbefreiung so unaufgeregt, verantwortungsvoll und perfekt organisiert abläuft? Ich kann mich nicht erinnern, dass irgendwann auch nur ein einziger Befehl gegeben wurde. Trotzdem weiß jeder jederzeit, was er zu tun hat. Vermutlich wäre Peter auch als Manager in einem Wirtschaftsunternehmen ziemlich erfolgreich. Stattdessen geht er jetzt los und öffnet die Tür zur Anlage, um nachzusehen, ob auch keine Hühner direkt vor dem Eingang sitzen. Die könnten sonst aufflattern, wenn wir alle zusammen hereinkommen, und nach draußen entwischen. Das sollen sie nicht, wir befreien ja schließlich keine Hühner, damit sie vom nächsten Fuchs gefressen werden. Im Gegensatz zu Freilassungen, wo einfach die Ställe oder Käfige geöffnet werden und die herausgelassenen Tiere dann sehen müssen, wie sie mit der unverhofften Freiheit zurechtkommen, werden bei Tierbefreiungen immer nur so viele Tiere herausgeholt, wie Plätze zur Unterbringung vorhanden sind. Ich versuche die Gummihandschuhe anzuziehen, kann aber in der Dunkelheit nichts sehen, und irgendwie passen die überhaupt nicht. Als Peter die Tür wieder öffnet, bin ich immer noch nicht fertig, aber jetzt muss jeder schnell seine Katzentransportboxen greifen, und wir treten nacheinander ein, stapeln die Boxen innen neben dem Eingang und schieben uns im Dunkeln seitlich an der Hallenwand entlang. Ich ziehe und zerre immer noch an den Handschuhen. Ratsch – jetzt habe ich den linken zerrissen. Ratsch –

jetzt den rechten. Wenige Zentimeter vor meinem Gesicht spüre ich die Wärme der Hühner, die wir beim Eintreten kurz im Lichtkegel von Peters Stirnlampe sehen konnten, atme ihren Geruch und höre das empörte Glucksen. Erst als wir alle nacheinander eingetreten sind, uns die Wand entlang verteilt haben und Peter die Tür geschlossen hat, knipsen auch wir unsere Stirnlampen an. Die zerrissenen Handschuhe hängen lappig an meinen Fingern herunter. Anscheinend habe ich wohl versucht, den Zeigefinger in die Hülle für den Daumen zu zwängen. Vor mir türmen sich Stahlregale wie in einem Obi-Markt. Nur, dass der Durchgang enger ist, und dass bloß ein einziges, dicht gepacktes Produkt im Angebot ist: braunes Huhn. Als die Kamerafrau die Regale entlangleuchtet, wird mir leicht schwindlig. Es sieht aus, als hätte man zwei Spiegel gegeneinander gehalten, ein Huhn dazwischen gestellt, und nun verliert sich die Reihe des gespiegelten und widergespiegelten Huhns in einer unendlichen Flucht. Peter bedauert, dass er keinen schlimmeren Stall mit schrecklicheren Zuständen ausfindig gemacht habe. Dies sei eine für Hühnerhaltung fast vorbildlich geführte Halle. Außerdem ist es nicht Käfig-, sondern Bodenhaltung, also lange nicht so bedrückend. Halle und Hühner sehen auf den ersten Blick auch ganz ordentlich aus. Es riecht noch nicht einmal besonders schlimm, nur etwas muffig. Der Auslauf befindet sich unter den Regalen, das wirkt auf einen Menschen klaustrophobisch, aber ein Huhn drückt sich ja auch im Freien gern unter niedrigen Büschen herum. Der Boden ist dünn mit Sand bestreut, sodass die Hühner scharren können, wenngleich es natürlich auch nichts gibt, wonach sie scharren könnten. Weder tote Hühner noch besonders viel Kot liegen hier herum. Geradezu ein Vorzeigestall. Aber als meine Augen sich etwas an die Dunkelheit gewöhnt haben, entdecke ich plötzlich ein surreales Geschöpf, das auf dem Boden gesessen hat und nun auf mich zuläuft. Es ist natürlich ein Huhn, hier gibt es nur Hühner, aber es sieht aus wie etwas, das man als Kind aus Kastanien und Streichhölzern gebastelt hat. Ein normaler Hühnerkopf balanciert auf einem Strich von einem Hals, der wiederum in einem völlig zerrupften Körper endet. Der Hals ist völlig nackt, wie bei einem Geier. Auch auf dem Rücken fehlen fast alle Federn, sodass man von oben ein aus dem Topf gesprungenes Suppenhuhn zu sehen meint. Als ich mir nun auch die anderen Hühner näher anschaue, stellt sich heraus, dass mindestens jedes zweite Huhn schlimm (völlig zerrupft und ohne Deckfedern) bis katastrophal schlimm (Federn großflächig bis auf die Haut herunter ausgerissen, kahler Hals) aussieht. Da sie über uns und so eng nebeneinander sitzen, konnte man die kahlen Stellen an den Seiten und auf dem Rücken nicht gleich sehen. Ein Huhn mit völlig intaktem Federkleid gibt es wahrscheinlich gar nicht. Nun ist es ja das Prinzip der erlaubten Massentierhaltung, so viele Tiere wie möglich in eine Halle zu stopfen. Aber dabei sollte doch auch der Begriff »wie möglich« berücksichtigt werden. Wenn Hühner sich gegenseitig die Federn ausreißen, bis sie aussehen, als wären sie in einen Rasenmäher geraten, dann hat man definitiv zu viele zusammengestopft. Man müsste also wieder zwei-, drei- oder viertausend Hühner aus der Halle entfernen, bis sie sich nicht mehr gegenseitig nackt rupfen. Stattdessen hat man lieber versucht, die Hühner an die ungeeigneten Haltungsbedingungen anzupassen. Peter macht mich auf die Schnäbel aufmerksam. Sie sind abgeschnitten. Eine übliche Vorgehensweise. Mit einem heißen Draht oder mit Laser wird Hühnern die Schnabelspitze abgetrennt, damit sie sich aus Aggressivität oder lauter Mangel an Beschäftigungsmöglichkeiten nicht gegenseitig an den Federn zerren. Die Prozedur muss wahnsinnig schmerzhaft sein. Haufenweise Nerven enden in der Schnabelspitze. Wenn man Zehntausenden Tieren den Schnabel kürzt, geht auch schon mal etwas schief. Bei manchen fehlt nicht nur die Spitze, sondern gleich der halbe Schnabel. Bei einigen Tieren ist so viel weg geschnitten, dass sie gar nicht mehr wie Vögel aussehen, sondern wie kleine Dinosaurier mit hornigen Mäulern. Einigen Hühnern fehlt nur die Hälfte des oberen Schnabels. Picken können sie so natürlich nicht mehr, und falls die Nahrung hier nicht breiartig ist, sind sie vielleicht zum Verhungern verurteilt. Warum aber sehen die Hühner trotz amputierter Schnabelspitzen immer noch so zerfleddert aus? Mir fallen nur zwei Erklärungen ein. Entweder das Schnabelkürzen nützt überhaupt nichts, oder die Hühner werden bei dieser Haltung so aggressiv, dass sie sich mit intakten Schnäbeln gegenseitig zu Tode picken würden. Das ist es, was man verhindern will. Dass die Hühner sich gegenseitig eine Feder nach der anderen ausreißen, bis sie irgendwann splitternackt sind, wird billigend in Kauf genommen, solange sie nur ein paar Monate durchhalten und dabei Eier legen.

Peter hält mir eine geöffnete Katzenbox hin. Ich schaue zu den Hühnern hoch, die knapp über meinem Kopf auf dem Blechregal sitzen. Die Hühner sehen missbilligend auf mich herunter. Ich muss an diese esoterische Vorstellung denken, dass nach dem Tod alle Tiere, die man im Laufe seines Lebens so gegessen hat, auf einen warten und einen ansehen. Genauso schauen diese Hühner mich an.

»Ach Gott, welches soll ich denn jetzt nehmen«, sage ich.

»Ich nehme immer irgendwelche«, sagt Peter. »Manche retten lieber die, die am schlimmsten aussehen. Aber genauso gut kann man auch sagen: Die haben es wenigstens bald hinter sich, und ein Huhn nehmen, das noch eine längere Leidenszeit vor sich hätte.«

Ich greife mir dann doch die eher zerfledderten Hühner, die, deren Leid aktuell am größten ist. Eigentlich hätte ich am liebsten Tiere aus einem Versuchslabor befreit, Beagle zum Beispiel, denen man zur Erforschung von Parodontitis Löcher in den Kiefer bohrt, und in einem solchen Labor hätte ich dann gern auch noch alles zu Klump geschlagen. Aber erstens weiß ich nicht, wer meine Maultiere und das Pferd versorgen soll, wenn ich inhaftiert werde, zweitens würde es mich ganz krank machen, an so ein Institut am Ende womöglich noch Schadensersatzzahlungen leisten zu müssen, mit denen die dann ihre Versuche fortsetzen, und drittens zerreiße ich ja schon bei einer einfachen Hühnerbefreiung vor Aufregung meine Gummihandschuhe. Vierundzwanzig Hühner nehmen wir mit, in jeder Katzenbox zwei. Niemandem wird je auffallen, dass sie fehlen.

Auf dem Rückweg warten wir mit unseren Transportboxen voller Hühner im Gebüsch auf den Kleinbus. Peter geht zielstrebig zu einem großen Blechkasten, den ich für einen Kasten mit Streusand gegen Glätte gehalten habe. Er winkt mich heran und leuchtet mit seiner Taschenlampe hinein. Der Kasten ist randvoll mit toten Hühnern.

Als wir alle wieder im Bus sitzen, bin ich ziemlich niedergeschlagen.

»Oh, Mann«, sage ich, »das geht einem ja furchtbar an die Nieren. Jetzt haben wir zwar 24 Hühner gerettet, aber für jedes Huhn, das wir mitgenommen haben, haben wir ein paar Tausend zurückgelassen, die das weiter aushalten müssen. Macht euch das überhaupt noch Spaß?«

Die anderen sehen mich etwas erstaunt an.

»Was meinst du mit Spaß?«

»He, kommt«, sage ich, »das war doch ziemlich aufregend eben. Nun tut nicht so, als ob euch das keinen Spaß gemacht hätte …?«

»Ich mache das jetzt seit zehn Jahren«, sagt Peter, »da ist das nicht mehr aufregend. Langsam geht es ganz schön an die Substanz, sich immer wieder die Nächte um die Ohren zu schlagen. Bis wir zu Hause sind, ist es vier. Das heißt, der morgige Tag ist auch gelaufen. Ich habe ja schließlich auch noch einen Beruf. Und bis sich der Körper nach so einem Wochenende wieder erholt hat, steht manchmal schon die nächste Befreiung an.«

»Warum machst du das denn so oft?«, frage ich.

»Um so viele Tiere wie möglich da rauszuholen.«

Jiminy ist für zwei Monate weg. Sie arbeitet jetzt in Köln für eine Fernsehserie. Aber Beate kommt, um die neuen Hühner zu besichtigen. Sie ist angemessen erschüttert.

»Nicht nur die ausgerissenen Federn … die Kämme sind auch ganz bleich, die sind ja überhaupt nicht durchblutet.«

»Tja«, sage ich, »so sehen sie aus, die Hühner, die die schönen braunen Eier aus Bodenhaltung legen.«

Auch bei mir sind die befreiten Hühner nicht im Paradies gelandet. Auch hier sind sie erst einmal eingesperrt, und die bereits vorhandenen Hühner picken nach ihnen und verjagen sie vom Futternapf. Der dicke Piepsi hackt die Neuen mit Vorliebe in die sowieso schon kahlen Stellen. Ich kann da gar nicht hinsehen, wie der Schnabel auf das pinkfarbene Fleisch trifft, unter dem sich die zarten Flügelknochen abzeichnen. Aber jetzt können die Hühner wenigstens ausweichen. Es gibt einen Auslauf mit niedrigen Büschen, unter denen sie sich verstecken können. Und in ein paar Tagen werden sich alle aneinander gewöhnt und eine klare Rangfolge hergestellt haben. Dann wird kaum noch gehackt.

Kater Simbo kommt an und reibt sich an unseren Beinen.

»Der sieht aber auch nicht so gut aus«, sagt Beate. »Das liegt bestimmt am Futter.«

»Habe ich doch schon längst abgesetzt.«

Simbo hat eine allergische Hautreaktion. Sein Fell ist ganz stumpf und voller Löcher. Ich bin froh, dass ich endlich einen Vorwand gefunden habe, kein veganes Futter mehr zu kaufen. Die Kater haben es gehasst, und in den Näpfen blieb immer eine Riesensauerei zurück. Beate beugt sich zu den Hühnern herunter.

»Also davon habe ich noch nie gehört, dass denen die Schnabelspitzen abgesägt werden. Das ist ja schlimm.«

»Und das hier sind noch die leichteren Fälle«, sage ich, »da waren welche dabei, die hatten fast gar keine Schnäbel mehr.«

Beate schüttelt empört den Kopf.

»Bei der nächsten Tierbefreiung mach ich mit.«

Die Flutkatastrophe in Pakistan breitet sich weiter aus. Inzwischen sind 12 Millionen Menschen davon betroffen, 1700 sind ums Leben gekommen. Die Weltmarktpreise für Baumwolle steigen. In Russland regnet es immer noch nicht. Inzwischen brennen 180 000 Hektar Wald. Wegen des Rauchs liegt in Moskau die Sicht unter 50 Meter. Auf dem Weltmarkt steigen die Weizenpreise.

Vom Wetter bedingte Katastrophen wie Stürme, Überschwemmungen und Feuersbrünste haben sich seit den 60er-Jahren verdreifacht. Die Kosten der Schäden, die sie verursachen, haben sich verachtfacht. Eigentlich ein Unding, dass die sozialen und politischen Umstände immer noch so sind, dass die Fleischesser ihr Handeln als legitim begreifen.

Ausgerechnet im letzten Monat meiner veganen Phase macht der Veni-vidi-vegi-Laden in Kreuzberg Urlaubspause. Wo bekomme ich jetzt Brot her, das garantiert nicht auf einem mit Butter eingefetteten Backblech gebacken wurde? Ich krieg es einfach nicht über die Lippen, hier in Brandenburg in einem Supermarkt danach zu fragen. Die halten mich doch für total bescheuert. Zu meiner Überraschung entdecke ich, dass nur wenige Dörfer weiter, in Klosterdorf, eine kleine Bäckerei veganes Brot verkauft. Na also, so schwierig ist die vegane Ernährung überhaupt nicht. In meinen besseren Momenten empfinde ich das Leben ohne Tierprodukte gar nicht mehr als Einschränkung, sondern sogar als Befreiung aus dem Morast von Ausbeutung, Zerstörung, Ungerechtigkeit und Grausamkeit, in dem ich mein Leben lang feststeckte. Seit ein paar Monaten sind die Hühner und die Säugetiere vor mir sicher. Die Maschinerie des Quälens und Tötens läuft zwar ungebremst weiter, aber wenigstens nicht mehr meinetwegen. Jiminy hat mich mal gefragt, ob ich mir nicht auch »irgendwie reiner« vorkäme, seit wir vegan leben. Reiner? Ich weiß nicht. Ich fürchte, dafür kenne ich mich zu gut. Aber zumindest erscheint mir mein Leben klarer und stimmiger, seit ich meine unbegreifliche Gleichgültigkeit abgelegt und Verantwortung übernommen habe. Und ich will in diesem letzten Vegan-Monat so konsequent wie irgend möglich leben – auch wenn das neue Kopfkissen mit Kunststofffüllung sich noch so abscheulich unter dem Kopf bauscht.

Bei jeder Ernährungsform, die ich bisher kennengelernt habe, gibt es Fundis und Realos, die die Regeln unterschiedlich streng auslegen. Die Fundis bei der Bio-Ernährung kaufen nur in kleinen Bio-Läden ein und achten zusätzlich noch auf Regionalität und den Anbaubetrieb und nehmen sich auch keine Einkaufstüte, sondern haben selbstverständlich einen Korb mitgebracht. Die Realos kaufen ihren Bio-Kram auch schon mal im Supermarkt und es mischt sich das eine oder andere Nicht-Bio-Produkt darunter. Bei den Vegetariern beginnt das Spektrum bei Leuten, die sich schon als Vegetarier verstehen, obwohl sie sogar noch Fisch essen und Weihnachten Muttis Braten nicht widerstehen können, geht über Leute, die zwar kein Fleisch essen, sich aber nicht daran stören, dass Gelatine in ihren Gummibärchen ist, und reicht bis zu den Veganern. Veganer sind in ihrer Ernährung alle ziemlich konsequent, sonst wären sie ja auch sofort Vegetarier. Selten kommt es vor, dass jemand Bienenhonig isst und sich trotzdem als Veganer begreift. Aber viele Veganer füttern ihre Katzen mit ganz normalem Katzenfutter, während andere das für ein Verbrechen halten, wiederum aber Wurmkuren für Katzen okay finden, während der ganz strenge antispeziesistische Flügel schon die Haustierhaltung an sich als Ausbeutung von Tieren zur Unterhaltung ablehnt. So ziemlich der Strengste der Strengen ist Achim Stößer, Antispeziesist und Gründer der Tierrechtsinitiative Maqi. Für ihn ist einzig die Abschaffung der Ausbeutung akzeptabel, nicht deren Reform. Ich bin etwas nervös, als ich ihm maile. Mit meinem Teilzeit-Veganismus auf Widerruf kann ich wohl kaum erwarten, Gnade vor seinen Augen zu finden. Muss ich ja aber auch nicht.

»Hätten Sie Lust auf ein Interview für mein Buch«,

schreibe ich, »es geht natürlich um Ihren ›Vegetarier sind Mörder‹-Artikel im Internet, aber nicht nur.«

»Ja gern«, mailt er zurück. »Ich hoffe, dass mit Ihrem Buch dem momentanen Pseudoteilzeitvegetarismuswischiwaschi-Hype etwas Seriöses entgegengesetzt wird.«

Schluck.

Ich treffe Achim Stößer im Frankfurter Hauptbahnhof, und weil uns nichts Besseres einfällt, gehen wir in die DB-Lounge, die ich als Eisenbahn-Vielfahrer benutzen darf, und setzen uns dort auf unbequeme Hocker. Passt eigentlich ganz gut zu der Situation. Ich duz' ihn einfach mal: »Im Moment schreiben doch alle Zeitungen kritische Artikel über Massentierhaltung, und es scheint einen Trend zum Vegetarismus oder wenigstens zum eingeschränkten Fleischkonsum zu geben. Freut dich das eigentlich?«

»Dass das Thema so viel in den Medien besprochen wird, könnte sich möglicherweise tatsächlich positiv auswirken. Das lässt sich jetzt kaum abschätzen. Den Inhalt dieser Artikel werte ich aber eher negativ.«

»Aber ist das denn nicht gut, wenn die Leute wenigstens kein Fleisch mehr essen? Das ist doch schon mal ein Schritt ...«

»Ein Schritt auf einem Weg, der über Leichen führt. Vegetarier ersetzen ja in der Regel das vermeintlich fehlende ›Fleisch‹ überwiegend durch Eier und Milchprodukte, für die Hühner, Rinder usw. ermordet werden.«

»Hm ja, ich weiß ...«

Ich lasse sie schnell noch einmal vor meinem inneren Auge Revue passieren, die gehäckselten Hahnenküken, die Legehühner, die nach einem Jahr Qualhaltung geschlachtet werden, die Kälbchen, die geboren und entsorgt werden müssen, damit eine Kuh Milch produziert, die Kuh, die nach zwei, drei Jahren als Milchmaschine so ausgelaugt ist, dass sie geschlachtet wird …

»Aber die Schweine«, sage ich, »die Schweine sind immerhin raus aus dem Rennen.«

»Ja, die Schweine vielleicht, aber das nützt den ermordeten Hühnern und Rindern nichts.«

»Ja … hm … hm …«

Achim Stößer spricht völlig ruhig und gelassen mit mir, trotzdem zapple ich die ganze Zeit auf meinem Hocker herum.

»Auch Vegetarier sind Mörder«, sagt er und verschränkt die Hände ineinander, »nur essen sie ihre Opfer nicht. Den Tieren ist es aber völlig egal, ob sie nun für den Eikonsum eines Vegetariers gequält und getötet werden oder damit ihre Körper gegessen werden.«

»Aber wenigstens werden für Vegetarier weniger Tiere getötet.«

»Das ist nicht allgemeingültig. Ein Vegetarier, der ein Jahr lang jeden Tag Spinat und ein Ei isst, tötet doppelt so viele Hühner wie ein Nichtvegetarier, der einmal im Jahr eine Hühnerleiche isst.«

Ich rechne irritiert nach. Ja, stimmt. Für diesen Eierbedarf wird ein Huhn ein Jahr lang gequält und anschließend getötet. Plus ein gehäckseltes Hahnenküken. Macht zwei Vögel.

»Ach, hör auf – die Nichtvegetarier essen doch nicht bloß ein Huhn im Jahr. Die essen jeden Tag Fleisch, die essen morgens schon Wurstbrot und außerdem noch ein Ei obendrauf. Also Vegetarismus ist vielleicht ethisch nicht gerade befriedigend, aber du musst doch zugeben, dass es eine Verbesserung ist.«

»Du meinst, wie ein Mörder, der sich von einem täglichen Kindermord auf ein Kind pro Woche gebessert hat?«

»Äh … tja … also ich sag ja, dass es ethisch nicht unbedingt befriedigend ist … – aber für die sechs Kinder, die dann jede Woche nicht umgebracht werden, macht das doch einen Riesenunterschied.«

»Für das eine, das ermordet wird, obwohl das verhindert werden könnte, auch«, sagt Achim Stößer ruhig.

Ich frage ihn, wo seine veganen Grenzen sind, und komme mit meinem Beispiel von den Dasselfliegen, male noch einmal so richtig farbig aus, wie eine Dassellarve sich durch den Körper ihres Wirtstiers frisst.

»Was würdest du denn da machen?«

»Damit kenne ich mich nicht aus, ich müsste mich erst mal informieren, aber eine Möglichkeit wäre, sie einzufangen und wieder im Wald auszusetzen.«

»Aber ich will doch nicht, dass die Mistviecher anderen Tieren das antun, was sie meinem Pferd antun wollten. Das macht es doch nicht besser. Ich will, dass die gar nicht mehr existieren. Solche Tiere braucht es nicht wirklich, da bricht auch kein sensibles Bio-System zusammen, wenn es die nicht mehr gibt.«

Na, wenn ihn so viel Speziesismus nicht aus der Reserve lockt, weiß ich auch nicht. Achim Stößer öffnet die verschränkten Hände, dreht die Handflächen nach oben und diagnostiziert: »Das ist dann wohl eher eine emotionale Entscheidung, keine ethische.«

Irrtümlicherweise halte ich das für Nachsicht und will mir nun auch für andere Verfehlungen die Absolution holen. Aber von nun an beiße ich auf Granit. Als ich maule, dass ich nun mal keine Lust habe, ständig in irgendwelchen Läden zu fragen, ob das Backblech, auf dem die Brötchen gebacken wurden, auch ja nicht mit Butter eingefettet worden ist, sagt Achim Stößer bloß: »Du musst ja nur *einmal* fragen. Ich weiß, wo ich mein Brot kaufen kann.«

»Aber was mache ich mit meinen Katzen, wenn die das vegane Futter nicht mögen? Die eine kriegt auch schon kahle Stellen. Da muss ich doch wieder Fleisch füttern.«

»Zuerst musst du es mit anderer veganer Katzennahrung versuchen, so lange, bis alle veganen Möglichkeiten ausgeschöpft sind. Dann hast du ein ethisches Dilemma, und es liegt nun einmal in der Natur eines Dilemmas, dass es dafür keine einfachen Antworten gibt.«

»Und das Pferd und die Maultiere«, fahre ich fort, »mir ist ja schon klar, dass es speziesistisch war, sie anzuschaffen, aber nun sind sie einmal da. Ich kann sie doch jetzt schlecht in einen Hubschrauber packen und in den Rocky Mountains aussetzen. Und sie brauchen Bewegung, also muss ich sie ja wohl reiten.«

»Du könntest das Pferd vom Fahrrad aus führen. Ich kenne eine Frau, die Veganerin geworden ist und das so gemacht hat. Oder findest du es okay, dich auf einen Sklaven zu setzen und dich von ihm herumtragen zu lassen?«

Am Nebentisch sieht ein junger Mann im Business-Anzug verstört von seinem Laptop auf und zu uns herüber.

»Aber meine Hühner«, sage ich, »zum Teil sind das immerhin befreite Hühner. Und ich kann ja nicht verhindern, dass die jetzt ständig Eier legen. Wieso darf ich die nicht essen?«

»Das ist eine Frage des Respekts. Wenn du sie isst, bedeutet das, dass du sie als Essen betrachtest. Natürlich kann man auch die tote Oma essen, einen überfahrenen Igel oder ein in Gefangenschaft gestorbenes Meerschweinchen, aber ich käme nicht auf die Idee.«

»Und was soll ich dann mit den ganzen Eiern machen?«

»Du könntest sie Tieren geben, die nicht vegan ernährt werden können.«

»... den Katzen zum Beispiel«, werfe ich ein.

»... den Katzen eher nicht. Hühnereiklar ist für Katzen schädlich, weil ihnen ein Enzym zur Verdauung fehlt. Aber Schlangen könntest du die Eier geben.«

»Schlangen?«

»Oder deinen Nachbarn, vorausgesetzt, dass dadurch nicht der Eindruck vermittelt wird, dass Eikonsum akzeptabel wäre – daher ist das eher hypothetisch. Ich hatte auch schon öfter Eier von befreiten Hühnern. Nach Befreiungen findet man ja häufig welche in den Transportkisten. Die habe ich immer weggeworfen.«

»So schnell wird man die Tierhaltung ja nicht abschaffen können«, sage ich schließlich erschöpft. »Was hast du dagegen, wenn bis dahin wenigstens die Haltungsbedingungen verbessert werden?«

»Das zu fordern ist Reformismus.«

»Na und? Was ist gegen ein bisschen Reformismus einzuwenden?«

»Beim Reformismus geht es vor allem darum, das Gewissen zu beruhigen, damit man die Ausbeutung beibehalten kann. Fändest du es in Ordnung, wenn man sagen würde: Gut, Sklavenhaltung ist erlaubt, aber wir einigen uns auf ein paar Mindeststandards, wie die Sklaven gehalten werden müssen?«

»Nein, aber wenn es schon Sklavenhaltung gibt, fände ich es gut, wenn wenigstens die Misshandlung der Sklaven verboten würde. Sobald erst einmal ein gesellschaftlicher Konsens darüber besteht, dass man Sklaven nicht schlagen darf, ist der Schritt auch nicht mehr so weit zu der Erkenntnis, dass Sklaverei an sich ein Unrecht ist.«

»Im Gegenteil, ein Konsens darüber, dass man Sklaven nicht schlagen darf, ist zugleich ein Konsens dar-

über, dass man Sklaven halten darf. Wer wirklich etwas
für Sklaven tun will, reformiert nicht die Sklaverei, sondern schafft sie ab.«

»Verlangst du nicht ein bisschen viel? Letztlich sind
Menschen doch auch bloß Säugetiere, die ihren Vorteil
suchen. Muss man nicht schon dankbar sein, wenn die
sich überhaupt ein paar Gedanken machen und versuchen, etwas anständiger zu leben?«

»Reicht es, weniger Brandbomben in Asylbewerber-
heime zu werfen als der Durchschnittsnazi? Soll dein
Buch ›Etwas anständiger essen‹ heißen oder ›Nicht ganz
so unanständig essen‹?«

Selbst nach drei Monaten, in denen ich mich um Tier-
produktfreiheit bemüht habe, entdecke ich in meinem
Haushalt immer noch ab und zu einen Gegenstand, der
auf Tierausbeutung beruht und den ich bisher übersehen habe – einen Hornkamm zum Beispiel und einmal
sogar einen großen schwarzen Kasten, in dem ich meine
Landkarten aufbewahre. Das Ding stand die ganze Zeit
in Sichtweite meines Schreibtischs, und es ist mir jetzt
erst aufgefallen, dass es mit Leder bezogen ist. Unfass-
bar! Wie viele Produkte in diesem Haushalt auf Men-
schenausbeutung beruhen, wäre natürlich auch mal
eine interessante Frage. Schließlich kullert mir in einer
Schublade auch noch eine echte Bienenwachskerze entgegen, inklusive der Plastikbienen, mit denen solche
Kerzen gern garniert werden. Ach Gott, ja, die armen,
ausgebeuteten Bienen. Mein Mitgefühl hält sich immer
noch sehr in Grenzen. Da es sich bei Honigbienen um
Wildtiere handelt, sind die Möglichkeiten der Lebensmittelindustrie, sie aus Profitgier zu quälen, sowieso
eingeschränkt. Auch bei der Honiggewinnung im großen Stil muss man die Bienen zum Nektarsammeln aus-

schwärmen und ihr Ding machen lassen. Und dass in einem Bienenstock zeitweise bis zu 60 000 Bienen einander auf der Pelle hocken, liegt nicht an skrupellosen Massentierhaltern. Das machen die freiwillig. Bei Bienen ist platztechnisch nichts mehr zu optimieren. Natürlich ist es nicht nett, wenn in der industriellen Honigerzeugung den Bienenköniginnen die Flügel beschnitten oder sie schon nach zwei Jahren aussortiert, also getötet werden, obwohl sie ihren Job eigentlich fünf Jahre lang machen könnten. Aber dabei handelt es sich pro Bienenstock um ein einziges Exemplar von Zehntausenden. Da trete ich doch schon auf dem Weg zum Vegan-Laden mehr Insekten tot. Manchmal begehen die Bienen sogar selber Königinnenmord – wenn die Königin nicht genug Eier legt. Das Individuum zählt in einem Bienenstock nämlich erschreckend wenig. Bienen stellen den reibungslosen Ablauf des Systems über ihr eigenes Wohl. Und das ihrer Kolleginnen. Wie in einem Orwell'schen Staat kontrollieren die Arbeiterinnen sich ständig gegenseitig, ob ja keine außer der Königin Eier gelegt hat. Hat es doch mal eine getan, wird sofort gepetzt und die anderen Arbeiterinnen oder die Königin selber töten die unerwünschte Brut. Junge Arbeitsbienen, die für die Fütterung und Pflege der Königin zuständig sind, werden mit der Königinnensubstanz – einer Botenstoffmischung, die die Bienenkönigin ständig absondert und die wie eine Droge wirkt – zu widerstandslosen Arbeitssklavinnen gemacht. Und einmal im Jahr werden in der sogenannten Drohnenschlacht alle männlichen Bienen im wahrsten Sinne des Wortes aus dem Bienenstock geworfen und damit dem sicheren Tod überantwortet. Manchmal sieht man einzelne Drohnen noch an anderen Bienenstöcken betteln, dass man sie doch hereinlassen möge. Klappt aber nie. Selbst das

Leben der Königin ist nicht angenehm – sie legt bis zu 2000 Eier am Tag. Selbstausbeutung, wohin man auch schaut. Man fragt sich, wer von der ganzen Veranstaltung eigentlich etwas hat.

Nun rechtfertigt der Umstand, dass Bienen in einer Staatsform leben, in der die Interessen des Individuums mit Füßen getreten werden, es natürlich noch lange nicht, ihnen den Honig wegzunehmen. Ob nun eine Biene ihren mühsam gesammelten Nektar an die fette Königin und deren Brut verfüttert oder mein Nachbar seine gesamten Ersparnisse in Kursen bei Scientology oder eine Ü-Ei-Sammlung anlegt – das können beide ja wohl halten, wie sie wollen, bzw. wie es ihnen ihr Verhaltensprogramm vorschreibt. Das ist kein Grund, sie zu enteignen. Aber weinen muss ich auch nicht gerade, wenn sie beklaut werden.

Herr B. gibt mir einen weißen, langärmeligen Kittel und einen Imkerhut. Der Kittel sitzt etwas knapp, aber einen größeren gibt es nicht.

»Wikingervorfahren«, sagt Herr B., »Sie haben bestimmt Wikingervorfahren. Eine richtige Wikingerbraut.«

Herr B. ist Freizeit-Imker, wie die meisten Imker in Deutschland. Allerdings kommen 80 % des in Deutschland verwendeten Honigs aus dem Ausland.

»Ich habe gehört, dass Bio-Imker den Bienen einen Teil ihres Honigs lassen«, sage ich, »genug, damit die über den Winter kommen. Oder wenigstens so viel, dass nur ein Teil durch Zuckerwasser ersetzt werden muss. Wie machen Sie das?«

»Ich nehme natürlich alles«, sagt Herr B. »In diesem Jahr habe ich fünfhundert Pfund geschleudert.«

»Aber wenn Sie so viel Honig geerntet haben – hätten

Sie den Bienen da nicht ein bisschen übrig lassen können? Schließlich waren es ja auch die Bienen, die dafür gearbeitet haben.«

»Dafür stelle ich ihnen die Zuckerlösung rein. Außerdem sammeln die jetzt schon wieder neu.«

Wir gehen in den schmalen Schuppen auf der Rückseite der Bienenstöcke. Vier Klappen sind in eine Wand eingelassen. Hinter jeder Klappe befindet sich ein Bienenstock. Herr B. schmaucht das Imker-Pfeifchen.

»Wenn die Bienen den Rauch wahrnehmen, denken sie, ein Waldbrand sei in der Nähe. Deswegen nehmen sie jetzt Honig auf, um notfalls damit umziehen zu können, und das macht sie so schwer und träge, dass sie nicht so leicht stechen.«

Er legt die Pfeife zur Seite und öffnet eine Klappe. Dahinter ist der Holzkasten, der den Bienen als Wohnung dient. Hunderte, Tausende Bienen wuseln durcheinander. Ich kann nur hoffen, dass die alle schön Honig aufgenommen haben und in ihrem Kasten bleiben. Die Waben stecken in Rahmen, die wie bei einer Hängeregistratur in den Holzkasten eingehängt sind. Herr B. nimmt einen heraus und streicht die darauf sitzenden Bienen mit einer Gänsefeder vorsichtig herunter. Dann darf ich den Rahmen halten, während Herr B. eisgekühlte Ameisensäure in den kleinen Flüssigkeitsbehälter füllt, der unten befestigt ist. Die Dämpfe, die entstehen, wenn die Ameisensäure sich erwärmt, sollen die Bienen und ihre Brut vor der Varroa-Milbe schützen. 1977 haben Wissenschaftler aus Oberursel asiatische Honigbienen zu Forschungszwecken eingeführt und dabei auch die besagte Milbe eingeschleppt. Sie ist nur 1,6 Millimeter groß, im Verhältnis zur Bienengröße ist das aber so, als hätte ein Mensch ein blutsaugendes Kaninchen am Körper hängen.

Herr B. ist der Meinung, dass russische Offiziere die Milbe an ihren Stiefelsohlen mitgebracht hätten. Er klemmt den Rahmen wieder zurück in den Holzkasten und schließt die Klappe.

»Jetzt wollen Sie für Ihr Buch natürlich wissen, warum der Honig so gesund ist, nicht wahr?«

»Äh, nein«, sage ich, »in dem Buch geht es mehr um Ethik. Es gibt ja so Leute« – (Oh Gott, habe ich tatsächlich gerade ›so Leute‹ gesagt?) –, »die behaupten, Imkerei sei Tierausbeutung, weil den Bienen der Honig weggenommen wird.«

Herr B. sieht mich erstaunt an, dann wird sein Blick leer, er blinzelt, und dann strahlt er mich wieder an.

»Zweihundert verschiedene Inhaltsstoffe sind im Honig«, sagt er. »Da ist auch nicht einfach bloß Zucker drin, sondern es handelt sich um Zuckerarten, die nicht mehr aufgeschlossen werden müssen. Ich esse jeden Tag einen Löffel Honig und war noch nie krank.«

Er öffnet eine Klappe, auf der mit Kreide das Wort »schwach« geschrieben steht.

»Ein schwaches Volk ohne Königin. Ein anderer würde sie jetzt abschwefeln. Aber ich bin ja ein guter Imker.«

Beim Abschwefeln werden die Bienen getötet, indem man einen Streifen Schwefel in einer Blechdose anzündet und die Blechdose in den – vorher verschlossenen – Bienenstock stellt.

»Oh«, sage ich, »ist das üblich? Im Internet steht, nur die bösen Groß-Imker aus Südamerika schwefeln ihre Kümmervölker ab. Deutsche Nebenerwerbs-Imker würden so etwas nicht tun.«

»Tu ich ja auch nicht. Ich versuche noch, sie durch den Winter zu bekommen. Wenn's wahrscheinlich auch nicht klappt.«

Auch diese Bienen bekommen ihre Portion Ameisensäure.

»Und wenn die im nächsten Jahr immer noch keine Königin haben«, frage ich, »schwefeln Sie sie dann ab?«

»Nein, ich schwefel nicht. Ich breche die einfach mitsamt den Waben aus dem Bienenstock und lege sie draußen auf den Boden. Dann fressen die Vögel sie. Aber so lange, wie es geht, versuche ich immer noch, sie zu retten.«

Nun ja, in der Natur sterben jährlich etwa 60 % der neu gegründeten Bienenstaaten. Vermutlich vor allem deshalb, weil ihnen niemand einen gegen Nässe und Zugluft geschützten Bienenstock zur Verfügung stellt und Ameisensäure gegen Milben vorbeibringt.

Wir ziehen unsere Imkerkleidung wieder aus. Herr B. erzählt, dass früher alles besser war.

»Aber der Westen hat die DDR ruiniert.«

»Der Westen hat die DDR ruiniert?«

»Der Strauß mit seinem Milliardenkredit. Aber das weiß man ja, dass man einem Kapitalisten nicht trauen darf. Was ein Kapitalist mit der einen Hand gibt, das nimmt er sich mit der anderen dreifach. Und danach gingen alle Waren immer bloß in den Westen. Ich habe damals in der Fischwirtschaft gearbeitet. Die dicksten Aale, die schönsten Karpfen. Alles in den Westen, zu Schleuderpreisen. Und wir, die dafür gearbeitet haben, haben gar nichts davon gesehen.«

»Ein bisschen wie bei der Honigernte, nicht?«, sage ich.

»Ja, der Honig, der ging natürlich auch in den Westen«, sagt Herr B. ergrimmt.

»Wie viel Fleisch ist gut für mich?«, fragt die »Bild«-Zeitung und nimmt Jonathan Safran Foers Bestseller ›Tiere essen‹ dafür als Aufhänger – als ginge es darin nicht um die Brutalität der Massentierhaltung, sondern um den Cholesterinspiegel. Fazit: »Sie können praktisch unbegrenzt viel Fleisch essen – jeden Tag ein Steak birgt kein Risiko.« Auf die Frage, ob Vegetarier gesünder leben, antwortet sich die Zeitung selber mit einem fett gedruckten Nein mit Ausrufezeichen. Und Biofleisch sei zwar »teurer [...], aber nicht unbedingt besser«.

Am 28. August findet in Dortmund der erste Deutsche Kirchentag »Mensch und Tier« statt. Ich bin völlig überrascht. Bislang haben sich die Kirchen ja nicht gerade dadurch hervorgetan, die Tiere unter ihren Schutz zu stellen. Obwohl sich einzelne, christlich orientierte Tierschützer redlich Mühe geben, die Bibel in ihrem Sinn zu interpretieren, steht im ersten Buch Mose (9,2) nun einmal: »Furcht und Schrecken vor euch komme über die Tiere.« Oder wie wäre es damit: »Alles was feil ist auf dem Fleischmarkt, das esset, und forschet nicht, auf dass ihr das Gewissen verschonet.« (1.Kor 10,25). Der katholische Katechismus verschont das christliche Gewissen auch vorm Grübeln über Hunde, die in Laboren gequält werden. Er wertet Tierversuche als sittlich zulässig und hält es für »... unwürdig, für sie (die Tiere) Geld auszugeben, das in erster Linie menschliche Not lindern sollte« (Nr. 2418). Der evangelische Erwachsenenkatechismus verliert gar nicht erst ein Wort darüber, wie Tiere in unserer Gesellschaft behandelt werden, und bezeichnet sie als nicht-personale Kreaturen. Auch vor dem Paradies steht immer noch das Schild: Tiere müssen leider draußen bleiben. »Nein. Tiere besitzen keine Seele nach Art des Menschen«, äußerte sich Hw. Dr. theol. Adolf Fugel am 27. März 2006 auf www.kreuz.net. »[...] Darum kann es weder ein Jenseits für Tiere geben, noch dürfen einem Tier menschliche Eigenschaften zugesprochen werden.« Was praktisch wohl bedeuten soll, dass Barmherzigkeit und Mitgefühl hier völlig fehl am Platze seien. Die Religion der Nächstenliebe sieht Tiere einfach nicht als ihre Nächsten an.

Bisher jedenfalls. Doch nun gibt es tatsächlich einen Kirchentag »Mensch und Tier«, und Zehntausende Christen aus aller Welt werden nach Dortmund kommen, um zu beten, Gitarre zu spielen und sich zum Mitgeschöpf zu bekennen. Möglicherweise habe ich der Kirche bislang unrecht getan. Als in diesem Jahr all die Fernsehberichte über die unzähligen Missbrauchsfälle und Misshandlungen in christlichen Einrichtungen liefen und über die Vertuschungsversuche bis in die höchsten Ämter, habe ich mich schrecklich aufgeregt, wie Institutionen, die sich als moralischer Vorreiter und Sittenwächter begreifen, so deutlich unter dem Moralniveau der von ihr gehüteten Schäfchenherde agieren können. Aber jetzt sieht es plötzlich so aus, als würde zumindest mal die evangelische Kirche zu ihrer Vorbildfunktion stehen und moralische Maßstäbe setzen. Vielleicht kommen ja sogar ein paar prächtige katholische Bischöfe vorbei, um die schreckliche Weichenstellung ihres Glaubens dahingehend zu korrigieren, dass wir nicht nur vor Gott und Ungeborenen, sondern vor allem Leben Ehrfurcht empfinden sollen.

Erst drei Tage vorher klärt mich jemand auf, dass es sich beim Dortmunder Kirchentag »Mensch und Tier« nicht um den »Evangelischen Deutschen Kirchentag« handelt, das Riesenevent mit hunderttausend Besuchern, das alle zwei Jahre in wechselnden deutschen Großstädten abgehalten wird, sondern halt um, nun ja, eben etwas Kleineres, ein anderer Kirchentag, angestoßen und

verantwortet von der »Aktion Kirche und Tiere e.V.«.
Katholische Bischöfe werden da eher nicht auftauchen,
die fahren nämlich an genau demselben Termin nach
Würzburg zum Kongress »Freude am Glauben«, um
dort über die »unselige Homoehe«, die »mediale Ver-
leumdungskampagne« gegen Bischof Mixa und feige
Gläubige, die während der Missbrauchsvorwürfe nicht
zu ihren Priestern standen, herzuziehen. (Zitate: www.
kath.net) Ja, was habe ich mir denn eigentlich auch eingebildet?

Immerhin hat der Dortmunder Kirchentag ein über-
raschend anspruchsvolles Programm mit prominen-
ter Besetzung wie Franz Alt und Helmut F. Kaplan.
Die Podiumsdiskussion »Wäre Gott auf die Jagd gegangen? – Der Jäger im Fokus von Tierschutz und Kirche«, in die ich etwas zu spät hineinstolpere, ist leider
nur spärlich besucht. Udo Reppin, Vorsitzender der
Kreisjägerschaft Dortmund, behauptet gerade, seine Jägerschaft setze sich aus allen Bevölkerungsgruppen zusammen und es gebe dort genauso den Arbeiter wie die
Hausfrau. Jagdgegner Marc Buchtmann schnaubt darüber bloß verächtlich, und Peer Fiesel, Vorsitzender des
Landestierschutzverbandes NRW, vermutet schmun-
zelnd, dass sich wohl doch eher eine Häufung in den
besser verdienenden Kreisen finden lässt, woraufhin
Udo Reppin brummelt, er könne mit dem Vorurteil, alle
Jäger seien Besserverdiener, gut leben, er werde über die
Zusammensetzung seiner Jägerschaft aus Datenschutz-
gründen jedenfalls keine Auskünfte geben. Im ersten
Moment frage ich mich, warum das relevant sein soll.
Dann fällt es mir ein: Besonders viel Zorn erregen natürlich immer jene Formen der Tierausbeutung, zu denen
man das nötige Kleingeld besitzen muss. Auf Fuchsjag-
den kann man gut verzichten, da sind sich alle einig, die

sowieso in ihrem ganzen Leben nie zu einer Fuchsjagd eingeladen werden. Auch der leidenschaftlichste Bratwurstesser und Milchtrinker kann gegen Pelzmäntel und Jagd sein, ohne dafür an seinem eigenen Verhalten etwas ändern zu müssen. Gleichzeitig lässt sich so noch ein wenig Sozialneid ausleben.

Nun sind Jäger auch mir nicht sonderlich sympathisch. Das edle Waidwerk scheint leider eine große Anziehungskraft auf herrschsüchtige Choleriker auszuüben. Ich weiß noch, wie ich einmal friedlich mit Bulli am Nord-Ostsee-Kanal spazieren ging, als ein dunkelgrüner Geländewagen neben mir hielt und so ein minderwertiger Charakter in grünem Loden heraussprang und übergangslos auf mich einpöbelte, dass ich es ja nicht wagen sollte, mit meinem Hund den Pfad durch das angrenzende Schilfgebiet zu betreten – offenbar sein Jagdrevier. Es lagen dort immer halb verweste Tierleichen aus, um Raubvögel oder Füchse anzulocken.

»Sieht der aus wie 'n Jagdhund?«, sagte ich und zeigte auf Bulli, der gerade versuchte, mit seiner kurzen Schnauze ein Stück Dreck aus seiner Pfote zu lecken.

»Das ist mir scheißegal, wenn ich den da erwische, knall ich ihn ab.«

Der Gesetzgeber unterstützt solche Herrenmenschenallüren auch noch. Wenn eine Katze im Revier 300 Meter vom nächsten bewohnten Haus entfernt ist oder ein Hund beim Wildern erwischt wird, darf ein Jäger sie erschießen. Was Wildern ist, das entscheidet der Jäger selber. Dafür kann es schon genügen, dass der Hund die Nase auf dem Boden hat. Das muss man sich mal vorstellen: Mitten in einem Rechtsstaat darf eine Minderheit unangenehmer Zeitgenossen, die nichts zur Rechtsprechung legitimiert als ausgerechnet der Umstand, dass sie gern Tiere totschießen, darüber entscheiden, ob ein Strafbestand vorliegt, und die Todesstrafe dann auch noch an Ort und Stelle exekutieren.

Nun könnte es ja sein, dass die Jäger mit diesem Freibrief zurückhaltend und verantwortlich umgehen. Sie könnten darauf verzichten, eine geliebte Katze oder einen Hund, der in einer Familie oftmals den Rang eines Familienmitglieds einnimmt, zu erschießen, weil sie zum Beispiel vermeiden möchten, dass das Kind, dem dieser Hund gehört, bitterlich weinen muss. Die Statistiken können solche Sentimentalitäten nicht bestätigen. Etwa 40 000 Hunde und 300 000 Katzen werden jedes Jahr in Deutschland von Jägern erschossen. Dass das immer noch geduldet wird, kann man eigentlich gar nicht erklären, will man nicht das Vorurteil bemühen, dass überproportional viele Juristen, Politiker und Besserverdiener der Jagd frönen.

Die Jäger behaupten natürlich, sie täten es nicht zu ihrem Vergnügen, sondern aus Notwendigkeit. Um die Rehe und anderes Wild zu schützen. Gleichzeitig rechtfertigen sie ihre eigenen Jagdausflüge aber damit, dass es viel zu viele Rehe gebe, sodass sie selber als eine Art Kammerjäger für große Säugetiere fungieren müssten, um eine Überpopulation und die damit einhergehende Zerstörung des Waldes zu verhindern.

Angenommen, alle 40 000 von Jägern erschossenen Hunde hätten tatsächlich gewildert und jeder einzelne, ob Husky, Pekinese oder Chow-Chow, wäre dabei auch noch erfolgreich gewesen. So wären dabei doch nicht mehr als 40 000 Rehe auf der Strecke geblieben.

»Demgegenüber stehen eine Million Rehe, die jedes Jahr von Jägern gewildert werden«, ruft Jagdgegner Marc Buchtmann am Schluss der Podiumsdiskussion. Frenetischer Applaus vom Publikum. Das Gesicht des Vorsitzenden der Kreisjägerschaft verfärbt sich ein bisschen.

Nach der Podiumsdiskussion besuche ich Marc Buchtmann an seinem Anti-Jagd-Stand auf dem leider ebenfalls schlecht besuchten »Markt der Möglichkeiten«. Ich hoffe immer noch, ein Schlupfloch zu finden, das mir erlaubt, vielleicht doch noch – ganz selten nur, bloß manchmal – ein Stück Fleisch essen zu können. Vielleicht etwas Wild? Dadurch, dass Wölfe, Luchse und Bären in der Kulturlandschaft Deutscher Wald fast überall ausgerottet sind, können doch zumindest große Tiere wie Rehe, Hirsche und Wildschweine ein relativ sorgloses Leben ohne ständige Verfolgung führen. Vor allem aber führen sie ein Leben ohne drangvolle Enge, Anbindehaltung und Spaltenböden. Ein barbarisches Ende in den Fängen eines Raubtiers bleibt ihnen ebenso erspart wie der langsame Hungertod in eisigen Wintern, denn die Jäger füttern ja fleißig zu. Dass jedes Jahr eine bestimmt Anzahl Rehe, Hirsche und Schweine geschossen werden muss, um eine Überpopulation zu verhindern, scheint mir plausibel. Die müssten ja wohl auch geschossen werden, wenn man sie nicht essen wollte.

Marc Buchtmann erklärt mir, dass die Jäger das Problem nicht lösen, sondern erst erzeugen. Im Schweizer oder in den italienischen Nationalparks, wo die Jagd verboten ist, gebe es ja auch keine Überpopulation. Erst durch die Winterfütterung wird der Bestand künstlich hochgehalten, und zwar so hoch, dass er die Wälder nachhaltig schädige. Außerdem fände so keine natürliche Auslese mehr statt.

So richtig überzeugt bin ich nicht. Natürlich füttern die Jäger im Winter nicht aus Tierliebe, sondern um in der nächsten Saison möglichst viel abballern zu können. Und natürlich greift das in den natürlichen Ausleseprozess ein. Aber mir als asthmatischer Brillenträgerin mit orthopädischen Problemen ist der Gedanke, dass nicht nur die kerngesunden und fitten Tiere, sondern auch ein paar fußkranke Schwächlinge den Winter überstehen, gar nicht so unsympathisch. Und mir will auch nicht einleuchten, warum ein wochenlanges Sterben durch Verhungern einem gut gesetzten Schuss von einem Jäger, mag er auch noch so unsympathisch sein, vorzuziehen sein soll. Bloß weil das eine natürlich ist, und das andere nicht?

»Also, erst mal treffen die oft gar nicht richtig«, sagt Marc Buchtmann, »und die angeschossenen Rehe schleppen sich manchmal noch tagelang durch den Wald. Und selbst wenn das Tier angeblich sofort tot ist – was heißt denn das? Jäger definieren aus gutem Grund ›sofort tot‹ als ›bis zu 180 Sekunden‹. Blattschuss bedeutet ja, dass der Schuss ins Herz geht. Und was passiert, wenn man ins Herz schießt? Das Tier verblutet – und das kann eben bis zu drei Minuten dauern.«

Mein Bruder, der früher auch mal gejagt hat, hat mir das anders erzählt. Wenn der Jäger richtig trifft, ist das Reh sofort tot. Das fällt um, bevor es den Schuss gehört hat.

»Wenn ein Reh sofort umfällt, liegt das bloß an der Wucht des Aufpralls«, sagt Marc Buchtmann.

Stimmt das? Ratlos verlasse ich den Markt der Möglichkeiten. Dr. Helmut F. Kaplan (»Die Schuld der Kirche am Elend der Tiere«) und Prinzessin Maja von Hohenzollern (»Das Tier zwischen Ware und Würde«) habe ich aber sowieso schon verpasst. Bliebe noch der Ex-»Popstars«-Gewinner Markus Grimm, der morgen früh aus »Fleckies Reise« lesen wird. Mit anschließendem Fleckie-Malwettbewerb. Ich setze mich dann doch schon in die Bahn und fahre wieder nach Hause.

Gegen einen sofortigen Tod beim Blattschuss spricht natürlich auch die Tatsache, dass in Schlachthöfen die

Tiere nicht als Erstes einen Herzstich, sondern einen Bolzenschuss in den Kopf bekommen. Nur dort kann man die Empfindungsfähigkeit einigermaßen sicher ausschalten. Aber ein Reh in den Kopf zu schießen, erfordert vermutlich größere Treffsicherheit, als den Rumpf zu treffen, könnte außerdem die Trophäe zerstören, und Rehe, denen zum Beispiel der Unterkiefer abgeschossen worden ist und die so verstümmelt noch tagelang herumlaufen, sind natürlich auch kein schöner Anblick. Sieht so aus, als hätte ich das Schlupfloch, doch noch Fleisch essen zu dürfen und trotzdem anständig zu bleiben, immer noch nicht gefunden. Vielleicht gibt es so etwas einfach nicht.

Ich rufe meinen Bruder mit dem Handy an und konfrontiere ihn mit meinen neuen Erkenntnissen und Überlegungen zur Jagd.

»Totaler Quatsch«, sagt mein Bruder, »so ein Reh, das wiegt doch grad mal 15 Kilogramm. Das stirbt sofort am Schock. Die Munition pilzt ja auf. Dadurch verliert das Reh sofort viel Blut. Das macht höchstens noch zwei Schritte.«

»Und wie oft schießen Jäger daneben?«

»Vom Hochsitz aus trifft man eigentlich immer, wenn man sich nicht blöd anstellt. Ein stehendes Reh kann man gar nicht verfehlen. Das passiert eher bei Treibjagden, wenn da plötzlich die Wildschweine aus ...«

Das Gespräch bricht ab, der Zug ist in ein Funkloch geraten. Ich lese mir die Prospekte der Tierschutz- und Tierrechteorganisationen durch, die ich auf dem Markt der Möglichkeiten gesammelt habe. Im Magazin von Provieh steht, dass die niedersächsische Firma Petri-Feinkost im Landkreis Holzminden ein Pilotprojekt zur industriellen Haltung von Ziegen starten will: 7500 Ziegen in drei Großställen zu 50 mal 80 Meter = 1,6 qm Platz pro Ziege. Auslauf und Weidehaltung sind nicht vorgesehen. Eine Ziege, die einmal den Stall betreten hat, sieht das Tageslicht nicht wieder, bis es zum Schlachter geht. Seltsam, dass einem die Massentierhaltung noch schrecklicher vorkommt, wenn sie ein Tier betrifft, das bisher davon verschont geblieben ist. Ich schaue auf das Datum des Magazins. Ausgabe 04/2009. Womöglich gibt es die Massentierhaltung für Ziegen bereits.

In den Hochglanzprospekten von Gut Aiderbichl, dem »Paradies für gerettete Tiere, zauberhaft in den Bergen Salzburgs gelegen« und bekannt durch Weihnachtssendungen mit Patrick Lindner und Uschi Glas, ist die Welt hingegen noch in Ordnung. Ein Artikel erzählt, wie einmal jemand von einem Versuchslabor bei Gut Aiderbichl anrief. Zwei ehemalige Versuchsschweine sollten getötet werden, und das tat demjenigen so leid. Ob sie nicht Aufnahme in Gut Aiderbichl finden könnten. Der Chef persönlich machte sich mit einem Anhänger sofort auf den Weg, die Schweinchen abzuholen. Und als er ankam, da hatten alle Angestellten noch schnell zusammengelegt und konnten den Schweinen so noch eine Mitgift von 2000 Euro mit auf den Weg geben. Oder war es sogar noch mehr? Ich kann es nicht mehr überprüfen, weil ich den Prospekt samt seiner Großanzeige für Nestlé sofort angeekelt in die blaue Tüte der vorbeikommenden ICE-Putzkolonne gestopft habe. Jetzt verstehe ich etwas besser, warum sich Achim Stößer über Reformismus aufregt. Es gibt ja einen einfachen Lackmustest, falls man nicht weiß, ob es in Ordnung ist, Tieren etwas Bestimmtes anzutun: Man muss sich bloß fragen, ob es okay wäre, wenn Menschen so behandelt würden. Fände man diese Geschichte also immer noch rührend, wenn darin ein Folterknecht in einem Heim für geschlagene Frauen anriefe und sagen würde: »Hier sind noch zwei Frauen, die sollen jetzt getötet werden, und das tut uns so leid, nachdem wir monatelang Medikamente und Operationstechniken an ihnen ausprobiert haben. Die anderen Folterknechte und ich haben sogar für die Frauen zusammengelegt, damit die ersten Kosten gedeckt sind«?

Zu Hause schaue ich gleich im Internet nach, was aus den Plänen der Firma Petri, Ziegen in Massentierhaltung unterzubringen, geworden ist. Erfreulicherweise nichts. Jedenfalls nicht in Niedersachsen. Es waren allerdings eher Landschaftsschutz- als Tierschutzgründe, die den Kreistag Holzminden bewogen, keine Genehmigung zu erteilen. Vermutlich versucht es die Firma Petri jetzt woanders.

Wo ich schon einmal im Internet bin, schaue ich auch gleich noch einmal nach, was für oder gegen einen sofortigen Tod des Rehs beim Blattschuss spricht. Dagegen spricht die Tatsache, dass die Scharfschützen der Polizei beim sogenannten »Finalen Rettungsschuss« immer auf den Kopf des Geiselnehmers zielen. Die Polizei ist also der Meinung, dass sofortige Handlungsunfähigkeit nicht durch Schüsse aufs Herz, sondern nur durch Ausschalten des zentralen Nervensystems, also durch Treffer in Klein- oder Stammhirn sicher hergestellt werden kann. Eine Jäger-Website vertritt wiederum die Meinung, dass durch die starke Blutung bei einem Blattschuss der Blutdruck eines Tiers schlagartig abfällt und es dadurch bewusstlos wird. Auch das hört sich plausibel an.

Inzwischen sind mindestens 15 Millionen Menschen in Pakistan von den apokalyptischen Zerstörungen der Flutkatastrophe betroffen. Mehr als 650 000 Häuser wurden zerstört. 500 000 Hektar Ackerfläche (etwa die doppelte Größe des Saarlands) stehen unter Wasser und werden so schnell nicht wieder zu bestellen sein. Auch in Deutschland regnet es fröhlich weiter. Mein geplantes Einmachfest mit Zwetschgen von den Brandenburger Chausseen muss leider ausfallen. An den Bäumen hängen kaum Früchte, und die, die es gibt, faulen an den Zweigen.

Als mal kurz die Sonne scheint, lasse ich die Hühner aus ihrem Gehege. Die befreiten Hühner haben sich inzwischen eingelebt und nun sollen sie auch wirklich frei sein. Noch ist Sommer, noch ist es warm, und der Fuchs hat keinen Grund, sich bis ins Dorf hineinzuwagen. Die Schar bleibt auch brav im Garten. Nur der dicke Piepsie trödelt wie üblich die Straße hinunter. Es ist das Letzte, was ich von ihm sehe. Als ich abends zur Stubenkontrolle in den Hühnerstall komme, fehlt er immer noch. Ich suche mit der Taschenlampe die Umgebung ab, finde aber nicht einmal eine Feder von ihm. Ausgerechnet der Piepsi.

13

September – frutarisch
(fruktarisch/frugan/frugivorisch)

*»›Wollen Sie mir etwa erzählen‹, sagte Arthur,
›ich sollte keinen grünen Salat bestellen?‹
›Nun ja‹, sagte das Tier, ›ich kenne viele
Gemüse, die dazu eine sehr klare Meinung
haben.‹«*

(Douglas Adams, »Das Restaurant am Ende des Universums«)

Vorgabe: Ich esse nur Pflanzenteile, die man nehmen kann, ohne die Pflanze dabei zu verletzen oder zu töten.

Den ersten Tag als Frutarierin beginne ich mit einem schönen Tropicana-Frühstück: Obstsalat aus Banane, Melone, Ananas und Pfirsich. Dazu ein paar Blaubeeren. Außerdem stehen in meiner Küche und im Wohnzimmer Früchtekörbe wie in einer Hotelsuite, durch die ich mich im Laufe des Tages hindurchäse. Ich weiß natürlich nicht, wie grob oder sorgsam diese Früchte gepflückt worden sind. Aber die Apfelernte in meinem Garten ist wegen des vielen Regens praktisch ausgefallen, und deswegen muss ich mich damit begnügen, Früchte zu kaufen, die zumindest rein theoretisch gewaltlos gepflückt sein könnten. Bei Früchten, die am Baum wachsen, bin ich wohl halbwegs auf der sicheren Seite. Schließlich wollen die Obstbauern auch noch im nächsten Jahr ernten. Aber ob bei der Melonenernte die Melonen alle vorsichtig von ihrer Mutterpflanze ge-

258

trennt worden sind, wage ich doch sehr zu bezweifeln. Wahrscheinlich wurden die Blätter und Stängel kurz danach ausgerissen oder untergepflügt. Zum Glück sind in diesem Jahr wenigstens die Kürbisse auf dem Misthaufen in meinem Garten gediehen und können eigenhändig eingesammelt werden. Als ich den ersten vorsichtig abdrehen will, reiße ich der armen Kürbispflanze die grüne Haut einen halben Meter weit vom Stängel herunter. Die anderen Kürbisse ernte ich daraufhin doch lieber mit dem Messer. Das vorsichtige Abdrehen der Früchte, das in meinem Gartenbuch empfohlen wird, bezieht sich wahrscheinlich eher auf die Apfel- und Birnenernte. Immerhin dürfen meine Kürbispflanzen weiterhin in Ruhe auf dem Misthaufen wuchern, wo sie dann am Ende des Jahres friedlich an Altersschwäche oder Frost eingehen werden.

Zur Erinnerung: Einen Apfel kann man essen, ohne den Apfelbaum zu verletzen. Da der Baum sich mittels seiner Äpfel fortpflanzt, hat er in gewisser Weise sogar ein Interesse daran, dass sie gegessen werden. Obst, Nüsse, Samen, Beeren, Tomaten, Bohnen, Erbsen usw. sind also erlaubt. Wurzel-, Knollen- oder Stängelteile gehören ausdrücklich nicht dazu. Also keine Kartoffeln, keine Rüben, kein Lauch und kein Spinat. Ob ich Getreide, also Brot, essen darf (als Samen eigentlich erlaubt, aber nach der Ernte wird das Feld umgepflügt, wobei die Getreidepflanzen vernichtet werden), konnte ich bisher noch nicht klären, weil ich immer noch mit keinem einzigen Frutarier gesprochen habe. Eigentlich bin ich ja davon ausgegangen, dass ich im Laufe meiner Recherchen über Vegetarier oder Veganer irgendwann von selber auf einen stoßen würde. Aber acht Monate sind vergangen, ohne dass ich auch nur einem einzigen lebendigen Frutarier begegnet wäre. Kurzzeitig habe ich mich schon gefragt, ob es die in Wirklichkeit vielleicht gar nicht gibt, obwohl ja Apple-Mitbegründer Steve Jobs einer gewesen sein soll. »Damals war ich tatsächlich noch Frutarier, aß nur Obst. Mittlerweile bin ich, wie jeder andere auch, ein Abfalleimer«, soll er angeblich mal gesagt haben. Als ich endlich jemanden treffe, der wenigstens einen Frutarier kennt, kann auch der mir keinen Kontakt vermitteln, weil er den Frutarier beim Jugendamt angezeigt hat. Der Frutarier hatte auch sein Kind frugivorisch ernährt, wovon dem Kind die Zähne ausgefallen waren. Dem Vegetarierbund in Berlin ist ebenfalls kein Frutarier bekannt, man verweist mich jedoch an einen Herrn Anko Salomon, Gründer und Vorsitzender der Naturangesellschaft. Dessen Lebensauffassung würde am ehesten in diese Richtung gehen. Ich rufe Herrn Salomon an. Leider hat er gerade überhaupt keine Zeit, verspricht aber, mir ein Buch zum Thema zu schicken. Ich möchte es natürlich bezahlen, aber das will Herr Salomon wiederum nicht. Schließlich einigen wir uns darauf, dass ich das Geld an die Hundehilfe Nepal überweisen darf. Der entscheidende Tipp kommt am Ende von Susanne Starck von der Tierrechtsorganisation »Die Tierfreunde«, die mich darauf aufmerksam macht, dass in verschiedenen Internetforen immer mal wieder jemand namens »Fruchtesser« auftauche, bei dem es sich offenbar um einen Frutarier handle. Ich schicke ihm eine Mail mit meiner Adresse und Telefonnummer und einigen Fragen zum Frutarismus. Eine Woche später mailt Fruchtesser zurück, dass er gerade überhaupt keine Zeit habe, sich aber später meinen Fragen widmen wolle. Ich bin etwas verblüfft, dass Frutarier genauso unter Zeitdruck zu stehen scheinen wie unsereiner. Irgendwie habe ich wohl erwartet, dass jemand, der sich der Normalität der Gewalt in unserem Alltag komplett entzieht, den ganzen Tag in der Sonne sitzt und den Schmetterlingen zuschaut. Achtsamkeit und Stress, das passt doch irgendwie nicht zusammen.

Drei Tage später ruft mich Fruchtesser plötzlich an. Er hat sich entschlossen, mit mir ein Gespräch zu führen, weil wir ja Kollegen sind, denn er hat ebenfalls ein Buch geschrieben, wenn er sich dann auch entschieden hat, es nicht drucken zu lassen – der Bäume wegen.

»Na, jetzt gibt es ja E-Book«, sage ich.

»Ach, mich interessiert das alles nicht mehr …«

Fruchtesser erzählt, dass er schon als Kleinkind Frutarier war – Fruktarier nennt er es.

»Ich habe meine Mutter gefragt, was die Menschen im Paradies gegessen haben, und meine Mutter hat gesagt: Früchte.«

Von da an war die Sache klar. In der Schule ließ sich das jedoch nicht durchhalten, später auch schlecht, aber nach eine Übergangsphase, in der er sich bereits über einen langen Zeitraum zu 95 % fruktarisch ernährte, wurde Fruchtesser vor etwa 15 Jahren zum reinen Früchteesser.

»Was essen Frutarier … – ich meine Fruktarier denn nun eigentlich?«

»Reife Früchte der Saison und ab und zu auch mal Samen und Nüsse. Nicht zu viele Nüsse. Vielleicht zwanzig im Jahr. Haselnüsse sind gut.«

»Zählt Getreide auch dazu? Das sind doch eigentlich auch Samen.«

»Nein, kein Getreide. Ich esse kein Getreide, weil es in Monokulturen angebaut wird. Aber du kannst es natürlich essen, wenn du willst. Man darf alles essen, man muss nur die Hintergründe sehen. Wenn du unbedingt

Getreide essen willst, dann solltest du dir Hirse kochen. Es gibt Fruktarier, die würden in einer Notsituation auch ein überfahrenes Tier von der Straße nehmen und zubereiten. Etwa, wenn eine Ernte ausfällt. Die meisten Fruktarier würden allerdings eher pranisieren.«

»Äh … was?«

»Durch Prana überleben.«

Später google ich das: Prana bedeutet im Hinduismus so viel wie Lebensenergie, Atem. Seit etwa zehn Jahren kursiert die Prana-Lehre verstärkt in esoterischen Kreisen. Wer sich durch Prana – also feinstoffliche Lichtnahrung – ernährt, braucht angeblich weder zu essen noch zu trinken. Im April diesen Jahres erregte der 83-jährige Hindu Prahlad Jani Aufsehen, der laut eigener Aussage seit 70 Jahren weder gegessen noch getrunken hatte, was in einem indischen Krankenhaus unter ständiger Videoüberwachung und unter wissenschaftlicher Kontrolle bewiesen werden sollte. Der Neurologe Sudhi Shah vermutete laut »Bild«-Zeitung, dass Prahlad Jani kosmische Energie aus dem Licht der Sonne ziehe und in seinem Körper eine Art Photosynthese stattfinde. Jani selbst behauptete allerdings, von einer Hindu-Göttin gesegnet worden zu sein und seitdem einen Nektar durch ein Loch in seinem Gaumen zu empfangen. Der Versuch bewies und widerlegte nichts und wurde von verschiedenen Seiten als unwissenschaftlich kritisiert, weil nicht ausreichend sichergestellt worden war, dass Jani nicht doch heimlich an Wasser kam. Eine der wichtigsten westlichen Vertreterinnen des Pranismus ist die Australierin Jasmuheen, bürgerlich Ellen Greve, eine ehemalige Bankangestellte, die jetzt esoterische Seminare leitet, medial mit einem verstorbenen Mitglied einer »Großen Weißen Bruderschaft« verbunden ist und behauptet, dass ihre DNA aus zwölf statt wie bei allen anderen Lebewesen nur aus zwei Strängen besteht. Jasmuheen behauptete auch, sie würde sich seit 1993 ausschließlich von Prana ernähren, und hat ein Buch mit einer Anleitung zur Lichternährung geschrieben. Nachdem sie mehrmals beim Essen gewöhnlicher Nahrungsmittel beobachtet worden war, sagte sie, es sei für ihre Lehre irrelevant, ob sie esse. Für drei Menschen ging der Versuch der Lichternährung tödlich aus. Vermutlich starben sie an Organversagen, weil in der ersten Woche des dreiwöchigen Prozesses zur Umstellung auf Lichtnahrung kompletter Flüssigkeitsentzug gefordert wird. Jasmuheen wies eine Mitschuld zurück und sagte über eine der drei Toten: »Sie war nicht rein (im Sinne von ›reine Aura‹) und hatte auch nicht die richtige Motivation.« Immerhin propagiert sie jetzt einen »sanften Weg zur Lichtnahrung«, bei dem man wohl auch in der ersten Woche trinken darf.

»Kennst du eigentlich noch andere Fruktarier?«, frage ich Fruchtesser. »Seid ihr irgendwie vernetzt oder gibt es eine Vereinigung?«

»Ach, es gibt ja auf der ganzen Welt vielleicht bloß 1000 Fruktarier. Vielleicht auch 10 000. Wir waren schon immer Einzelkämpfer. Interessant ist, dass wir alle fast synchron geboren wurden. Ich lebe mehr so wie ein Eremit. Zurzeit lebt eine sehr liebe Freundin bei mir, aber sonst lebe ich ein bisschen wie ein Eremit. Das ist die beste Gesellschaft. Die Fruktarier haben auch die unterschiedlichsten Gründe – gesundheitliche Gründe oder ethische, pathologische, religiöse Gründe. Die gewaltlose Ernährung in der Gesellschaft – wie oft ist das Rad jetzt erfunden worden? Du bringst die absolute Meisterleistung, wenn du wirklich eins mit dir bist. Es ist völlig in Ordnung, Hirse zu essen, wenn du Hirse essen willst. Braunhirse kannst du auch roh essen. Aber Getreide ist eigentlich Vogelfutter. Ich bleibe bei meinem Weg, der Mensch ist ja schon von der Anatomie her Frugivore, und Adam und Eva haben im Paradies Früchte gegessen. Das war noch vor der Kontinentalspaltung.«

»Vor der Kontinentalspaltung? Hm … tja … vermutlich … das war wohl noch vor der Kontinentalspaltung.«

»Es ist ja auch so, dass alte Menschen oft lieber alte, reife Früchte essen und junge Menschen lieber junge, unreife Früchte mögen, man muss darauf hören, was man braucht.«

»Hast du nie Mangelerscheinungen gehabt?«

»Nein, ich fühle mich viel, viel besser, seit ich mich so ernähre. Es macht einen friedlicher und cooler. Und wenn man nicht gern kocht, dann ist das die bequemste Lebensweise überhaupt. Diesen Vitamin-B12-Mangel, den gibt es ja überhaupt erst seit 1950, seit bestimmte Chemikalien in der Landwirtschaft zum Einsatz kommen und die Bakterienkulturen zerstören.«

»Vermisst du nichts? Also ich selber finde es sehr schwer, nur Früchte zu essen.«

»Ja, man muss sich erst daran gewöhnen. Wir sind dermaßen in Nahrungsmittelabhängigkeiten gefangen, dass eine solche Nahrungsumstellung wie ein Drogenausstieg sein kann. Ich habe über zehn Jahre gebraucht, um mich daran zu gewöhnen.«

»Das ist aber ganz schön lang.«

»Was isst du denn so? Isst du Äpfel?«

»Ich esse zweimal am Tag einen Topf mit grünen Bohnen oder Erbsen in Kokosnussmilch«, sage ich, »und sonst Obst. Manchmal ist da auch ein Apfel dabei.«

Fruchtesser empfiehlt mir, mehr Äpfel zu essen. Oder Hirse, wenn ich das unbedingt bräuchte.

»Ich spüre, dass du ein lieber Mensch bist«, sagt Fruchtesser.

»Ja ... hm ... meinst du ...?«

»Ich weiß ja, dass du Taxifahrerin gewesen bist, und ich kenne auch zwei Taxifahrer, die besonders liebe Menschen sind. Ich wünsche dir, dass es dir gut geht.«

»Äh ... danke. Ich wünsche dir auch, dass es dir gut geht.«

»Danke. Ruf mich an, wenn du noch Fragen hast«, sagt Fruchtesser.

Ich wache mit einem leichten Schwindelgefühl und einem Pochen in den Schläfen auf. Vielleicht hat Fruchtesser recht mit seiner Theorie von den Nahrungsmittelabhängigkeiten. Ich fühle mich jedenfalls wie auf Drogenentzug. Und sehr hungrig. Über einen Link von Wikipedia bin ich auf eine Frutarier-Homepage gestoßen. Wie schon die Veganer, wie auch bereits die Vegetarier und wie auch die Bio-Zeitung »Schrot und Korn« behaupten die Frutarier, dass es großen Spaß machen würde, nach ihrer Ernährungsform zu leben. Sie schwärmen, wie hübsch die runden Früchte sind und wie toll sie schmecken und wie wahnsinnig schlank und gut aussehend man durch diese Ernährungsform wird. Nie sagt mal jemand: Diese Ernährungsform bedeutet Verzicht und Zumutung, aber ich bringe das Opfer, weil es meiner Überzeugung entspricht. Die Frutarier-Homepage tut so, als wäre es ein Privileg, ausschließlich Früchte zu essen. Ich beiße in einen Apfel. Mann, macht das Spaß!

Immerhin schlafe ich gut. Abends falle ich bereits um neun ins Bett und schlafe wie ein Stein bis zum nächsten Morgen. Beim Einkauf habe ich in der ersten Woche zwei Fehler gemacht. Gurken werden doch wohl erlaubt sein, habe ich gedacht, schließlich sind Gurken Gemüse-Früchte. Und Senfkörner sind als Samen ebenfalls erlaubt. Also kaufe ich mir ein schönes Glas Gewürzgurken. Falsch! Erstens ist Zucker mit drin (ermordete Zuckerrüben), zweitens auch noch ein paar durchsichtige Zwiebelscheiben (ermordete Zwiebeln). Der zweite Fehler war eine Tüte gesalzener Cashewkerne. Auf der Tüte stand, dass die Cashews in Pflanzenöl geröstet waren. Ich ging davon aus, dass das Öl von einer Frucht, einem Samen oder einer Nuss stammte. Wo sonst steckt so viel Öl in einer Pflanze, dass man es herauspressen könnte? Erst später fiel mir ein, dass die Wahrscheinlichkeit ziemlich groß ist, dass es sich um Maiskeimöl handeln könnte. Und Mais ist als Monokultur ja verboten. Also keine Salznüsse mehr. Auch in Konserven steckt oft Rübenzucker. Am sichersten ist es, frisches oder tiefgefrorenes Obst und Gemüse zu kaufen. Fertiggerichte haben sich sowieso erledigt.

»Und was ist mit einjährigen Pflanzen?«, fragt mein Verleger am Telefon. »Darfst du die auch nicht essen?«

»Natürlich nicht«, sage ich. »Oder möchtest du, dass man dir mit 70 Jahren einen über die Rübe zieht mit der Begründung, dass du es ja sowieso nicht mehr lange machst?«

Moralisch bin ich jetzt kaum noch zu toppen. Ich vernichte kein Leben mehr. Ich bin die Super-Grille.

»Dann darfst du wohl auch keine Baumwolle tragen.«

»Doch, darf ich. Baumwolle wird aus den Samenfäden der Baumwollpflanze gemacht und kann abgepflückt werden, ohne die Pflanze zu zerstören.«

»Ich schick dir mal ein Buch über die Zustände auf den Baumwollfeldern in Usbekistan.«

Bei einer so streng moralischen Lebensführung wie der eines Frutariers reizt es ethisch tiefer agierende Subjekte nun einmal, ein Haar in der Früchtesuppe zu finden.

Obwohl ein ziemlich großer Konsens darüber besteht, dass es nicht richtig ist, den Regenwald großflächig abzufackeln oder absichtlich Blumen zu zertrampeln, und 100-jährige Bäume als schützenswerte Naturdenkmäler geachtet werden, würden die meisten Menschen die Frage nach unserer moralischen Verpflichtung gegenüber Pflanzen als unsinnig ablehnen. Beim Schutz des Regenwaldes und einzelner Bäume geht es bloß darum, unsere Lebensgrundlage und den Erlebnisraum, die dekorative Kulisse, zu erhalten. Das Wohlergehen der Bäume selber ist uns herzlich egal. Mit Pflanzen darf alles gemacht werden – so die ziemlich einhellige Meinung überall auf der Welt. Überall auf der Welt? Nein, eine kleine Bastion der Pflanzenrechte gibt es. In der Schweiz. Die Schweiz ist das einzige mir bekannte Land, das in seiner Bundesverfassung die Würde aller Kreaturen, also auch der Pflanzen, berücksichtigt wissen will. Ja, spinnen die, die Schweizer? Oder haben sie dabei vielleicht doch bloß den Schutz der Pflanze vor gentechnischen Veränderungen und damit eigentlich den Schutz des Menschen im Kopf? Letztlich finden doch selbst die strengsten Veganer nichts dabei, Spinat oder Möhren zu essen, weil sie davon ausgehen, dass eine Pflanze weder Schmerzen empfinden noch psychisch leiden kann und folglich in einem moralisch relevanten Sinn auch nicht geschädigt wird.

Die Vorstellung, Pflanzen seien Bio-Maschinen, die nichts merken und stur ihrem genetischen Programm folgen, wurde aber bereits 1966 erschüttert, als Cleve Backster die Elektroden eines Lügendetektors an den Blättern seiner Büropflanze befestigte. Backster war ein Spezialist für die Analyse solcher Detektoren und arbeitete mit dem FBI und der CIA zusammen. Zu seiner Überraschung zeichnete das Gerät eine Kurve auf, die beim Menschen positive Erregung bedeutet hätte. Lag es daran, dass er sie kurz zuvor gegossen hatte? Backster beschloss, eines der Blätter mit einem Streichholz anzubrennen. Der Lügendetektor zeichnete eine dramatische Angst-Kurve auf – und zwar bevor er das Streichholz auch nur angezündet hatte. In einem späteren Experiment konnte eine Pflanze aus mehreren Menschen sogar den Mörder einer zweiten Pflanze identifizieren, der diese in ihrem Beisein aus dem Blumentopf gerissen und zertrampelt hatte. Die Angstkurve schlug nur in seiner Anwesenheit aus.

Hobbygärtner wissen längst, dass Pflanzen auf Schädigung reagieren. Einer gab mir einmal den Tipp, meinen Apfelbaum im Herbst nicht nur zu beschneiden, sondern mit dem Spaten auch noch rundherum absichtlich mehrmals in die Wurzeln zu hacken. Das würde den Baum so unter Stress setzen, dass er in der kommenden Saison wie verrückt Äpfel tragen würde. Ich habe es nicht ausprobiert, bekam die Sache aber noch von verschiedenen Seiten bestätigt. Mich erinnerte das sofort an die große Zahl von Kindern, die gezeugt werden, bevor Männer in den Krieg ziehen, oder die erhöhte Libido bei Tuberkulosekranken im fortgeschrittenen Stadium. Schnell, schnell noch ein paar Gene in die Welt setzen, bevor von einem Prachtexemplar wie mir nichts mehr auf der Erde zu finden ist. Ein Baum zeigt auf eine ähnliche Erfahrung also eine ganz ähnliche Reaktion wie der Mensch. Die Frage ist nur, ob zwischen Erfahrung und Reaktion auch bei ihm ein Empfinden dazwischengeschaltet ist. Für einen Baum, der nicht in der Lage ist, wegzulaufen, wenn ich mit dem Spaten in seine Wurzeln hacke, oder für eine Büropflanze, die ihre Blätter nicht wegziehen kann, wenn Cleve Backster ein Streichholz darunterhält, macht die Fähigkeit, Schmerzen zu empfinden, ja nicht besonders viel Sinn.

Nun ist es aber leider nicht so, dass Lebewesen grundsätzlich nur Eigenschaften und Merkmale besitzen, die sie benötigen. Männer und andere männliche Säugetiere verfügen zum Beispiel über Brustwarzen, ohne dass sie damit jemals ihre Jungen säugen könnten. Wichtig ist nur, dass so ein nutzloses Attribut einen nicht im Überlebenskampf behindert. Die scheinbar so eindeutige Welt der Pflanzen birgt möglicherweise ein paar unerwünschte Überraschungen. Einige Biologen gehen bereits so weit, ihnen nervenähnliche Strukturen zuzugestehen. Bei der Reizübertragung spielen Phytohormone eine Rolle, die mit den schmerzauslösenden Gewebshormonen beim Menschen verwandt sind. Zu sagen, dass Pflanzen keine Schmerzen empfinden können, ist beim gegenwärtigen Wissensstand genauso spekulativ, wie zu sagen, sie hätten welche. Ob Bakterie, Alge, Pilz, Pflanze oder Tier (inklusive Menschentier) – wir alle sind Lebewesen mit einem gemeinsamen Ursprung, und der Übergang zwischen den einzelnen Lebensformen ist ein fließender. In derselben Ursuppe entstanden, mit demselben Protoplasma-Batzen als Vorfahren, bewohnen wir alle denselben Planeten. Warum sollten wir also völlig unterschiedlich sein? Ich hoffe, das ist jetzt kein Schock, aber die genetische Übereinstimmung des Menschen mit einem Hefepilz beträgt bereits 30 bis 35 %. Auch Bruder Baum und Schwester Schnittlauch gehören zu unseren Verwandten, ob es uns passt oder nicht. Wie alle Tiere und wie auch die Pflanzen bestehen Menschen aus Zellen mit Zellkernen und besitzen eine doppelsträngige DNA. Die Milchversorgung der Jungtiere gibt es nicht nur bei uns Säugetieren oder bei den Bienen, die mit einer ganz ähnlichen Emulsion ihre Maden füttern – auch die Sojabohne bietet der keimenden Sojasprosse eine milchähnliche Nahrung. Deswegen lässt sich Kuhmilch in Rezepten so gut durch Sojamilch ersetzen. Pflanzen müssen schlafen, und wenn man sie daran hindert, sterben sie irgendwann – wie wir. Pflanzen bekommen es mit, wenn sie ein Problem haben, sie können auf Sinneseindrücke reagieren und miteinander kommunizieren – wie wir. Eine Akazienart in Afrika reagiert auf gefräßige Kudus (eine Antilope), indem sie den Tanningehalt in ihren Blättern vervierfacht und damit die Kudus vergiftet. Gleichzeitig setzt sie Duftwolken ab, die die in der Nähe stehenden Akazien über die drohende Gefahr informieren, sodass die Bäume in der Umgebung ebenfalls ihren Tanningehalt steigern und zur tödlichen Gefahr für die Kudus werden. Maispflanzen kommunizieren sogar mit anderen Spezies. Bei Raupenbefall locken sie mit Duftstoffen Schlupfwespen an, von denen dann die Raupen gefressen werden.

Pflanzen sind auch keineswegs so bewegungsunfähig, passiv und statisch, wie wir uns das gern einbilden. Sie können durchaus mehr, als auf der Fensterbank herumstehen und die Luft verbessern. Nur bewegen sie sich meist so langsam, dass es außerhalb unseres Wahrnehmungsbereichs liegt. Pflanzenwurzeln suchen aktiv nach Nährstoffen und können zwischen selbst und nicht selbst unterscheiden. Sie konkurrieren mit dem Wurzelwerk anderer Pflanzen, kommen ihren eigenen Wurzeln aber nicht ins Gehege. Kleeseide testet mit den ersten Sprossen, die sich an die Oberfläche der Erde wagen, ob die Pflanze, die sie umranken will, auch gesund und kräftig ist. Andernfalls wird sie links liegen gelassen. Der Zappelphilipp unter den Pflanzen ist die Indische Telegraphenpflanze (Desmodium motorium), die ihre Blätter nicht nur zum Schlafen herunterklappt, sondern auch für uns deutlich sichtbar bewegt. Spielt jemand Musik, beginnt sie sogar, ihre Bewegungen dieser

Musik anzupassen. Möglicherweise handelt es sich bei ihrem Tanz bloß um eine Art Pumpbewegung, die den Transport von Mineralstoffen beschleunigen soll – aber man fragt sich natürlich, warum sie das unbedingt im Takt der Musik tun muss. Hat Desmodium den Rhythmus im Saft?

Wenn man sich erst einmal an den Gedanken gewöhnt hat, dass Pflanzen sehr viel mehr Fähigkeiten und Ausdrucksmöglichkeiten besitzen, als man ihnen im Allgemeinen zutraut, dann scheint es plötzlich auch nicht mehr völlig abwegig, dass sie empfindungsfähig sein könnten. Einer Schöpfung, die Geburtenregelung praktiziert, indem sie empfindungsfähige Tiere zu Milliarden einfach auffressen, verhungern, verdursten und erfrieren lässt, ist eigentlich auch zuzutrauen, dass sie Lebewesen hervorbringt, die leiden müssen, ohne die geringste Chance, sich diesem Leiden entziehen zu können.

Ich gehe nicht mehr gern aus. Die guten Gerüche überall in der Stadt machen mir zu schaffen. Zu Hause kann ich mich mit meinem Topf gekochter Erbsen oder Bohnen leichter abfinden. Also sitze ich jetzt oft vor dem Fernseher. Noch öfter, würde Jiminy sagen. Beim Zappen bleibe ich immer wieder bei Kochshows hängen. So etwas hätte ich mir früher nie angesehen. Seit ich Frutarierin bin, verfolge ich mit saugnapfgroßen Pupillen jeden Schritt der Lebensmittelzubereitung und komme mir wie ein Porno-Konsument vor. Diesmal stoße ich allerdings auf eine Talkshow: »Natürlich Steffens!«. Nach sportlichen Rentnern und dem XXL-Ostfriesen Tamme Hanke kommen die hessische Ex-Milchkönigin Melanie Reusse und der Literaturwissenschaftler Florian Werner zu Wort. Die hessische Milchkönigin hat zu Hause 270 Kühe im Laufstall stehen, und es ist ihr ein großes Anliegen, dass wir alle noch viel mehr von der guten Milch trinken. Sie hat ein Kalb mitgebracht, das die ganze Zeit an ihrer Hand saugt und sabbert. Dass Kälber auf diese Weise ihre Verlassenheitsgefühle ausagieren, ist in der Milchwirtschaft normalerweise nicht erwünscht. Im Agrarkatalog der Firma Siepmann kann man stachelbewehrte »Viehsaugentwöhner« kaufen, deren »elastisches Material« eine »einwandfreie Befestigung im Nasenknorpel der Jungtiere« gewährt. Jedes Mal, wenn ein Kalb mit so einem Ring in der Nase an einem anderen Kalb saugen will, drückt es ihm die Stacheln des Saugentwöhners ins Fleisch, und das andere Kalb nimmt Reißaus. In einer Talkshow kommt das neurotische, ständig saugende Kalb natürlich sehr niedlich rüber. Aber vielleicht hat es ja auch einfach bloß Hunger. Der Literaturwissenschaftler Dr. Florian Werner hat ein Buch geschrieben: »Die Kuh – Leben, Werk und Wirkung«. Moderator Steffens erwähnt die Methangase, die für das Klima doch so schädlich sein sollen, genauso schädlich wie Auto fahren. Der Literaturwissenschaftler gibt zu, dass es nicht gerade optimal für das Klima ist, wenn die 1,3 Milliarden Kühe auf der Welt täglich und pro Kopf 250 Liter Methangas ausstoßen.

»Umgekehrt sollte man vielleicht nicht vergessen, dass, wenn man natürlich Kühe hält und dafür auch noch schöne Weiden hat und Graslandschaften, dass das auch wieder das Klima aufwertet. Also das Gras produziert da auch wieder Sauerstoff, steuert da also gegen. Das macht das Auto nicht.«

Ich winde mich auf meinem Fernsehsessel. Hat der Mann nicht gerade ein Buch über Kühe geschrieben? Ich habe es übrigens gelesen. Und auf Seite 198 schreibt er, dass Rinderhaltung maßgeblich für die Vernichtung der Regenwälder in Mittel- und Südamerika verantwortlich ist. »Tatsächlich tragen Kühe ganz massiv zur Umweltverschmutzung und -zerstörung bei. […] Immer mehr Bäume fallen Kettensäge und Brandrodung zum Opfer, um Raum für Rinderweiden zu schaffen […].«

Ganz recht, Herr Werner, aber wenn man das doch weiß und erst vor Kurzem mühsam recherchiert hat, wie kann man dann so einen Scheiß reden, dass das Gras, auf dem die Kühe stehen, ganz prima für das Klima wäre. Zumal ja Laufstallkühe für gewöhnlich gar nicht mehr auf die Weide gelassen und mit Mastfutter aus ehemaligen Regenwaldregionen gefüttert werden. Laut BUND besetzt allein Deutschland für seinen Soja-Bedarf rund 2,8 Millionen Hektar Anbaufläche, auf der sonst CO_2-bindender Regenwald stehen könnte.

»Kann ich was dazu einbringen?«, fragt die hübsche Milchkönigin, während das Kalb immer lauter schmatzend und immer heftiger sabbernd an ihrer Hand saugt. »Was ich dazu sagen möchte – das stimmt mit dem Methan. Aber wir brauchen die Kühe auch in Regionen, wo es schwierig ist, das Gras zu pflegen. Man muss beide Seiten sehen. Und ich denke mal, wenn es um den Klimawandel geht, dann sollte man sich als Normalverbraucher immer mal fragen, muss ich dreimal im Jahr in den Urlaub fahren oder reicht es auch, wenn ich ein Mal im Jahr in ein Flugzeug steige.«

Kalb: »Schmatz, schmatz, schmatz.«

Milchkönigin: »Ich meine, die Milch ist ein Grundnahrungsmittel, und das Fleisch, wir brauchen das ja für unseren Körper, man sollte erst mal diese Aspekte sehen und dann vielleicht das Hobby oder den Urlaub nebenbei stellen und …«

Was sie noch sagen will, geht in zustimmendem Applaus unter. Die Zuschauer im Studio sehen das herzig schmatzende Kälbchen auf der Bühne und applaudieren gleichzeitig der Meinung, dass es gut und richtig ist, dieses Kälbchen umzubringen, um sich sein Fleisch in den Mund zu stecken. Wie soll man solchen Leuten denn jetzt bitte vermitteln, dass auch die Lebensrechte von Pflanzen zu achten seien, diesem Unkraut, das überall unter ihren Schuhen wächst?

Ich habe meine Blutwerte noch einmal überprüfen lassen. Dr. Zeisler ist hellauf begeistert. Meine Cholesterinwerte haben sich von 160 auf 90 nahezu halbiert. (Es handelt sich um das schlechte, böse Cholesterin. Offenbar gibt es auch noch ein gutes, und das ist ausreichend vorhanden.) Auch die Niere arbeitet jetzt besser, Leberwerte gut, weiße Blutkörperchen, rote Blutkörperchen – alles ausreichend vorhanden. Eisen dürfte mehr sein, geht aber auch noch. Nur Vitamin B12 ist eindeutig zu wenig da. Noch nicht so wenig, dass ich deshalb krank werden könnte, aber es ist zu wenig. Zu dumm, dass ich die B12-Werte nicht auch schon im Januar habe messen lassen. Dr. Zeisler vermutet, dass der Mangel nicht an meiner viermonatigen Vegan-Ernährung liegt, jedenfalls nicht nur, sondern dass mein Magen möglicherweise durch Antibiotika geschädigt ist und Vitamin B12 schon länger nicht mehr richtig aufnimmt. Die beiden Frutarier-Monate halte ich aber noch durch, ohne irgendwelche Mittelchen nehmen zu müssen. Allerdings kann ich die Empfehlung aus dem Internet, bei Veganern würde eine Kontrolle der Blutwerte alle zwei bis drei Jahre völlig genügen, jetzt natürlich nicht mehr unterschreiben. Ich empfehle ausdrücklich, schon früher mal eine Blutprobe nehmen zu lassen.

Seit der Piepsi verschollen ist, dürfen die Hühner nicht mehr aus dem Gehege. Ich hätte die Tür von Anfang an zulassen sollen. Denn in den ersten Tagen wirkten die befreiten Hühner noch sehr zufrieden mit ihrem Auslauf. Aber seit sie einmal an der richtigen Freiheit schnuppern durften, versuchen sie ständig zu entwischen, wenn ich die Tür öffne, um ihnen Futter oder Wasser hineinzustellen. Zu vieles schon gesehen, zu vieles schon, das fehlt, wenn man es nicht mehr hat. Dabei sind sie ungewöhnlich aggressiv, stürzen sich flatternd auf mich und picken mir wütend in den Stiefel, mit dem ich sie von der Türöffnung zurückschaufle. Eines Nachmittags liegt eines der neuen Hühner tot im Auslauf. Morgens noch vergnügt, jetzt tot. Zum Glück bin ich vorgewarnt. Das soll bei befreiten Hühnern öfter mal vorkommen und diverse Ursachen haben. Unter anderem haben sie durch die vielen Eier, die sie legen, wohl oft Eileiterentzündungen. Trotzdem frage ich mich natürlich sofort, ob das Huhn noch leben würde, wenn ich es nicht aus dem Lege-Knast befreit hätte. Ich habe gerade das Grab wieder zugeschaufelt und will den Spaten zurück in den Schuppen bringen, als mir die Postbotin ein Paket in die schmutzigen Finger drückt. Ich schrubbe mir erst mal gründlich die Hände. Im Paket liegt das versprochene Buch von Anko Salomon, dem Vorsitzenden der Naturangesellschaft. Es heißt »Leben – ohne Tiere und Pflanzen zu verletzen oder zu töten«. Als Autor ist ein A. Wang angegeben, aber da es sich um eine praktische Anleitung zur Ausübung des Naturanismus handelt, gehe ich schwer davon aus, dass es sich bei A. Wang um ein Pseudonym von Herrn Salomon handelt.

Der Naturanismus unterscheidet sich von der veganen Lebensweise einerseits darin, dass außer Tieren auch keine Pflanzen verletzt oder getötet werden dürfen, und andererseits darin, dass der Autor davon ausgeht, dass es möglich sei, Tiere unter Berücksichtigung ihrer individuellen Lebensbedürfnisse so zu halten und zu nutzen, dass sie nicht darunter leiden. »Es ist durchaus möglich, auf tierische Produkte zu verzichten, allerdings sollte dies nicht auf Kosten der Pflanzen geschehen, denn pflanzliches Leben wegen seiner Andersgestaltigkeit als geringer zu beurteilen, entspricht lediglich bewertenden Kategorienbildungen, unter denen Menschen, Tiere und Pflanzen schon immer zu leiden gehabt haben.« Milch und Milchprodukte können nach Auffassung des Naturanismus schließlich auch gewonnen werden, wenn man das Kälbchen zuerst trinken lässt und lediglich die Überschüsse nimmt, die sich dann noch melken lassen. Honig und Blütenpollen lassen sich in Maßen gewinnen, ohne dass die Bienenvölker dafür rigoros ausgebeutet werden müssten, und Eier von Hühnern aus Freilandhaltung zu nehmen sei vertretbar, wenn man auch dem Bedürfnis der Hühner zu brüten Rechnung trägt, gute Haltungsbedingungen schafft und den Hühnern eine Versorgung bis zum natürlichen Tod bietet. Die Ernte von Früchten ist ja sowieso problemlos und bei Getreide vertritt Herr Salomon, beziehungsweise Herr Wang, die Meinung, dass die Getreidepflanzen bei der Ernte bereits abgestorben seien. Es bestehe also überhaupt keine Notwendigkeit, pflanzliche Lebewesen zu verletzen oder zu töten, weil sie uns durch die Bereitstellung von Sauerstoff, Fruchtfleisch und Samen bereits umfassend versorgt haben. Außerdem beinhaltet das Buch Abhandlungen über die Gleichwertigkeit aller Spezies, das Wesen von Tier und Pflanze, Anleitungen zur Lebensmittelverarbeitung und praktischen Haushaltsführung, Survivaltipps, seitenweise Rezepte und Menüvorschläge, einen psychologischen Fragebogen zur Analyse der Lebensgestaltung, Tipps zum Umgang mit Depressionen, Suchtverhalten und Übergewicht,

Empfehlungen zur Krankheitsbehandlung nebst einer Liste nützlicher Hausmittel, Rezepte für Gesichtsmasken und Badezusätze – kurz: alles, was man für ein gutes, gewaltloses Leben so wissen muss.

Jiminy ist aus Köln zurück. Sie hat drei Kilo zugenommen und will mit mir ein paar Tage frutarisch leben, damit die Jeans wieder passt. Ich habe nämlich bereits nach zwei Wochen Frutarismus vier Kilo abgenommen. Was deutlich motivierender ist als die zwei Kilo, die ich nach vier Monaten veganer Ernährung weniger wog. Jiminy kocht für uns eine Kürbissuppe mit Kokosmilch. Kürbis ist Gemüsefrucht, Kokosnuss ist ja wohl Nuss, Salz lebt nicht, und Pfefferkörner sind Samen. Zu meinem Erstaunen lässt sich ein richtiges Mittagessen aus rein frutarischen Zutaten bereiten. Und es schmeckt sogar.

Am Nachmittag wirft Jiminy ihre Diätpläne wieder über Bord, als sie ganz hinten in meinem Kühlschrank einen Fertigteig findet, der eigentlich einmal für eine vegane Pizza gedacht war. Sie fängt an, den Teig mit Tomaten zu belegen.

»Ermordeter Weizen«, sage ich, »von den Abertausenden Mäusen, Igeln, Hamstern, Hasen und Rehkitzen, die dabei in die Mähdrescher geraten sind, mal ganz zu schweigen.«

Daraufhin geht Jiminy aus dem Haus und setzt sich ins Auto. Nach einer halben Stunde kommt sie mit einer Supermarkttüte zurück und holt ein Stück Käse heraus, mit dem sie ihre Pizza überbacken will.

»Bizarr«, sage ich. »Ich muss darüber nachdenken, ob ich es dulden kann, dass so etwas in meinem Herd gebacken wird.«

Kurz darauf erfüllt der Geruch von Käsepizza die Küche, und ich flüchte in mein Arbeitszimmer. Leider sind es nicht Ekelgefühle, vor denen ich Reißaus nehme. Als ich später wieder herunterkomme, rattert Jiminy mit dem Rasenmäher durch den Garten, um die Kalorienbilanz wieder auszugleichen. Darauf habe ich ja nur gewartet.

»He«, rufe ich, »was tust du da?«

Jiminy stellt den Rasenmäher aus.

»Du verletzt die Gräser«, sage ich.

»Quatsch, das pflegt den Rasen. Der wird viel schöner und dichter, wenn ich ihn mähe.«

»Aber der Rasen ist nicht die Pflanze. Der Rasen ist eine Ansammlung einzelner Grashalme, die dicht gedrängt wie Fußballfans in einem Stadion nebeneinander stehen. Die Halme sind die Pflanzen, und jeder einzelne wird von dir verletzt, gestutzt und an der freien Entfaltung gehindert – nur für den Gesamteindruck.«

»Ja«, sagt Jiminy, allmählich etwas müde von den Belehrungen der Supergrille, »so etwas nennt man Zivilisation. Hast du dir übrigens mal den Holunder angesehen? Alles voller Blattläuse. Die darf ich jetzt wahrscheinlich auch nicht mehr bekämpfen, was?«

Ich schau mir den alten Holunderstrauch neben dem Maultierstall an. Dicht an dicht sitzen die Blattläuse an den Stängeln und Zweigen. Teilweise sieht das aus, als trüge der Holunder einen samtigen, hellgrauen Thermoanzug.

»Bitte schön«, sagt Jiminy, »ich rühr nichts mehr an. Du kannst hier gerne alles verwildern und auffressen lassen.«

Eine Ameise läuft über die Blattläuse hinweg. Tierrechtler echauffieren sich ja gern darüber, dass der Mensch die einzige Spezies sei, die etwas so Krankes machen würde, wie bei einer anderen Tierart die Milchdrüsen zu stimulieren, um an die Milch zu kommen. Das stimmt – aber nur wenn man den Tatbestand daran festmachen will, dass es sich bei der Flüssigkeit um Milch handeln muss. Ansonsten gibt es ja wohl immer noch die Blattläuse melkenden Ameisen. Ameisen grabbeln und streicheln an den Hinterleibern von Blattläusen herum, um sie zur vermehrten Ausscheidung ihrer zuckerhaltigen Exkrementströpfchen zu bringen, die sie dann auflutschen. Das ist ja wohl mindestens genauso krank! Und grausam sind sie auch noch. Wenn die Blattläuse Flügel bilden, um an einen anderen Ort zu fliegen, beißen die Ameisen ihnen die Flügel wieder ab, um sie weiter melken zu können. Es gibt also keinen Grund, immer bloß auf dem armen Homo sapiens herumzuhacken.

»Wenn man schon keinen Rasen mähen darf, was ist dann eigentlich mit Bonsai-Bäumen«, fragt Jiminy provozierend, »das ist dann wohl Folter?«

Ich muss kurz nachdenken.

»Misshandlung«, sage ich dann. »Ich würde es Misshandlung nennen.«

Auch wenn man davon ausgeht, dass eine Pflanze weder über ein Schmerzempfinden noch über sonstige Bewusstseinszustände noch über einen Willen verfügt, so hat sie doch – wie jedes andere Lebewesen auch – drei grundlegende Interessen, und zwar:

1.) zu leben,

2.) gut zu leben,

3.) sich fortzupflanzen.

Die klassischen Mittel einer Pflanze, ihre Interessen durchzusetzen, bestehen darin, dorthin zu wachsen, wo die meiste Sonne hinkommt, und mit den Wurzeln tief in den Boden bis zur nächsten Wasserader vorzustoßen.

»Bonsai-Zucht, das ist künstlicher Kleinwuchs und Verkrüppelung, indem man die Bäume in zu flache Töpfe stellt, sie zu wenig düngt und ihnen absichtlich das Leben schwer macht«, sage ich. »Also, das ist ja wohl kein gutes Leben.«

»Vielleicht sollten wir mal eine Bonsai-Befreiung machen«, sagt Jimniy.

In Nordindien, wo seit August ungewöhnlich viel Regen gefallen ist, gibt es schwere Überschwemmungen. Überschwemmungen auch in Honduras und Haiti. Dort wütet zusätzlich noch Tropensturm Matthew. Nach monatelangen Regenfällen – in Mittelamerika hat es seit ungefähr 60 Jahren nicht mehr so viel geregnet wie in diesem Jahr – sind die Böden so aufgeweicht, dass nun Erdrutsche drohen.

Ich esse fast jeden Tag das Gleiche: morgens zwei Bananen und eine halbe Melone, mittags Erbsen und Tomaten in Kokosmilch, abends Erbsen und Tomaten in Kokosmilch und zwischendurch Äpfel, Äpfel, Äpfel. Erbsen sind das einzige Gemüse, bei dem ich einigermaßen satt werde. Ich habe die Nase allmählich voll. Jeden Tag die schlimmste aller denkbaren Diäten und in letzter Zeit nehme ich noch nicht einmal mehr ab. Wer schon einmal eine Fastenkur gemacht hat, weiß, dass die ersten drei Tage am härtesten sind. Kopfschmerzen, Schwindelgefühle und ständig Hunger. Dann legt sich das. Bei der frutarischen Diät bleibt es die ganze Zeit so. Bisher habe ich mich immer mit einer Tüte Studentenfutter über den Tag gerettet, dann kommt mir eine Packung in die Finger, bei der der Produzent unvorsichtigerweise den Kaloriengehalt auf die Tüte gedruckt hat. Fast 600 Kalorien auf 100 Gramm. Oh Gott! In einer Tüte sind schon 200 Gramm. Und manchmal habe ich sogar zwei Tüten gegessen. Von nun an lasse ich die Nüsse eben weg. Ich will nicht der einzige dicke Frutarier auf der Welt sein. Meine

Laune hebt diese weitere Einschränkung natürlich nicht gerade. Alle anderen können essen, was sie wollen. Wer nicht gerade zwei Herzinfarkte hinter sich hat oder Topmodel werden will, kann in diesem Kulturkreis zwischen Lebensmitteln jeglichen Geschmacks und Aussehens und jeglicher Konsistenz wählen. Selbst Veganer haben eigentlich eine Riesenauswahl. Bloß ich sitze jeden Abend vor meinem Erbsen-Kokosnussmilch-Topf und zappe mich durch die Fernsehkochshows.

Diesmal schaue ich »Deutschlands Meisterkoch«. Acht Kandidaten kochen um die Wette, und eine Jury aus drei Gourmet-Köchen bewertet das Ergebnis. Die Kandidaten sollen einen lebenden Hummer zubereiten. Es wird ihnen erklärt, wie man ihn tötet – mit dem Kopf voran in sprudelnd kochendes Wasser stecken, Deckel drauf, und nach 20 Sekunden ist er tot. 20 Sekunden! Die können vermutlich ganz schön lang werden, wenn man in kochendem Wasser steckt. Wie sagte noch gleich David Foster Wallace in seinem Essay »Am Beispiel des Hummers«? »Es bleibt die Tatsache, dass sich der Hummer verzweifelt wehrt.« Die Kandidaten schauen auch nicht gerade begeistert. Eine Frau weint beinahe. Ein bärtiger Mann erzählt später in die Kamera, dass ihm ganz schön mulmig zumute war, als er dem Hummer ins Gesicht sah. »Dann aber sagte ich mir: Ich kann das.«

In der bunten Welt der Männlichkeit gilt es immer noch als Leistung, in Situationen, die nach Mitleid geradezu schreien, dieses Mitleid in sich zu unterdrücken. Einmal wohnte ich als Stipendiatin in einem Institut für Kunstschaffende der verschiedensten Sparten. Ein halbes Jahr vor meiner Ankunft hatten dort zwei junge Künstler gewohnt und geschaffen, von denen immer noch geredet wurde. Der eine hatte lebende Hühner auf einer Bühne geköpft, und der andere hatte einen deutschen Flughafen mit all seinen Gängen als durchsichtiges Röhrensystem nachgebildet und mit Grillen, Skorpionen, einer Maus und anderen Tieren gefüllt, die sich im Laufe einiger Tage gegenseitig massakrierten. Es hatte Beschwerden gegeben. Mein Zimmernachbar erzählte mit feinem Lächeln, wie einige Stipendiatinnen sich aufgeregt hätten, aber im Institut hatte man hinter den jungen Männern gestanden. Wenn es erlaubt wäre, Hühner für den Kochtopf zu schlachten, müsste es auch erlaubt sein, sie für die Kunst zu töten. Während meines Aufenthalts dort wurden erfreulicherweise keine Tiere gequält. Nur ein alter Fluxus-Künstler kam vorbei und brachte ein nacktes junges Mädchen mit, das er mit Sahne beschmierte. Ich sagte nichts dazu. Solange die Jungs damit beschäftigt waren, Sahne auf Brüste zu schmieren, erwürgten sie wenigstens keine Hundewelpen.

In der Kochshow stecken übrigens alle acht Kandidaten und Kandidatinnen ihren Hummer in das kochende Wasser. Keiner weigert sich. Nicht einmal die Frau, die beinahe geweint hätte. Als sie das große Schalentier ins Wasser gleiten lässt, krallt sich der Hummer mit dem Schwanz am Topfrand fest. Vielleicht ist er auch einfach nur zu groß, jedenfalls bekommt sie den Deckel nicht zu und muss noch einmal nachstopfen. Dann rennt sie mit erhobenen Händen vom Herd weg. Ich glaube, diesmal weint sie richtig. Es geht um 100 000 Euro.

Nach schweren Überschwemmungen in Sachsen und Sachsen-Anhalt spitzt sich die Hochwassersituation nun auch im südlichen Brandenburg zu. Der Pegel der Schwarzen Elster hat einen historischen Höchststand erreicht. Die Innenstädte von Elsterwerde und Bad Liebenwerda sollen evakuiert werden. In Mexiko haben wochenlange Regenfälle wieder zu Erdrutschen geführt.

14

We are the Champions

*»Kaum einen anderen Gedanken können
die Menschen so schlecht akzeptieren wie
die Idee, dass wir nicht der Höhepunkt von
irgendetwas sind. Dass wir hier sind, hat
nichts Zwangsläufiges. Dass wir glauben, die
Evolution sei letztlich darauf programmiert,
uns hervorzubringen, entspringt nur unser
menschlichen Eitelkeit.«*

(Stephan Jay Gould)

*»Natürlich, der Gepard ist schnell, läuft
120 km/h, aber wenn der Mensch sich in ein
Auto setzt und Gas gibt – da sieht er alt aus,
der Gepard.«*

(Mensch)

Als die Brahmanen das Kastenwesen in Indien einführten, welche Kaste installierten sie da als die höchste und vornehmste? Richtig: die Kaste der Brahmanen. Ein bestürzend vorhersehbares Verhalten für Männer, die sich selbst als Gelehrte, Weise und Mystiker begriffen. Aber irgendwie auch nicht anders vorstellbar. Die meisten Menschen, sofern sie nicht an schweren Depressionen leiden, haben eine ziemlich hohe Meinung von sich selbst. Das ging dem Ur-Menschen vermutlich nicht anders. Viele Anthropologen vertreten die

Meinung, der prähistorische Mensch habe sich den schnelleren, größeren oder gefährlicheren Tieren seiner Zeit unterlegen gefühlt. Ich persönlich glaube das nicht. Positive Selbsteinschätzung gedeiht auch völlig unabhängig von der Faktenlage. Natürlich staunte der Mensch, wenn ein Mastodon majestätisch über die Wiese stampfte, neidisch sah er dem fliegenden Falken hinterher, aber kaum hatte er genügend Ich-Bewusstsein entwickelt, um Lebewesen und Dinge einordnen und bewerten zu können, stellte er sich hin, stemmte die Fäuste in die haarigen Hüften und sagte: »Aber das Beste von allem, das Schönste und Klügste ist doch der Mensch.«

Kein Tier widersprach. Auch Gott fand, dass der Mensch das Beste war, was er je erschaffen hatte. Jedenfalls fanden die menschlichen Religionsvertreter, dass Gott das fand. Oder jedenfalls waren die Religionsvertreter, die fanden, dass Gott das fand, besonders erfolgreich. Religionen, die den Sinn der menschlichen Existenz im Nahrungsanbau für die Götter deuteten oder den Menschen auf einer Stufe mit den ebenfalls beseelten Tieren sahen, hatten keine Chance, gegen einen Glauben, der seinen Anhängern versicherte, etwas Besseres zu sein. In einem separaten Schöpfungsakt hergestellt, stand der Mensch weit über den Tieren, war der Mittelpunkt göttlicher Aufmerksamkeit und der eigentliche Grund, weswegen die ganze Chose überhaupt veranstaltet wurde. Pflanzen und Tiere wurden nur erschaffen, um eine hübsche Kulisse für das menschliche Schauspiel abzugeben.

Auch außerhalb der Kirchen kam man zur selben Überzeugung. Aristoteles drückte es so aus: »Da die Natur nichts ohne Sinn oder vergeblich tut, ist es unleugbar wahr, dass sie alles zum Wohl des Menschen geschaffen hat.« In der Psychologie nennt man so etwas übrigens Beziehungswahn.

Das würfe allerdings auch einige Probleme auf, wenn Gott kein wertender Gott wäre und das ganze Tier-, Mensch- und Pflanzenreich in seinen Augen gleich. Wie ließe sich dann rechtfertigen, was wir mit unseresgleichen tun? Also lieber ein Gott, der ein Ranking aufstellt, der den Superstar seiner Schöpfung kürt und dabei zufällig zu dem gleichen Schluss gekommen ist wie wir selber: Aber das Beste und Schönste von allem ist doch der Mensch.

Nachdem sich die Überzeugung, etwas viel Besseres als Molch oder Mammut zu sein, in den Menschenhirnen erst einmal festgesetzt hatte, fing man auch irgendwann an, nach Belegen dafür zu suchen. Das ist die übliche Reihenfolge. Erst weiß man, was Sache ist, dann sucht man Anhaltspunkte dafür.

Einer der Grundpfeiler des menschlichen Überlegenheitsgefühls ist der Stolz auf unsere Intelligenz. Zugegeben, kein Tier außer uns kann zum Mond fliegen, die Golden Gate Bridge bauen oder Sachertorte backen, aber leider kann ich persönlich das auch alles nicht und hoffe trotzdem sehr, dass mir deswegen nicht die Menschenrechte abgesprochen werden. Neugeborene, Menschen mit starken geistigen Behinderungen und Leute wie ich fließen also nicht immer mit in die Betrachtung der eigenen Gruppe ein, wenn von den erstaunlichen Leistungen des Homo sapiens die Rede ist.

Der Physiker Stephen W. Hawking spielte einmal mit dem Gedanken, das Weltall hätte deswegen intelligentes Leben hervorgebracht, um über sich selbst nachdenken zu können. Würde man dem Weltall diese für uns schmeichelhafte Absicht unterstellen, dann wäre also die ganze Evolution auf die Entstehung des Menschen zugelaufen und alle Tiere wären bloß eine Übergangslösung, eine Vorbereitung auf unser Auftreten. Die Evolution läuft aber weder einspurig noch zielgerichtet. Sie ist keine lange gerade Straße, auf der ein Fisch entlangrobbt, der sich langsam in eine Amphibie verwandelt, die allmählich Fell und Pfoten entwickelt und sich immer mehr aufrichtet, bis am Ende ein übergewichtiger Teenager mit einem Doppelwhopper in der Hand und dem neuesten iPod am Ohr den Zieleinlauf erreicht. Von dieser Idee hat die Wissenschaft längst Abschied genommen. Die Evolution ist ein ballförmiges Gewächs, das von seiner Mitte aus Äste und Zweige in alle Richtungen treibt. Millionen Evolutionsideen werden gleichzeitig ausprobiert, man spielt mit den Bauplänen der Lebewesen und an den Spitzen der Äste sitzen die jeweils aktuellen Spezies gleichberechtigt nebeneinander. Intelligenz ist dabei nur ein Versuch, eine Überlebensstrategie von vielen, wie Giftfäden an australischen Quallen, die Stacheln auf dem Rücken eines Igels oder die Fähigkeit eines Bären, den unwirtlichen Winter einfach zu durchschlafen. Nichts weiter als ein Versuch. Während sich an dem einen Ast die Intelligenz der Hominiden immer weiter entwickelt, perfektioniert sich an einem anderen das Sozialleben der Wölfe und an einem dritten die Flugfähigkeit eines Insekts. Woran will man erkennen, ob der große Designer eines seiner Abermillionen Geschöpfe für besser gelungen hält als die anderen? Ihre Qualität bemisst sich doch allenfalls daran, wie jedes einzelne an seine Umgebung angepasst ist und wie gut es seine Lebensaufgabe meistert. Möglicherweise ist der Mensch der am weitesten entwickelte Affe. Aber er ist nicht die Weiterentwicklung eines Krokodils.

Na gut, wenn Intelligenz nur eine Evolutionsidee von vielen ist und wir also auch nicht das Ziel sind, auf das sich alles hinentwickelt, dann sind wir doch wohl wenigstens das höchstentwickelte von allen Lebewesen. Das ist doch wohl klar. Kurzfristig sah es so aus, als ließe sich das sogar wissenschaftlich belegen. Man hatte nämlich etwa 40 000 Gene beim Menschen gezählt, und das war schließlich viel mehr als die popeligen 6000 Gene eines Darmbakteriums oder die 13 500 Gene einer Taufliege. Je mehr Gene, umso weiter entwickelt. Als sich dann herausstellte, dass Reis etwa 50 000 Gene besitzt, war das wie ein Schlag ins Gesicht. Eine Pflanze war bewiesenermaßen das höher entwickelte Lebewesen. Die Reispflanze hatte bei ihrer Überlebensstrategie eine völlig andere Richtung eingeschlagen, aber dabei hatte sie einen deutlich weiteren Weg zurückgelegt als wir. Die nächste Ohrfeige für die Eigenliebe gab es, als sich kurz darauf herausstellte, dass man sich bei den eigenen Genen auch noch verzählt hatte. Bausteine, die damals als Gene eingestuft worden waren, waren in Wirklichkeit bloß Kopien gewesen, und Teile eines Gens waren fälschlicherweise als ganzes Gen mitgezählt worden. Anscheinend besaß der Mensch in Wirklichkeit nur 20 000 bis 25 000 Gene – weniger als gewöhnliches Gartenunkraut wie die gemeine Gänserauke. Damit spielte der Homo sapiens in einer Liga mit dem einen Millimeter großen Fadenwurm Caenorhabditis elegans, der immerhin 19 000 Gene besaß. Dass man 2004 doch noch mal 10 000 zusätzliche menschliche Gene entdeckte, war dann auch kein wirklicher Trost mehr.

Wenn wir weder der Grund für die Entstehung des Universums sind noch das Ziel, auf das alles hinausläuft, und im großen Spektrum der Evolution noch nicht einmal das am weitesten entwickelte Lebewesen – wie lässt sich dann die Selbsteinschätzung aufrechterhalten, der Primus der Schöpfung zu sein?

Na, dass wir die erfolgreichste und mächtigste aller bisher aufgetretenen Arten sind, kann ja wohl niemand bestreiten. Andere Tiere müssen sich mühsam ihrer Umgebung anpassen, wir haben die Erde unseren Bedürfnissen unterworfen, Häuser gebaut, Autos gebaut, Straßen für unsere Autos und Klimaanlagen für unsere Häuser, den Boden gedüngt und Pflanzen genetisch verändert. Gefährliche Tiere haben wir weitestgehend ausgerottet oder hinter Gitter gesteckt und einen Haufen ungefährlicher Tiere gleich dazu. Den nützlichen Tieren haben wir die Hörner ausgebrannt, die Schnäbel oder die Ringelschwänze beschnitten, damit sie für unsere grausamen Ställe taugen. Was nicht passt, wird passend gemacht. Und wer das Bedürfnis verspürt und es bezahlen kann, lässt eine Heizung in seiner Garagenauffahrt versenken und muss nie wieder Schnee schippen.

Ohne Intelligenz wäre das alles nicht möglich gewesen. Also ist Intelligenz ja wohl doch nicht bloß eine von mehreren gleichrangigen Evolutionsideen, sondern die Super-Eigenschaft schlechthin. Vor 500 000 Jahren hatte das menschliche Gehirn die heutige Größe erreicht. Vor 150 000 Jahren entstand die Sprache. Und seit 100 000 Jahren kann man die Evolution des Homo sapiens als abgeschlossen betrachten. 100 000 Jahre ist allerdings nicht besonders viel. Die Dinosaurier haben mehr als 150 Millionen Jahre lang diesen Planeten beherrscht und dabei teilweise noch mit dem Rückenmark gedacht. Der Pfeilschwanzkrebs läuft und läuft und läuft als unveränderter Prototyp seit 550 Millionen Jahren auf dem schlammigen Grund der Meere. Nicht mal die Spoilerform wurde verändert. Das nenne ich erfolgreich! Wenn Erfolg ein Zeichen von Auserwähltheit ist, wie es die Calvinisten vermuten, dann muss Gott ganz vernarrt in seine Pfeilschwanzkrebse sein.

In Wirklichkeit beweist Erfolg aber gar nichts, wie jeder erfolglose Schriftsteller bestätigen wird. Schließlich kommt ja auch keiner auf die Idee, Unkraut als die Krone der Schöpfung zu bezeichnen, bloß weil es alles überwuchert. Fast sieben Milliarden Menschen gibt es auf der Erde. Schon im Jahr 2050 könnte die Weltbevölkerung mit 9,5 Milliarden Individuen einen Stand erreicht haben, an dem es anfängt, richtig unangenehm zu werden. China kauft bereits weltweit Ackerflächen auf, und Spekulanten in der ganzen Welt machen es China nach. Wenn die Ressourcen noch knapper werden, gehen wir einander wahrscheinlich gegenseitig an die Gurgel. Dass eine Tierart aufgrund ihrer Spezialisierung kurzfristig einen so großen Überlebensvorteil erlangt, dass es zu einer Überpopulation kommt, ist übrigens nichts Ungewöhnliches. Nachdem solche Erfolg versprechenden Tiere ihren Lebensraum kahl gefressen und zerstört haben, sterben sie für gewöhnlich aus oder werden unter den neuen Bedingungen zumindest radikal dezimiert. Außergewöhnlich am Homo sapiens ist höchstens, dass es sich bei seinem Lebensraum um den gesamten Planeten handelt. Einfach umziehen, nachdem wir unsere Lebensgrundlage zerstört haben, geht jedenfalls nicht mehr. Wenn es so weit ist, wird sich nicht der Mensch als die erfolgreichste Spezies erweisen, sondern jenes Tier, das die Veränderungen, die der Mensch über diesen Planeten gebracht hat, überleben kann – die Kakerlake. Seit 400 Millionen Jahren überstehen Kakerlaken aufrund ihrer extremen Anpassungsfähigkeit und Genügsamkeit Eiszeiten, Hitze, Insektensprays und menschlichen Größenwahn. Ob Atomkrieg oder Klimakatastrophe, die Kakerlake könnte es schaffen.

Der Mensch sieht sich gern als umsichtigen Verwalter und Gestalter der Erde. Laut Bibel hat Gott persönlich ihn aufgefordert, sich die Erde untertan zu machen. Dieser Planet ist aber noch nie zum Wohle der Menschheit verwaltet worden und erst recht nicht zum Wohle anderer Lebewesen. Die Erfolgsgeschichte des Homo sapiens ging bereits in vorhistorischen Zeiten mit der Zerstörung von Ökosystemen einher. 70 bis 80 % der amerikanischen Großsäugetiere wie Mammuts, Kamele und drei Meter große Riesenfaultiere hatte er schon ausgerottet, bevor auch nur das Gewehr erfunden worden war. Außerdem kann Homo sapiens immer nur von 12 bis mittags denken, strebt Lösungen nur dann an, wenn er keine Opfer dafür bringen muss, und ist völlig damit überfordert, eine Gefahr zu begreifen, die es so noch nie gegeben hat. Kurz vorm globalen Kollaps feiert es die deutsche Bundesregierung als großen Erfolg, wenn BMW tüchtig Autos nach China verkauft. Die Primaten-Intelligenz reicht offenbar nicht, um zu begreifen, dass wir einen Punkt erreicht haben, an dem weiteres Wirtschaftswachstum nur sehr kurzfristig zu mehr Wohlstand führen wird, sondern vor allem zu mehr Klimaerwärmung und den damit verbundenen langfristigen Kosten – unabsehbar hohen Kosten, die demnächst von uns allen getragen werden müssen. Dem Menschen die Sorge für die Erde anzuvertrauen hieß, den Bock zum Gärtner zu machen. Die Sache ging so lange gut, wie die Population eine gewisse Marke nicht überstieg und der technische Fortschritt nur ein gewisses Maß an destruktiven Möglichkeiten bot. Jetzt sind Maß und Marke überschritten. Intelligenz ohne die entsprechende soziale und ökologische Kompetenz ist als Evolutionsmodell vielleicht einfach nicht erfolgreich genug.

Womöglich wird der Überlebensvorteil von Intelligenz sowieso stark überschätzt. Wenn man vom Neandertaler spricht, ist immer viel von wulstigen Augenbrauen und einem plumpen Körper die Rede; gern übergangen wird die Tatsache, dass er mit 1,8 Litern ein deutlich größeres Gehirn besaß als unsereiner mit bescheidenen 1,4 Litern. Obwohl sich die Vermutung aufdrängt, dass der Neandertaler intelligenter gewesen sein könnte als wir, hat die Wissenschaft das niemals ernsthaft in Erwägung gezogen. Das größere Gehirn erklärte man stattdessen als Symptom für die Kälteanpassung. Dabei starb der Neandertaler bereits lange vor dem Kälte-Maximum der Würm-Eiszeit aus. Seine Werkzeuge, Fingerfarben und sonstige kulturelle Hinterlassenschaften wurden lange Zeit an den Ausgrabungsstellen übersehen oder gleich dem Homo sapiens zugeschrieben. Allein die Tatsache, dass unsereiner immer noch existiert und der Neandertaler ausgestorben ist, gilt vielen schon als Beweis, dass wir die Intelligenteren gewesen sein müssen. Vielleicht hat dem Neandertaler seine Intelligenz aber auch bloß nichts genützt. Er könnte einfach Pech gehabt haben und an einem besonders heftigen Kälteeinbruch, einer Seuche oder an Nahrungsmangel gestorben sein. Oder sein geistig weniger bemittelter, aggressiver Verwandter, der Homo sapiens, könnte ihn mit einer Keule erschlagen und dabei »geschieht dem Klugscheißer recht« geknurrt haben. Vielleicht muss man sich einfach mal von der naiven Vorstellung lösen, dass sich im Laufe der Evolution immer das Beste durchsetzt, das Vornehmste, Vollkommenste und Klügste. Nicht einmal innerhalb der menschlichen Gesellschaft werden die entscheidenden Posten in Wirtschaft und Politik von den intelligentesten oder sozialsten Individuen besetzt. Als Tugenden einer Führungskraft im oberen Management gelten eher unbeugsame

Entscheidungsfreude und robustes Selbstvertrauen, also Eigenschaften, die auch einem Mafia-Boss gut zu Gesicht stehen. Ein analytischer Kopf ist laut »Manager-Magazin«, Heft 11 von 2004, bloß Dreingabe, und irrational hohe Gehälter verstärken die Selektion hin zum Stamme Nimm.

Das Beste setzt sich durch? Wohl eher der größte Schweinehund, das aggressivste, gierigste, fruchtbarste, furchtbarste und gemeinste Tier – das angepassteste eben, das auch noch das Glück hat, nicht vorher zu verunfallen – destruktive Hominiden zum Beispiel und Dasselfliegen. Das Beste? Da ist längst ein Mammut draufgetreten.

15

Oktober – frutarisch

*»Ich trete für den Biozentrismus ein,
die Idee, dass alle Arten des Planeten ein
gleiches Lebensrecht haben.«*

(Paul Watson, Mitbegründer von Greenpeace
und Kapitän der Sea Shepherd)

*»Nun sind wir alle dem rätselhaften, grausigen
Schicksal unterworfen, unser Leben nur auf
Kosten andern Lebens erhalten zu können und
fort und fort schuldig zu werden.«*

(Albert Schweitzer)

Vorgabe: Keine Gewalt gegen Menschen, Tiere und Pflanzen.

Boah! Fühle ich mich gut! Eine völlig andere Lebendigkeit, eine ganz andere Energie. Mir geht es großartig. Wie Popeye, nachdem er seine Büchse Spinat gegessen hat. Ich könnte den ganzen Tag nur rennen. Turnschuhe an, und ab in den Wald. Was ist los mit mir? Ich wollte in meinem ganzen Leben doch noch nie freiwillig laufen. Ich frage mich, was das eigentlich für ein Quatsch ist, auf Pferden zu reiten. Laufen bringt doch viel mehr Spaß. Endlich weiß ich, was diese Rohköstler meinen, wenn sie vom »Gipfel unbändiger Gesundheit« schwärmen. Ein Körper mit »sauberen Kräfteströmen« wird eben einfach nie müde. Die Speisekarte eines Frutariers finde ich zwar immer noch nicht wirklich berauschend, aber Essen ist ja nicht alles. Und wenn sich Frutarier ständig so fühlen wie ich mich gerade … – ich glaub's ja nicht, jetzt werde ich am Ende noch Frutarier.

Als ich vom Dauerlauf zurückkomme, sitzt Jiminy schon beim Frühstück und liest Zeitung. Ich lege mir Weintrauben und zwei Bananen auf den Teller und nehme mir einen Zeitungsteil. Im Stuttgarter Schlossgarten sind unter Polizeischutz die ersten Bäume für das Bahnprojekt Stuttgart 21 gefällt worden. Bei der Demo am Abend zuvor hat die Polizei gezielt Tränengas und Wasserwerfer eingesetzt und 400 Demonstranten verletzt. Die meisten von ihnen nur leicht, aber ein Polizist hat so gut getroffen, dass er dem Rentner David Wagner mit dem Wasserwerfer die Augäpfel aus dem Schädel gewühlt und ihn womöglich für immer blind gemacht hat. Innenminister Heribert Rech sieht die Schuld bei den gewaltbereiten Stuttgarter Mittelstandsbürgern, Schülern und Rentnern, die mit Kastanien geworfen haben. Die Polizei brach ihnen im Gegenzug diverse Nasen. Krimi-Autor Wolfgang Schorlau hat mit angesehen, wie »ein Beamter […] einer etwa 15-Jährigen mit voller Wucht ins Gesicht geschlagen« hat. Die frühere Ver.di-Landesvorsitzende Sybille Stamm wurde von Polizisten eine Böschung hinuntergeworfen und getreten. Während die Robin-Wood-Aktivisten von den Bäumen geholt und die Parkschützer, die sich an die uralten Buchen, Ulmen oder Robinien gekettet hatten, losgeflext wurden, weilte Ministerpräsident Stefan Mappus übrigens auf dem Stuttgarter Bauerntag, wo er unter anderem über die Notwendigkeit der Effizienzverbesserung in der tierischen Produktion sprach.

Im Jahr 1730 schickte der Maharadscha von Jodhpur Soldaten nach Khejarli, um dort Khejri-Bäume für den Bau eines Palastes zu fällen. In Khejarli lebte allerdings eine Gemeinschaft der Bishnois, deren Religion neben dem Töten von Tieren auch das Fällen von Bäumen verbietet. Der Religions-Reformer Jambeshwar hatte diese Regeln neben 27 anderen vor etwa 500 Jahren für seine Gemeinde aufgestellt. Damals war das Land nicht nur von einer großen Dürre, sondern auch von Konflikten zwischen Hindus und Muslimen und den Rivalitäten verschiedener Kasten untereinander heimgesucht worden. Jambeshwar sah den Weg aus dieser verfahrenen Situation in einer Religion, die den Respekt nicht nur gegenüber Anhängern des eigenen Glaubens, gegenüber der eigenen Kaste oder gegenüber der eigenen Spezies, sondern grundsätzlich gegenüber jedem Leben verlangte und im Umgang mit der Natur auf Nachhaltigkeit setzte.

Als die Holzfäller mit ihrer Arbeit beginnen wollten, klammerte sich die Bishnoi-Frau Amrita Devi an einen der Bäume, um sie daran zu hindern. Die Soldaten enthaupteten Frau Devi und kündigten an, mit jedem das Gleiche zu machen, der sich ihnen in den Weg stellen würde. Daraufhin umarmten die drei Töchter Amritas einen Baum und wurden prompt enthauptet. Nun nahmen Nachbarn und nach den Nachbarn Bishnois aus den umliegenden Dörfern Amritas Platz ein, bis schließlich 363 Bishnois – Männer, Frauen und Kinder – geköpft waren und der Maharadscha so erschüttert war, dass er versprach, die Gebote der Bishnois in Zukunft zu achten, und Jagd und Holzfällen in ihrem Gebiet verbot. Ob es nun so oder ganz anders war – dem Vorfall wird jedes Jahr als »dem großen Opfer von Khejarli« gedacht, und das Verbot des Holzfällens soll noch heute in Kraft sein.

»Die Bishnois glauben, dass jemand, der bei der Verteidigung von Bäumen stirbt, damit automatisch einen Platz im Paradies erworben hat«, sage ich über die Zeitung hinweg zu Jiminy. Eigentlich war das mein Kommentar zu Stuttgart 21, aber Jiminy bezieht es mal wieder auf sich.

»Ja, fein. Ich rühr hier sowieso nichts mehr an. Meinetwegen kann dein Garten völlig zuwuchern. Aber dir ist schon klar, was passiert, wenn wir die Ableger vom Essigbaum nicht rausreißen? Im nächsten Jahr wirst du hier einen Wald von Essigbäumen haben.«

»Ach, lass doch die kleinen Essigbäume«, sage ich und bringe meine Bananenschalen zum Komposteimer unter der Spüle.

»Wenn wir die Essigbäume in diesem Jahr nicht rausreißen … Im nächsten Jahr kommen wir da nicht mehr gegen an. Ist mir auch egal. Wenn du das so möchtest, lassen wir alles so, wie es ist. Ich rühr hier nichts mehr an. Aber dir ist schon klar, dass der Rasen völlig versauert von den ganzen Nadeln, die ständig von deinen komischen Koniferen rieseln? Wenn man nur die Hälfte von denen abschlagen würde …«

Ich breite in aller Unschuld die Arme aus.

»Die Baumbesetzerin Julia Butterfly Hill sagt, dass niemand einen Baum fällen dürfe, bevor er nicht mindestens ein Jahr auf einem gelebt habe.«

Jiminy wirft mir einen bösen Blick zu.

»Dann behalte doch deine hässliche Friedhofsbepflanzung.«

»Mein Freund der Baum«-pfeifend gehe ich aus der Küche.

Das Arktis-Eis ist auf seine drittkleinste Fläche seit Beginn der Messungen 1979 zusammengeschmolzen. Weniger Eisfläche gab es bloß 2008 und 2007. 1980 gab es noch fast doppelt so viel. US-Forscher schätzen, dass in 20 bis 30 Jahren die Arktis in den Sommermonaten komplett eisfrei sein wird.

Es ist Nacht. Es ist dunkel. Wir tragen schwarze Kleidung, schwarze Mützen und schwarze Rucksäcke. Zu fünft gehen wir hintereinander her über einen Acker. Jiminy ist auch dabei. Diesmal wollen wir keine Hühner befreien, sondern bloß in die Halle einer Bio-Freilandhaltung einsteigen, um die Zustände dort zu filmen und das Material später einem Fernsehsender zuzuspielen. Das heißt, die Kameras übernehmen Karsten, Peter und Jiminy. Ich laufe bloß mit und stehe im Weg. Da wir in den nächsten Tagen noch in andere Betriebe einsteigen wollen, ziehen wir vor der Halle Einmal-Overalls an und setzen einen Mundschutz auf, um keine Krankheitserreger von einem Stall in den nächsten zu übertragen. Das Gelände rundherum ist völlig flach und einsehbar. In einigen Hundert Metern Entfernung fährt ein Auto vorbei. Der Scheinwerferkegel erfasst uns, und wir ducken uns an die Wand. Das Auto wird langsamer, hält aber nicht. Dann ist es vorbeigefahren.

Peter schiebt das Falltor ein Stück hoch, durch das die Hühner tagsüber ihren Auslauf erreichen, und Karsten und ich nehmen Taschenlampe und Funkgerät in die Hand, robben auf dem Bauch in den Stall hinein und sehen uns kurz um. Dann holen wir die anderen nach. Julius bleibt draußen und hält Wache. Der Bio-Stall ist ganz ähnlich eingerichtet wie der Bodenhaltungsstall, in dem ich das letzte Mal gewesen bin – bedrückend funktionelle und vermutlich auch nicht besonders bequeme Regale aus Drahtgitterrosten –, aber es sind viel weniger Hühner darin.

»Etwa die Hälfte, also 3000 statt 6000 Hühner pro Abteilung«, sagt Peter. »Das sind die Vorgaben bei Bio-Haltung.«

Mir kommt es vor, als wären es noch weit weniger Hühner, aber ich konnte schon immer schlecht schätzen. Platz ist hier jedenfalls nicht das Problem. Die Hühner sitzen in kleinen Gruppen nebeneinander. Etwa die Hälfte von ihnen wendet uns ihr Hinterteil zu. Das sieht übel aus: Splitternackt und teilweise in leuchtendem Pink. Bei einem Huhn stecken noch drei einzelne Federn im nackten Bürzel wie in der Perücke eines Faschingsindianers.

Man denkt ja immer, dass nur die Hühner auf Skandalhöfen so aussehen.

Dass sie aber selbst in Bio-Höfen so aussehen, darauf ist man nicht gefasst. Peter sagt, dass er in einem anderen Bio-Stall noch weit schlimmere Zustände entdeckt hat.

»Wenn du in eine Anlage kommst, die relativ sauber ist, und die Hühner haben noch fast alle Federn, dann liegt das nicht daran, dass sie dort besser gehalten werden, sondern daran, dass sie gerade erst eingestallt wurden. Ob Bodenhaltung, Freilandhaltung oder Bio-Haltung, ist eigentlich egal. Am Anfang sehen die überall gut aus, und du denkst: He, ist ja alles prima hier. Aber je länger die da drin sind, umso weniger Federn haben sie auch. Ganz gleich welche Haltungsform.«

Irgendwie scheint das nicht zu funktionieren – artgerechte Massentierhaltung. Hühner fühlen sich einfach nicht wohl, wenn sie zu Tausenden zusammengesperrt werden – egal, wie viel Platz sie haben. Es ist nicht erforscht, aber man geht davon aus, dass Hühner höchstens 30 bis (sehr optimistisch geschätzte) 100 Artgenossen auseinanderhalten können. Sind mehr von ihnen zusammengepfercht, kann sich keine Rangordnung bilden, was bedeutet, dass jedes einzelne Huhn hoffnungslos allein unter lauter fremden Hühnern ist und ständig wahllos aufeinander eingehackt wird.

Der Stallboden ist mit einer zentimeterdicken Schicht aus Kot und Staub, beziehungsweise zu Staub zerfallenem Kot, bedeckt, die an den Inhalt von Staubsaugerbeuteln erinnert. Als ich zwischendurch mal kurz meine Atemmaske vom Mund nehme, fegt mir der beißende Gestank wie eine scharfe Pastille durch die Bronchien.

»Der Ammoniak ist nicht das Gefährliche«, sagt Peter, »schlimmer ist, wenn du den Staub einatmest.«

Ich schlendere die dreckigen Gitterroste entlang. Mag ja sein, dass die Hühner sich überhaupt nicht daran stören, aber die industrielle Einrichtung dieser Anlage drückt ziemlich deutlich aus, als was Hühner hier gesehen werden – als Teile einer Maschinerie. Anfällige Teile. Immer wieder mal stoße ich auf ein totes Huhn.

»Ist aber doch wohl eher ein schlampiger Betrieb«, sage ich zu Peter, »die sammeln ja noch nicht einmal die toten Hühner ein.«

»Die sammeln garantiert die toten Hühner ein«, sagt Peter, »sonst würde das hier ganz anders aussehen. Die sammeln bloß nicht jeden Tag.«

Laut einer Veröffentlichung des Bundesministeriums für Ernährung, Landwirtschaft und Verbraucherschutz aus dem Jahr 2008 liegt die Sterblichkeitsrate für Hühner in Boden-, Freiland- oder Bio-Haltung bei 11,8 Prozent. Damit ist die Todesquote innerhalb eines Jahres gemeint, denn nach Ablauf des Jahres werden ja sowieso alle Hühner geschlachtet.

»In einer Halle mit 20 000 Hühnern sterben also im Schnitt sechs bis sieben Hühner täglich«, sagt Peter. »Wenn wir nachher rauskommen, finden wir garantiert noch eine Mülltonne, wo die drin sind.«

Ich zeige auf eine halb verweste, über und über mit Kot bekleckerte Hühnermumie.

»Na, den haben sie allerdings übersehen«, gibt Peter zu. Mein Funkgerät rauscht.

»Hier Delta. Eben hat jemand die Hallentür in der Nähe von mir geöffnet. Wart ihr das?«

Delta ist der Funkname von Julius, der draußen Wache schiebt. Peter ist Alpha, und ich habe mir der Abwechslung halber den Funknamen Calimero gegeben.

»Hier Calimero. Keine Sorge, das war Karsten, ist gerade wieder reingekommen.«

Karsten, der mit Jiminy zusammen die Regale entlanggeht und filmt, wirft mir einen entnervten Blick zu.

»Sag doch gleich noch den Nachnamen und die Adresse!«

»Hier Delta«, meldet sich Julius wieder. »Da bin ich aber erleichtert. Hab eben fast einen Herzanfall gekriegt. Hier draußen sind übrigens noch drei Mülltonnen mit toten Hühnern.«

Karsten ist inzwischen in die Hocke gegangen und filmt unter den Regalen. Plötzlich schreit er auf.

»Oh, nein!«

Jiminy beugt sich ebenfalls hinunter.

»Oh, nein!«

Als Peter und ich dazukommen, hat sich Karsten bereits der Länge nach in den mulligen Dreck gelegt und kriecht unter das Regal. Ein Huhn hängt kopfüber von einem der Gitterregale herunter und flattert schlapp. Ein Fuß ist in dem Metallrost verklemmt, der andere krallt verzweifelt in die Luft. Karsten hat sich jetzt, Staub vor sich herschiebend und das Gesicht wenige Zentimeter über dem Boden, bis zu dem Unglücksvogel vorgearbeitet und hakt den Fuß aus dem Metall. Das Huhn in beiden Händen, robbt er auf den Ellbogen zu uns zurück und legt es auf den Boden. Das Bein sieht nicht gut aus. Es könnte ausgerenkt sein. Oder gebrochen.

»Den nehmen wir mit«, sage ich.

»Ich finde nicht, dass man ein Huhn, das wahrscheinlich sowieso stirbt, in seinen letzten Stunden auch noch quälen muss«, sagt Karsten.

Das Huhn liegt flach wie ein Pfannkuchen im Dreck und macht leise »gluck«.

Wir stimmen basisdemokratisch ab, und das Huhn kommt mit. Weil es draußen kalt ist, opfert Karsten seinen Pullover, und Jiminy trägt es darin über die Äcker und einen Maschendrahtzaun hinweg zum Auto.

Am nächsten Morgen fahren Jiminy und ich in eine Tierklinik. Ich tue natürlich so, als wäre es mein eigenes Huhn. Ist es jetzt ja auch.

»Wie heißt es denn?«, will der Tierarzt wissen.

»Äh ... Huhn ...«, sage ich.

Huhn wird geröntgt und bekommt einen Verband mit einem leuchtend blauen Tape drum herum. Das Bein ist tatsächlich gebrochen. Aber mit etwas Glück könnte es zusammenheilen, ohne dass operiert werden muss. Das ist sogar ziemlich wahrscheinlich. Wir kriegen einen Haufen Medikamente, Futterzusätze und Salben in die Hände gedrückt.

»Huhn?«, fragt Jiminy, als wir wieder im Auto sitzen.

Über Julius habe ich Kontakt zu einem weiteren Frutarier bekommen, zu Bert. Wir telefonieren.

»Frutarier bin ich im Jahr 2000 geworden, als ich mir Gedanken über das Leben der Pflanzen machte. Dabei bin ich dann zu der Auffassung gekommen, dass auch Pflanzen ein unversehrtes Leben führen sollten. Vorher lebte ich vegan.«

Bert isst Obst, Gemüsefrüchte, Samen, Nüsse, Pilze, Getreide und Getreideprodukte wie Nudeln und Gebäck. Außerdem versucht er, den Konsum von Holzprodukten auf ein Minimum zu reduzieren. Seinen Eltern hat er nicht gesagt, dass er Frutarier ist. Die haben sich schon so viele Sorgen gemacht, als er Veganer wurde. Die haben sich bereits Sorgen gemacht, als er Vegetarier war.

»Du isst Pilze?«, sage ich. »Pilze sind doch noch viel näher mit dem Menschen verwandt als Pflanzen.«

»Das, was man allgemein als Pilze bezeichnet, die Champignonköpfe, das sind die Fruchtkörper, die der Pilz bildet, um seine Sporen zu verteilen. Der eigentliche Organismus, der Myzel, befindet sich in der Erde oder im Baum.«

»Bist du sicher? Ich habe jetzt wochenlang keine Pilze gegessen, weil ich dachte, ich darf nicht. Und kein Getreide. Bei der Getreideernte wird doch die Pflanze zerstört, also darf man die meines Wissens gar nicht essen.«

»Bevor das Getreide geerntet wird, ist die Getreidepflanze gelb und trocken, schon gestorben. Ich glaube, das Ernten tötet darum die Pflanze nicht«, sagt Bert. Die Meinung hat Anko Salomon ja auch schon vertreten. Wenn die beiden recht haben, bedeutet das, dass ich die ganze Zeit Spaghetti und Kekse hätte essen können statt immer nur Erbsen und Bohnen und Bohnen und Erbsen. Ich will Bert fragen, ob er es nicht als problematisch ansieht, Getreide zu essen, wegen der Umweltbeeinträchtigungen durch Monokulturen, die damit einhergehen, und wegen der 90 000 Rehkitze jedes Jahr im Mähdrescher. Aber dann lasse ich es bleiben. Ich habe Angst, dass er es sich womöglich zu Herzen nimmt und dann meinetwegen auch keine Nudeln mehr essen kann. Ich finde, dass er bereits streng genug mit sich ist.

»Manchmal denke ich schon: Ob mein Leben einfacher wäre, wenn ich wie alle anderen wäre?«, sagt Bert. »Aber es ist ja müßig, darüber nachzudenken. Ich bin wie ich bin, und ich finde es gut so. Allerdings ist es schon schade, dass die vegan lebenden Menschen, die ich kenne, zwar teilweise daran interessiert sind, wie ich mich ernähre, meine Auffassung aber nicht teilen und deswegen leider auch nicht diese Lebensweise übernehmen wollen. Manche reagieren auch mit totalem Unverständnis.«

Andere Frutarier kennt auch Bert nur aus dem Internet, und die, die er dort kennengelernt hat, sind gleichzeitig Rohköstler, sodass die Vermutung naheliegt, ihre Motivation sei eher einem Gesundheitsbewusstsein als einem Gewissen entsprungen.

Auf Rohköstler bin ich bei meiner Suche nach Frutariern natürlich auch immer wieder gestoßen. Generell geht es bei ihnen vor allem darum, nichts Gekochtes, Gebratenes, Gebackenes oder sonst wie über 40 oder 60 Grad Erhitztes zu essen. Auf Anhieb hört sich das gar nicht so schwierig an, bedeutet in der Praxis aber, auch kein Brot, keine Konserven, keine abgepackten Obstsäfte oder Limonaden, keine Nudeln, ja nicht einmal Müsli, keine Milchprodukte, keine Schokolade, keinen Zucker, keinen Rübendicksaft, keinen Honig, keinen Kaffee, Kakao oder Tee zu sich nehmen zu dürfen. All diese Lebensmittel sind bereits erhitzt worden. Das Spektrum der Rohköstler reicht von den Instinctos, die sogar Fleisch essen, solange es roh ist, über die Urköstler (empfohlene Nahrungszusammensetzung: 75 % Früchte, 5 % Wurzeln/Samen/Insekten, 20 % Wildpflanzen und Blätter) und Sonnenköstler (nur überirdisch gewachsene Früchte und Pflanzen, die die volle Sonne abbekommen haben) bis zu den rohköstlerischen Frutariern. Die zahlreichen Splittergruppen werden meist von älteren Herren mit großem Sendungsbewusstsein dominiert, die sich gegenseitig runtermachen und dabei bis ins hohe Alter mobil bleiben. Den Altersrekord hält Dr. Norman W. Walker, geboren 1886. Er ernährte sich zeitweise ausschließlich von Säften aus Gemüse und frisch gepressten Früchten und soll mit über hundert Jahren noch flott Fahrrad gefahren sein und mit 113 Jahren sein letztes Buch geschrieben haben. Gestorben ist er allerdings bereits mit 99 Jahren. So kann man es jedenfalls den Daten auf seinem Grabstein entnehmen.

Mein Lieblings-Rohköstler ist Helmut Wandmaker, ja, genau der, der die Wandmaker-Supermarkt-Kette in Norddeutschland aufgebaut hat, in deren Filialen man all die feinen Fertiggerichte, Puddings und Schokoriegel kaufen konnte, die Helmut Wandmaker später in seinen Büchern als vergiftende und verkalkende Kochkost, Schleimbildner und schädliche Abfallkost verteufelt hat. Helmut Wandmaker, 2007 im gesegneten Alter von 90 Jahren verstorben, hatte die Weisheit mit Löffeln gefressen, verkündete die eigene Meinung wie die Zehn Gebote und bekämpfte andere Gesundheitsapostel mit allen Mitteln der Rhetorik. Sein bekanntestes Buch »Willst du gesund sein? Vergiss den Kochtopf!« beginnt mit den Worten: »Es gibt nur eine **Ursache** allen Ungemachs und das ist die Zerstörung unserer kostbaren Frischkost durch Feuerbehandlung!« Das ganze Buch strotzt vor **Fettdruck** und Ausrufezeichen und propagiert »Kraft durch Obst!«. Über seinen Konkurrenten, den Säuregegner Fred W. Koch, schreibt Wandmaker darin: »Es kam ein gramgebeugtes Männlein mit verkümmerten braunen Zähnen die Treppe herunter [...] Ich habe ihm nachgewiesen, dass seine Ernährungsform säurebildend war. Kochkost ist immer säurebildend! Seine geistige Schwerfälligkeit deutet auf eine schwere Gehirnverkalkung hin. Die dauernde Neutralisierung mit toten anorganischen Stoffen hat sein Adernsystem total verschlackt.«

In seinen letzten Jahren soll Helmut Wandmaker selber übrigens gar keine Zähne mehr gehabt haben. Nachdem er wegen Eiweißmangels im Krankenhaus behandelt werden musste, nahm er auch den Fleischverzehr in kleinen Mengen in seine Ernährungsempfehlungen auf.

Innerhalb der Rohkostszene galt Helmut Wandmaker als »bodenständig und […] noch relativ normal«.

Monstersturm Megi rast mit 260 Stundenkilometern über die Philippinen. Der dortige Wetterdienst warnt vor Erdrutschen und Springfluten. In China und Vietnam haben seit Tagen andauernde schwere Regenfälle zu Überschwemmungen geführt. In Vietnam sind mindestens 100 000 Häuser überflutet, 20 Menschen ertrinken.

Huhn erholt sich gut, trägt inzwischen einen grünen Verband und heißt jetzt Rudi. Einmal am Tag träufeln wir Rudi seine verschiedenen Medikamente in den Schnabel. Manchmal balanciert er schon auf einem Bein und stützt sich auf der anderen Seite mit der Flügelspitze ab. Leider entpuppt sich Rudi auch als Nervensäge. Je besser es ihm geht, umso mehr krakeelt er herum. Auch, als mir Jiminy beim Frühstück aus der Zeitung vorlesen will. Jiminy hält kurz inne und wartet, dass Rudi fertig wird. Aber Rudi gackert und quakt ununterbrochen und zunehmend lauter vor sich hin. Schließlich reicht mir Jiminy die Zeitung über den Tisch und zeigt auf den Artikel: Wie sich herausgestellt hat, hätte die Bahn am 1. Oktober tatsächlich keine Bäume im Stuttgarter Schlossgarten fällen lassen dürfen. Es gibt nämlich einen Brief des Eisenbahnbundesamtes, aus dem hervorgeht, dass bedrohte Juchtenkäfer und Fledermäuse in den alten Baumstämmen leben. Das Schreiben hat man aber lieber in der Schublade versteckt, statt es dem Stuttgarter Verwaltungsgericht vorzulegen. Rudi unterbricht jetzt endlich seinen penetranten Monolog, um nach Kater Simbo zu hacken, der am Meerschweinchenkäfig entlangschnürt.

»Simbo hat immer noch diese Krusten im Fell«, sagt Jiminy. »Wie lange kriegt er jetzt schon wieder das normale Futter?«

»Lange genug. Mit dem veganen Futter hatte das anscheinend gar nichts zu tun.«

Wir sehen uns an. Im Grunde müssten wir jetzt einen neuen Anlauf starten und die beiden Kater wieder an ihr veganes Futter gewöhnen. Oder anderes veganes Futter anbieten.

»Wenn, dann musst du das tun«, sagt Jiminy. »Ich habe keine Lust mehr, jeden Tag die Schweinerei in den Näpfen wegzumachen.«

»Ich auch nicht«, sage ich. »Ich habe dazu jetzt einfach nicht die Energie. Wir füttern weiter Fleischdosen – und ab dafür.«

Die Phase, in der ich vor Kraft nur so strotzte und ständig durch den Wald rennen wollte, ist leider schon wieder vorbei. Jetzt bin ich genauso schlapp wie vorher. Vielleicht sogar noch schlapper. Trotzdem setze ich mein Asthma-Mittel ab. Je achtsamer ich meine Nahrungsmittel aussuche, desto mehr stößt es mir auf, ständig ein Medikament einzunehmen, das mit an Sicherheit grenzender Wahrscheinlichkeit an Tieren getestet worden ist. Allein in Berlin ist die Zahl der Versuchstiere von 367 000 im

Jahr 2008 auf 380 000 im Jahr 2009 gestiegen. Wenn ich in den nächsten Wochen blau anlaufe, kann ich ja wieder auf mein Spray zurückkommen, aber ich will doch wenigstens versuchen, ob es nicht ohne geht.

Das wird ja allen Ernstes immer wieder als Argument für Tierversuche benutzt: dass wir die Tierversuche brauchen. Natürlich, viele von uns wären ohne die Medikamente und Erkenntnisse, die durch solche Versuche gewonnen wurden, schon längst tot. Ich vielleicht auch. Aber beweist das, dass Tierversuche ethisch zu rechtfertigen sind? Oder beweist das bloß, dass wir großen Vorteil davon haben. Kann man überhaupt noch von Moral und Ethik sprechen, wenn so handfeste Interessen im Spiel sind?

Dieses ständige Unterscheiden zwischen erstklassigen und zweitklassigen Lebewesen. Moralisch ist das absolut minderbemittelt. Anständigkeit ist eine grundsätzliche Haltung. Sie kann nicht nur auf einige Auserwählte begrenzt, an Bedingungen geknüpft oder für besondere Gelegenheiten aufgespart werden, sondern muss immer und für alle gelten – auch dann, wenn es lästig oder mit Nachteilen verbunden ist. Gerade dann.

Die grundsätzliche Anständigkeit und Gewaltlosigkeit gegen jedes Lebewesen, auch gegen Pflanzen und die allerkleinsten Geschöpfe, steht im Mittelpunkt des Jainismus. Die in Indien beheimatete Religion hat etwa zehn Millionen Anhänger und ist eine der ältesten Religionen der Welt. In Deutschland ist sie trotzdem kaum bekannt. Ajit Benadi, Vorsitzender der deutschen Jainis-Vereinigung, wohnt in Henstedt-Ulzburg bei Hamburg. Das ist zufällig gerade mal 20 Kilometer von meinem Elternhaus entfernt. Ich kann nach meinem Besuch bei Herrn

Benadi also auch noch bei meinen Eltern vorbeischauen und deren neue Couchgarnitur besichtigen.

Im Mittelpunkt der Jain-Philosophie steht, wie gesagt »Ahimsa«, was allgemein mit Gewaltlosigkeit übersetzt wird. Ahimsa hat Ghandi zu seiner Idee des gewaltlosen Widerstands inspiriert.

»Aber das ist nicht alles«, sagt Herr Benadi, »Ahimsa ist größer. Es beinhaltet auch, nicht zu lügen, nicht zu stehlen und nicht zu besitzen.«

»Gehört nicht auch sexuelle Enthaltsamkeit dazu?«, frage ich.

Die fünf Gebote der Jains lauten nämlich:

1. Lebensschonung
2. Wahrhaftigkeit
3. Achtung fremden Eigentums
4. Sexuelle Enthaltsamkeit
5. Besitzlosigkeit

Wenn man nicht gerade Mönch oder Nonne ist, werden die Punkte 4 und 5 allerdings großzügig ausgelegt. Man darf zum Beispiel heiraten und Geld verdienen. Eigentlich, so Herr Benadi, sind das auch keine Einschränkungen, sondern Freiheiten.

»Sexuelle Enthaltsamkeit etwa meint Freiheit von dem inneren Zwang, sein Leben nach sexuellen Bedürfnissen ausrichten zu müssen. Und Besitzlosigkeit heißt nicht, dass man nichts besitzen darf, sondern meint die ›Freiheit von dem inneren Zwang, mehr und mehr materielle Objekte ansammeln oder einen immer höheren Status erreichen zu müssen, und Freiheit von der Illusion, damit Zufriedenheit erlangen zu können‹.«

»Freiheit von dem Glauben, dass das Wirtschaftswachstum jedes Jahr steigen müsse«, schlage ich vor.

Herr Benadi nickt.

Von den indischen Digambara-Mönchen, die nackt umherwandernd die Jain-Lehre verbreiten und nur einmal am Tag so viel essen, wie ihnen jemand freiwillig in ihre hohlen Hände gibt, wird das Gebot der absoluten Besitzlosigkeit allerdings strikt befolgt und als »Quelle für exquisite Glücksgefühle« betrachtet.

»Aber diese Mönche befinden sich auch auf einer völlig anderen Stufe«, sagt Herr Benadi. Für einen Jain, der in Henstedt-Ulzburg seinen Alltag bewältigen muss, ist es schon nicht ganz einfach, bei der Ernährung auf alle Lebewesen Rücksicht zu nehmen.

»Hier in Deutschland ist es viel schwieriger als in Indien, weil in Deutschland eigentlich so gut wie alle Lebensmittel mit Gewalt hergestellt werden.«

Da Schonung sämtlicher Lebensformen aber praktisch sowieso fast unmöglich ist, wird im Jainismus eine stufenweise Verwirklichung der Gewaltlosigkeit empfohlen. Herr Benadi etwa trinkt Milch, weil den Jains das Milchtrinken eigentlich erlaubt ist. Aus seiner Kindheit in einem Jain-Dorf kennt es Herr Benadi noch so, dass das Kalb bei der Kuh stand und erst gemolken wurde, wenn das Kalb bereits getrunken hatte.

»In Deutschland aber werden die Kälber getötet und auch die Kühe schlecht behandelt. Eine Stufe weiter wäre ich, wenn ich deswegen keine Milch mehr trinken würde.«

Die Ehrfurcht der Jains vor dem Leben gilt zwar allen Arten, beinhaltet aber ein Ranking. Pflanzen stehen auf der untersten Stufe. Die Gewalt beim Verzehr von Pflanzen ist deswegen erst einmal grundsätzlich am geringsten, es kommt aber auch darauf an, wie man dabei vorgeht.

Wurzeln und Kartoffeln sind eigentlich verboten, weil

man die Erde aufbrechen muss, um sie zu ernten, und dabei nicht nur die Pflanze, sondern auch Mikroorganismen tötet. Trotzdem werden Kartoffeln und Wurzeln von den meisten Jains gegessen. Nur die Strenggläubigen machen das nicht. Auf einer höheren Stufe angesiedelt ist es, Früchte von Bäumen zu pflücken, was bei unreifen Früchten immer noch mit etwas Gewalt verbunden ist. Deswegen ist es die beste, weil völlig gewaltfreie Methode, nur jene Früchte zu nehmen, die vollreif bereits vom Baum heruntergefallen sind. Das wäre dann die höchste Stufe.

Jetzt weiß ich endlich, woher das Gerücht kommt, Frutarier würden nur die Früchte nehmen, die von selber vom Baum fallen.

»Aber Fleisch würden Sie doch nicht essen, oder?«, frage ich. Herr Benadi setzt sich sehr gerade hin.

»Wie können Sie so etwas fragen? Ein Jain isst kein Fleisch. Wenn ich Fleisch essen würde, wäre ich kein Jain.«

»Wie geht es Ihnen, wenn Sie hier durch einen Supermarkt gehen und all die Körperteile der getöteten Tiere sehen?«

»Ja, das ist schlimm«, sagt Herr Benadi, »aber ich lebe jetzt auch schon 40 Jahre hier.«

Ich frage ihn nach Sallekhana, dem religiösen Sich-zu-Tode-Fasten, um Vollkommenheit zu erlangen. Dabei stellt ein Mönch allmählich das Essen und Trinken ein und gibt seine Leidenschaften und Bedürfnisse auf. Er kommt in einen Seelenzustand, in dem er weder an seinem Leben hängt, noch sich nach dem Tod sehnt. Er wischt noch nicht einmal die stechenden und blutsaugenden Insekten von seinem nackten Körper. Auch keine Dasselfliegen.

»Nein, das wird nicht mehr praktiziert«, wehrt Herr

Benadi ab. Es habe sich sowieso nie um Selbstmord gehandelt, sondern wurde nur von sehr alten Mönchen praktiziert, wenn ihnen ihr Körper zu verstehen gegeben hatte, dass die Zeit des Sterbens gekommen war. Heute gebe es nur noch das einfache Fasten. Herr Benadi erzählt, dass er einmal 90 Tage lang nur von Fruchtsäften gelebt und dabei zehn Kilogramm abgenommen hat. Da er sowieso schon sehr schlank war, hat seine Frau irgendwann verlangt, dass er das Fasten beenden müsse.

»Haben auch Sie schon mit Ihrer frutarischen Ernährung abgenommen?«, fragt Herr Benadi. Das wollen immer alle wissen.

»Ja, auch so zehn Kilo«, sage ich.

Inzwischen esse ich dreimal am Tag gekochte Erbsen mit Kokosnussmilch und Pfeffer. Für die Rohköstler wäre das die reine Schlackenkost, und Fruchtesser würde wahrscheinlich bemängeln, dass ich dadurch viel zu viele (Kokos-)Nüsse zu mir nehme. Aber Früchte kann ich nicht mehr sehen. Die Erbsen schmecken mir hingegen immer besser, je länger ich sie esse. Draußen wird es jetzt kälter, und dann ist eine warme Mahlzeit genau das Richtige. Ich könnte mir sogar vorstellen, noch zwei Monate lang weiter Erbsen zu essen. Muss aber nicht unbedingt sein.

An einem klaren sonnigen Herbsttag mit leuchtendem Laub an den Bäumen halte ich es nicht mehr aus und sattle wieder Torino. Mit seinem alten, gut passenden Westernsattel aus Leder. Torino ist genauso aufgeregt wie ich und rennt sofort los, als ich im Sattel sitze. Ich zügle ihn die ersten paar Meter, damit er sich in seinem untrainierten Zustand nicht gleich eine Bänderzerrung holt, aber dann lasse ich ihn das Tempo bestimmen und beschränke mich darauf, die Richtung vorzugeben. Torino galoppiert einen lang gestreckten Hügel hoch und schnaubt wild. Ich keuche auch etwas. Das Asthma-Spray abzusetzen war vielleicht doch keine so gute Idee. Aber ich kann mich nicht erinnern, wann Torino und ich zuletzt mit so viel Freude unterwegs waren. Ein bisschen ähnelten wir wohl schon einem alten Ehepaar, das sich immer über dieselben Dinge streitet. Die lange Auszeit hat uns ganz gutgetan. Dasselfliegen und Pferdebremsen sind nicht mehr unterwegs, aber Hirschläuse. Erstaunliche Tiere – sie kommen angeflogen, landen auf Torinos Kruppe, werfen ihre Flügel ab und versuchen in sein Fell zu kriechen. Ich widerstehe der Versuchung, sie zu zerquetschen, sammle sie bloß ab und lasse sie neben den Weg fallen. Flügel haben sie ja nicht mehr, und zu Fuß werden sie uns wohl kaum wieder einholen. Torino trabt munter voran. Die Sonne brennt uns auf den Pelz.

Laut einer Studie des US-Klimaforschungsinstituts NCAR droht durch die weltweit steigenden Temperaturen bereits in 30 Jahren eine extreme Dürre im Mittelmeerraum sowie in Teilen der USA, Mittelamerikas, Mexikos, Brasiliens, Südostasiens, Chinas, Afrikas und Ostasiens.

»Der Begriff globale Erwärmung wird der tatsächlichen Veränderung durch den Klimawandel nicht mehr gerecht«, sagt Richard Saeger von der Columbia-Universität in New York.

16

November – Wie geht es weiter?

*»Wir wissen, dass es ein alles andere als
leichtes Unterfangen ist, ein Volk seiner alten
Gebräuche zu entwöhnen, und seien sie noch so
unmenschlich und grausig ...«*

(James Cook)

*»Es gibt Berichte von bekehrten Wilden,
die auf dem Totenbett in Erinnerung an
Menschenfleischgenüsse ihrer Kindheit vor
Sehnsucht geweint haben sollen.«*

(Iris Radisch)

Vorgabe: Eine Entscheidung treffen.

Ehrlich gesagt, habe ich mir das anders vorgestellt. Ich
dachte, ich käme leichter davon. Zu Beginn meines
Selbstversuchs hatte ich mir nämlich tatsächlich eingebildet, ich wüsste bereits, worauf das Ganze hinauslau-
fen würde, jedenfalls so ungefähr: insgesamt etwas achtsamer leben, deutlich weniger Fleisch essen, vielleicht
die Hälfte von dem, was ich vorher gegessen hatte, und
wenn, dann nur noch Fleisch aus ökologischer Haltung.
Aber leider ist es etwas völlig anderes, einen Weg zu
gehen, als ihn bloß zu kennen. Und manchmal merkt
man erst, dass man dabei eine Grenze überschritten hat,
wenn man bereits auf der anderen Seite steht. Und dann

ist es auch schon zu spät. Sich mit den Tatsachen der Mastanlagen und Schlachthöfe auseinanderzusetzen, ist kein Ausflug, von dem man zurückkommen kann, um am Kamin von seinen Abenteuern zu erzählen und anschließend sein vorheriges Leben wieder aufzunehmen. Manchmal wünschte ich beinahe, es wäre so. Manchmal wünschte ich, das Ganze wäre bloß eine Albtraum, und ich könnte daraus erwachen, und ein Hackbraten wäre wieder ein Hackbraten, ein Grillfest ein großes Vergnügen, und ich könnte in eine Bratwurst beißen, ohne dass an finsteren Orten wochen- und monatelang gelitten wird, damit es mir zehn Minuten schmeckt. Aber leider weiß ich jetzt, was Sache ist, und das bedeutet, dass ich nie wieder so werde leben und essen können, wie ich es vorher getan habe.

Das heißt, rein theoretisch könnte ich natürlich mit kalter Gleichgültigkeit schnurgerade durch die Welt gehen und Koteletts essen, als gäbe es keine Tiere, aus denen sie herausgeschnitten wurden. Ich könnte mich dafür entscheiden, einfach nicht mehr daran zu denken, und nach ein paar Monaten – ach, was sag ich, vermutlich schon nach ein paar Wochen – würde das auch tadellos funktionieren. Einfach doof stellen, und mein Leben ist wieder unkompliziert. Aber vielleicht ist gerade das Leid, das ich selbst verursache, das einzige, das zu verhindern ich jemals imstande sein werde. Vielleicht kommt es viel weniger darauf an, was ich tue, als auf das, was ich lasse.

Ich fange am besten mal mit den einfachen Vorsätzen an. Natürlich werde ich weiterhin Bio-Lebensmittel essen. Wegen der Grundanständigkeit, mit der man bei vielen Bio-Erzeugern rechnen darf, und wegen der guten Qualität. Das ist also mein erster Vorsatz:

1.) Wann immer es irgend möglich ist, erledige ich meine Einkäufe in Bio-Läden.
Auf Regionalität und darauf, die Früchte nach der Saison zu kaufen, achte ich natürlich auch. Was mir im Bio-Laden allerdings nicht schmeckt – z. B. Cola und Lakritze –, kaufe ich woanders.

Mein zweiter Vorsatz lautet:

2.) Ich esse kein Fleisch aus Massentierhaltung mehr.
… auch nicht, wenn ich in ein Restaurant eingeladen werde, auch nicht, wenn Mama sich unheimlich viel Mühe gegeben und extra mein Lieblingsgericht gekocht hat, und auch nicht, wenn ich frisch verliebt bin und mir jemand seine Kochkünste vorführen will.

Irgendwo muss Schluss sein. Dass Tiere durch zutiefst grausame Haltungsbedingungen gequält und auf barbarische Weise getötet werden, damit ich schön billig Fleisch und Wurst essen kann, ist nicht hinnehmbar. Ein Verbrechen bleibt auch dann ein Verbrechen, wenn alle es tun.

Allerdings kann ich auch nicht das Fleisch von glücklichen Tieren essen. Es gibt nämlich kein Fleisch von glücklichen Tieren. Bloß von toten. Und wenn mir bis jetzt immer noch keine guten Argumente für das Fleischessen eingefallen sind, dann liegt das möglicherweise daran, dass es keine gibt. Milch von glücklichen Kühen ist ebenfalls schwer vorstellbar. Es macht Kühe nun einmal nicht glücklich, wenn man ihnen die Kälber wegnimmt.

Eine ethisch konsequente Haltung beginnt erst beim Veganismus. Die Sache mit den Bienen sehe ich zwar anders, und was Schafwolle und Jagd betrifft, bin ich mir unschlüssig, ob ich allen Argumenten der Veganer folgen will, aber das hilft mir auch nicht richtig weiter. Ich fände es nämlich viel einfacher, auf Bienenhonig und kratzige Wollpullover zu verzichten, als auf Milchprodukte. Ehrlich gesagt, habe ich nicht besonders viel Lust, vegan zu leben, von frutarisch mal ganz zu schweigen. Ich fürchte, ich kann das nicht. Ich kann nicht, heißt in Wirklichkeit natürlich bloß: Ich will nicht. Sagen wir so: Ich kann nicht wollen. Wie es aussieht, habe ich jetzt genau drei Möglichkeiten, mich zu entscheiden:

A.) Ich entspreche dem, was ich für den ethisch konsequenten und richtigen Weg halte, lebe fortan vegan und habe für den Rest meines Lebens wahnsinnig schlechte Laune und das Gefühl, ständig verzichten zu müssen. Aber wenigstens werden meinetwegen keine Tiere gequält.

B.) Ich belüge mich selbst und suche mir einen Vorwand, warum es eigentlich doch okay ist, hin und wieder mal ein Stück Bio-Käse oder Bio-Fleisch zu essen. Veganer tue ich als fanatische Spinner ab, und mich selbst betrachte ich als lebenslustigen Genussmenschen, der auch mal fünfe grade sein lassen kann.

C.) Ich gestehe mir ein, dass die Moral in meinem Leben nicht so einen hohen Stellenwert besitzt, wie ich mir das immer eingebildet habe. Gleichzeitig versuche ich, die Schäden, die ich anrichte, so gering wie möglich zu halten.

Ich nehme … äh … C.

Es geht mir ja gar nicht darum, jeden Tag Fleisch zu essen und ständig Joghurts in mich hineinzuschaufeln, aber ich möchte auch mal ein Stück Schokolade essen können, und ich habe keine Lust mehr, in Bäckereien zu fragen, ob die Bleche, auf denen die Brötchen gebacken worden sind, mit Butter eingefettet wurden. Und ich möchte auch keine größeren Summen darauf wetten, dass ich im nächsten Jahr nicht doch irgendwann mal ein Stück Fleisch oder Fisch essen werde.

Mein dritter Vorsatz lautet:

3.) Ich werde höchstens noch 10 % von dem, was ich früher an Fisch, Fleisch und Milchprodukten konsumiert habe, essen.
Wobei ich ziemlich zuversichtlich bin, meinen Fleischkonsum nahe null halten zu können, während ich mit den Milchprodukten wahrscheinlich eher hart am Zehn-Prozent-Limit entlangschramme. Milch ist einfach in verdammt vielen Produkten enthalten. Wann immer es möglich ist, werde ich mein Brot im Vegan-Laden kaufen, aber wenn das gerade mal nicht geht, werde ich es ohne große Diskussionen woanders kaufen. Außerdem möchte ich auch mal wieder in meinem indischen Lieblings-Restaurant essen. Ich werde dort nur noch vegetarische Gerichte bestellen, aber ich werde es in Kauf nehmen, dass höchstwahrscheinlich Sahne im Essen ist, und ich möchte ein Batura-Brot dazubestellen, auch wenn es mit Milch gebacken worden ist. Und nein, ich finde es auch nicht ethisch überzeugend oder befriedigend, was ich mir da vorgenommen habe, aber es ist das, was ich schaffen kann.

Allmählich verstehe ich, warum so viele Menschen das Denken verweigern und gar nicht erst wissen wollen, woher ihre Lebensmittel kommen: Wenn man das alles weiß, was ich jetzt weiß, und trotzdem noch Fleisch und Käse isst, dann ist das noch viel weniger zu verzeihen, als wenn so ein unschuldig-schuldiger Ignorant an seinem Schnitzel herumsäbelt. Jetzt ernähre ich mich so achtsam und rücksichtsvoll wie nie zuvor in meinem Leben und habe trotzdem eine schlechtere Meinung von mir als früher. Es gibt nämlich noch etwas Schlimmeres, als das Denken zu verweigern – die Zusammenhänge zu kennen, ohne daraus die Konsequenzen zu ziehen.

So, genug Asche auf mein Haupt. Ich bin nicht so rücksichtsvoll und mitfühlend, wie ich sein sollte, aber ich bin auch nicht so mies und rücksichtslos, wie ich sein könnte. Eier aus dem Supermarkt würde ich nicht kaufen, aber die Eier von meinen Hühnern werde ich essen, die fallen nun einmal an. Sie nicht zu essen, hätte etwas mit Prinzipien zu tun, und damit habe ich es nicht so. Ich werde nicht konsequent sein, aber achtsam. Auch im Umgang mit Pflanzen. Einmal im Jahr will ich mindestens eine Woche lang frutarisch leben, um mich selbst daran zu erinnern, was ethisch noch alles drin ist. Und dass es mir nicht gelungen ist, ein guter Mensch zu werden, soll mich nicht davon abhalten, ein besserer zu werden. Ich übernehme all das von den Veganern, was mir leichtfällt, und einiges von dem, was mir nicht ganz so schwerfällt.

Das ist mein vierter Vorsatz:

4.) Ich kaufe keine Lederprodukte mehr und keine Produkte, in die Daunen verarbeitet worden sind.
Meine Lederkleidung und die Lederschuhe habe ich größtenteils schon weggegeben. Gar nicht schlecht – jetzt habe ich ein beinahe leeres Schuhregal, das nur darauf wartet, mit lederfreier Neuware gefüllt zu werden. Als ich meine dicke schwarze Lederjacke aus dem Karton nahm, fand ich sie plötzlich geradezu ekelhaft. Ich könnte mir nicht mehr vorstellen, so etwas gern zu

tragen. Behalten habe ich nur zehn Teile, darunter die Blundstones, ein Paar blau-weißer Westernstiefel und eine Wildleder-Fransenjacke, in der ich 1980 durch Europa getrampt bin. Die bleiben aber alle weiterhin im Karton. Ende nächsten Jahres schaue ich noch einmal hinein und entscheide dann, ob ich sie inzwischen weggeben kann oder wieder hervorholen will. Oder ob sie noch ein weiteres Jahr im Karton lagern sollen. Meine vegane Gesichtscreme werde ich auch weiterhin kaufen, allerdings werde ich auch noch meine angebrochenen Tuben und Tiegel aus vorveganen Zeiten aufbrauchen. Verschenken kann man so etwas nicht, und die Müllberge sind bereits hoch genug.

Meine große moralische Schwachstelle ist die Sattelkammer. Zwar gibt es im Versandhandel für jedes Lederprodukt – ob Sattel, Trense, Stiefel oder Reithose – auch eines ohne Leder – aber es hat so lange gedauert, bis ich für Torino den passenden Sattel gefunden habe. Außerdem ist die Kunststofftrense an den Ohren ziemlich eng. Und ja, ich gebe es ja zu, ich krieg es einfach nicht fertig, mich von den Sätteln zu trennen, einiges von dem Lederzeug ist auch historisch, und nach meiner ausgestellten Breeches-Reithose mit Lederbesatz habe ich Jahre gefahndet und sie mir schließlich anfertigen lassen. Ich werde mich damit begnügen, wenigstens keine neuen Ledersachen hinzuzukaufen. Ich habe sowieso dermaßen viel Zeug angesammelt, dass es bis in alle Ewigkeit reichen sollte. Sobald ich Zeit habe, werde ich versuchen, wenigstens ein Viertel davon auszusortieren. Ich glaube, bei Medikamenten nennt man diese Art des Entzugs »ausschleichen«. Allerdings werde ich ein Problem bekommen, wenn ich für Torino demnächst ein neues Westernpad – das ist ein dickes Unterlegkissen für den Sattel – kaufen muss. Es wird schon schwierig genug werden, eines ohne seitliche Verstärkungen aus Leder zu finden. Und am besten haben leider immer die aus Schafswolle gepasst. Über Schafe und ihre Haltung habe ich bislang nur halbherzig recherchiert, also schaue ich jetzt noch mal schnell nach. Industrielle Massentierhaltung gibt es möglicherweise in Nordafrika, ansonsten laufen die Schafherden über die norddeutschen Deiche und die neuseeländischen Hügelketten und haben keine Wellblechdächer, sondern den endlosen Himmel über sich. Vegane Websites bemängeln, dass viele Schafe auch im Winter ohne jeden Schutz draußen gehalten würden. Das habe ich so noch nicht beobachten können, und 30% der Wolle kommt sowieso aus Australien, wo es gar keinen Winter gibt. Möglicherweise fehlt dort eher der Sonnenschutz. In Australien und Neuseeland werden vor allem Merinoschafe gehalten, die darauf gezüchtet worden sind, faltige Haut zu bekommen, damit die Wollausbeute pro Schaf noch größer ist. In diese Falten legen allerdings gern Fliegen ihre Eier, besonders in dem Bereich um den Schwanz herum. Deswegen schneidet man den Lämmern dort Essteller-große Hautstücke heraus, damit sich eine faltenfreie Narbenfläche bildet. Den lebenden Lämmern, versteht sich. Ohne Betäubung. Mir wird fast schlecht, als ich das Foto sehe. »Mulesing« nennt sich dieser Vorgang. Bei der Schafschur soll es ebenfalls brutal zugehen – wie ja eigentlich immer, wenn sich Tierhaltung mit dem Wunsch, ordentlich Geld zu verdienen, verknüpft. Und 6,5 Millionen ausgedienter Schafe werden jedes Jahr in wochenlangen Horrorfahrten auf völlig überfüllten Schiffen in den Nahen Osten und nach Nordafrika transportiert, wobei etwa 10% unterwegs sterben. Die überlebenden Schafe werden von ihren Käufern in den Kofferraum geworfen und nach Hause gefahren, wo man ihnen ohne vorherige Betäubung den Hals durchschneidet.

Vielleicht hält mein altes Schafwollpad ja doch noch ein weiteres Jahr. Oder ich finde ein Pad aus Baumwolle oder Kunstfaser, das ganz passabel sitzt.

Auch bei den Tierpräparaten habe ich es nicht übers Herz gebracht, noch mehr auszusortieren. Da ich es aber auch nicht fertigbringe, sie wieder aufzuhängen, sperre ich sie ebenfalls für ein weiteres Jahr weg und schaue sie mir erst 2012 wieder an. Mal sehen, wie ich dann dazu stehe. Nur die Kröten-Mumie stelle ich schon jetzt wieder in ihrem gläsernen Sarg aus. Die ist nämlich ohne menschliches Verschulden in einem Laubhaufen vertrocknet. Die Bettdecken mit der Kunststofffaserfüllung benutze ich weiter, krame aber mein altes Daunenkissen wieder aus dem Schrank. Das vegane Kissen plustert sich so auf, dass ich lieber ganz ohne Kissen schlafen würde als auf so einem. Ich hoffe, das Daunenkissen hält bis an mein Lebensende, denn ein neues anschaffen werde ich selbstverständlich nicht. Notfalls sammle ich lieber die Daunenfedern von meinen mausernden Hühnern aus dem Hühnerstall und stopfe mir damit selber ein Kissen. Überhaupt will ich mir nicht mehr ständig neue Dinge kaufen.

Das ist mein fünfter Vorsatz:

5.) Ich konsumiere insgesamt weniger. Und wenn, dann kaufe ich bevorzugt gebrauchte Sachen. Außerdem trenne ich mich im nächsten Jahr jeden Tag von mindestens einem Gegenstand aus meinem Besitz.
Eigentlich wollte ich mir im nächsten Jahr einen moderneren, stärkeren und vor allem schnelleren Computer kaufen. Das lasse ich nun schön bleiben. Stattdessen

werde ich meinen alten Computer überholen und nach-
rüsten lassen. Ich spare Geld, und die Nigerianer freuen
sich auch, wenn mein Elektroschrott nicht auf ihren
Müllhalden landet. Bis vor Kurzem hatten die westlichen Industrienationen eine Art Monopol darauf, die
Ressourcen dieses Planeten auszubeuten, und den Müll
einfach über den Gartenzaun – zum Beispiel von Ni-
geria – zu kippen. Nun ist das erste Milliardenvolk dabei, es uns gleichzutun, und das zweite Milliardenvolk
steht schon in den Startlöchern. Wenn die sich genauso
benehmen wollen wie wir, geht das böse aus. Was aber
sollen wir den Chinesen und Indern sagen – wir durften das, und wir wollen auch so weitermachen, aber ihr
dürft das nicht, weil ihr zu viele seid? Ihr dürft bloß die
Folgen der von uns verursachten Umweltverschmutzung und der globalen Erwärmung tragen? Bevor wir es
wagen können, sie um einen verantwortungsvollen Umgang mit unser aller Lebensgrundlage anzuflehen, müssen wir erst einmal selber gewaltig zurückrudern.

Ich fange schon einmal damit an. Die meisten von meinen Sachen brauche ich in Wirklichkeit gar nicht. Im
schlimmsten Fall müssen Dinge auch noch gewartet
werden und sind dann sogar lästig. Anko Salomon sagt
in seinem Buch »Leben – ohne Tiere und Pflanzen zu
verletzen oder zu töten«: »Materielles oder gesellschaft-
liche Positionen sind für sich genommen, abgesehen
von ihrer Zweckdienlichkeit, bedeutungslos; es sind die
damit assoziierten Gefühle, die diesen Äußerlichkeiten
als Statussymbole ihre Bedeutung verleihen.« Und weiter: »Wenn Gesundheit und Leben Vorrang vor Wirt-
schaftsinteressen erhielten, müssten sich die Einkom-
men korrupter Menschen in Politik und Verwaltung
nicht einmal verschlechtern, da sich an Schutz- und

Vorsorgemaßnahmen ebenso mitverdienen lässt wie an der Vernichtung der Natur und Lebewesen.« Salomon hält die Anfälligkeit für Korruption und die Unterstützung von Maßnahmen, die Lebewesen schädigen, für die Kompensation eines verfehlten Lebens voller unerfüllter emotionaler Sehnsüchte.

Durch fiese Tricks und Shopping-Touren wird das aber auch nicht besser. Zu den wirklich wichtigen und wesentlichen Dingen im Leben gehören Achtsamkeit und Mitgefühl – auch dann, wenn man es gerade mal wieder furchtbar eilig hat. Es ist nämlich nicht einfach bloß lästig und anstrengend, jedes Mal, wenn man einkauft, sein Mitgefühl und seinen Verstand einzuschalten, sondern es ist auch ein Akt der Bewusstwerdung.

Wir können nicht leben, ohne zu töten und zu zerstören. Selbst die Ernte von Gemüse und Getreide kostet Opfer. Trotzdem bleibt uns immer noch die Entscheidung, was, wie viel und unter welchen Bedingungen wir töten. Freiheit bedeutet nicht nur, zu tun, was man will, sondern auch, zu wissen, was man tut, Überzeugungen zu haben und danach zu handeln. Sonst bleibt nur Bewusstlosigkeit, ein Zustand, in dem wir uns über Nichtigkeiten empören und in aller Gemütsruhe Dinge hinnehmen, die entsetzlich sind.

Jiminy und ich gehen in Gummistiefeln über eine zermatschte Wiese, um das Pferd und die Mulis in den Stall zu holen.

»Ich glaube, ich werde mir von nun an auch keine Haustiere mehr kaufen«, sage ich.

»Du? Keine Tiere mehr? Das kannst du mir doch nicht erzählen«, sagt Jiminy.

»Ich meine, dass ich mir keine mehr kaufen will, so

mit dem Anspruch, dass die mich jetzt unterhalten und aufmuntern sollen. Stattdessen hole ich mir nur noch Tiere aus dem Tierheim oder aus Befreiungen und munter dann die auf. Opferversorgung statt Haustierhaltung.«

»Ich hoffe, du wirst jetzt nicht so ein anstrengender Hippie, der nur noch Bäume umarmen will«, sagt Jiminy und hakt die Karabiner in Pepes und Torinos Halfter. Ich lege die Hengstkette über Bonzos Nase und streichle ihm über die breite Stirn.

»Aber sicher doch«, sage ich. »Die wollen alle mal umarmt werden – Menschen, Maultiere, Bäume … Grillen. Und einer muss die armen Koniferen und Essigbäume ja schließlich trösten, wenn du aus meinem Garten eine Besserungsanstalt für Pflanzen machst.«

»Totaler Hippie«, sagt Jiminy, »völlig verstrahlt …«

Anhang

Literaturverzeichnis

Literatur

Wilfried Breyvogel (Hrsg.), *Eine Einführung in Jugendkulturen. Veganismus und Tattoos,* VS Verlag für Sozialwissenschaften, Wiesbaden 2005.

Herma Brockmann & Renato Pichler, *Wegbereiter des Friedens: die lebendigen Philosophien der Bishnois und Jains,* Vegi-Verlag, Sennwald 2001.

Bill Bryson, *Eine kurze Geschichte von fast allem,* aus dem Englischen von Sebastian Vogel, Wilhelm Goldmann Verlag, München 2004.

Ulrike Bültjer, *Alles über Bio-Food: Der ultimative Wegweiser durch den Bio-Dschungel,* Naumann & Göbel Verlagsgesellschaft mbH, Köln 2009.

Kath Clements, *Vegan. Über Ethik in der Ernährung & die Notwendigkeit eines Wandels,* aus dem Englischen von Daniel Bauer & Lars Thomsen, Echo Verlag, Göttingen 2008.

John M. Coetzee, *Das Leben der Tiere,* aus dem Englischen von Reinhild Böhnke, S. Fischer Verlag, Frankfurt a. M. 2000.

Richard Conniff, *Magnaten und Primaten. Über das Imponiergehabe der Reichen,* aus dem Englischen von Ursel Schäfer, Wilhelm Goldmann Verlag, München 2004.

Wolf-Michael Eimler & Nina Kleinschmidt, *Der Fleisch-Report,* Hoffmann und Campe Verlag, Hamburg 1990.

Nick Fiddes, *Fleisch. Symbol der Macht,* aus dem Englischen von Annemarie Telieps, Zweitausendeins, Frankfurt a. M. 2001.

Jonathan Safran Foer, *Tiere essen,* aus dem Englischen von Isabel Bogdan, Ingo Herzke & Brigitte Jakobeit, Kiepenheuer & Witsch, Köln 2010.

Dorothee Frank, *Menschen töten,* Walter Verlag, Düsseldorf 2006.

John Gray, *Von Menschen und anderen Tieren. Abschied vom Humanismus,* aus dem Englischen von Alain Kleinschmied, Klett-Cotta, Stuttgart 2010.

Hans-Ulrich Grimm, *Alles Bio oder was? Der schöne Traum vom natürlichen Essen,* S. Hirzel Verlag, Stuttgart-Leipzig 2002.

Bernd Höcker, *Vegetarier Handbuch. Praktisches und Besinnliches für frischgebackene Vegetarier/innen,* Höcker Verlag, Hamburg 1995.

Angela Kallhoff, *Prinzipien der Pflanzenethik. Die Bewertung pflanzlichen Lebens in Biologie und Philosophie,* Campus Verlag, Frankfurt a. M. 2002.

Helmut F. Kaplan (Hrsg.), *Warum ich Vegetarier bin. Prominente erzählen,* Rowohlt Taschenbuch Verlag, Reinbek bei Hamburg 1995.

Morus (Richard Lewinsohn), *Eine Geschichte der Tiere. Ihr Einfluss auf Zivilisation und Kultur,* Rowohlt Verlag, Hamburg 1952.

Connie Palmen, *Idole und ihre Mörder,* aus dem Niederländischen von Hanni Ehlers, Diogenes Verlag, Zürich 2005.

Charles Patterson, *»Für die Tiere ist jeden Tag Treblinka«: Über die Ursprünge des industrialisierten Tötens,* aus dem Englischen von Peter Robert, Zweitausendeins, Frankfurt a. M. 2004.

James A. Peden, *Vegetarische Hunde- und Katzenernährung,* aus dem Englischen vom Vegi-Büro, Schweiz, Echo Verlag, Göttingen 2008.

Dale Peterson & Jane Goodall, *Von Schimpansen und Menschen. Wir lieben und wir töten sie,* aus dem Englischen von Kurt Neff, Rowohlt Verlag, Reinbek bei Hamburg 1994.

Mark Rowlands, *Der Philosoph und der Wolf. Was ein wildes Tier uns lehrt,* aus dem Englischen von Bernd Rullkötter, Rogner & Bernhard Verlag, Berlin 2009.

Elmar Rüfenacht, *Religionen des Nahen und Fernen Ostens: Judentum, Islam, Hinduismus, Buddhismus, Chin. Universismus, Sikhismus, Jainismus, Shintoismus,* Ganescha-Verlag, Herisau 1994.

Michael Schmidt-Salomon, *Jenseits von Gut und Böse. Warum wir ohne Moral die besseren Menschen sind*, Pendo Verlag, München 2009.

Alexander von Schönburg, *Die Kunst des stilvollen Verarmens. Wie man ohne Geld reich wird*, Rowohlt Taschenbuch Verlag, Reinbek bei Hamburg 2006.

Claudia Schreiber, *Emmas Glück*, Wilhelm Goldmann Verlag, München 2005.

Albert Schweitzer, *Ehrfurcht vor den Tieren*, hrsg. v. Erich Gräßer, Verlag C. H. Beck, München 2006.

Peter Singer, *Animal Liberation. Die Befreiung der Tiere*, aus dem Englischen von Claudia Schorcht, Rowohlt Taschenbuch Verlag, Reinbek bei Hamburg 1996.

Christian Spiel, *Menschen essen Menschen. Die Welt der Kannibalen*, C. Bertelsmann Verlag, München-Gütersloh-Wien 1972.

Kurt Titze (Hrsg.), *Keine Gewalt gegen Mensch, Tier, Pflanze: Worte des Furtbereiters Mahavira. Ein Beitrag zur Ethikdiskussion*, Verlag Clemens Zerling, Berlin 1993.

Helmut Wandmaker, *Willst Du gesund sein? Vergiss den Kochtopf!* Waldthausen Verlag, Ritterhude 1991.

Frans de Waal, *Der gute Affe. Der Ursprung von Recht und Unrecht bei Menschen und anderen Tieren*, dtv, München 2000.

A. Wang, *Leben – ohne Tiere und Pflanzen zu verletzen oder zu töten*, Dragon Verlag, Berlin 1998.

Zeitschriften- und Internetartikel

»Vegetarier sind Mörder. Freiheit ist Sklaverei, Krieg ist Frieden, Käse ist Gemüse«, in: *Maqi – für Tierrechte, gegen Speziesismus*, 19. Februar 2003, S. 1–4.

Schrot & Korn, Januar 2010 bis Oktober 2010.

»Bilder der Woche: Pakistan. Kampf ums Überleben«, in: *Stern*, Nr. 33, 12. August 2010, S. 14–15.

GEOkompakt, Nr. 4, September 2005.

»Wie gesund ist Milch?«, auf: http://www.ausgemolken.net/gesunde-milch.html (10. November 2010).

»Tierquäler Schwerk: Wieder grausames Verbrechen. Nach Lebendrupf jetzt Ekel-Eier«, auf: http://www.vierpfoten.de/website/output.php?id=1232&idcontent=3639&somany=30&keywords=schwerk (6. Oktober 2010/10. November 2010).

»Grundthesen zur Jagd«, auf: http://albert-schweitzer-stiftung.de/aktuell/grundthesen-zur-jagd (4. März 2010/2. August 2010).

»Ist Honig vegan?«, auf: http://www.bioimkerhonig.de/bienen-honig/ist-honig-vegan.php (1. August 2010).

»Forscher erwarten ›beispiellose Dürren‹ – auch Deutschland ist betroffen«, auf: http://nachrichten.t-online.de/forscher-erwarten-beispiellose-duerren-auch-in-deutschland/id_43210048/index (22. Oktober 2010/24. Oktober 2010).

»Forscher: Arktis in 20 bis 30 Jahren eisfrei«, auf: http://nachrichten.t-online.de/forscher-arktis-in-20-bis-30-jahren-eisfrei/id_43090344/index (9. Oktober 2010/24. Oktober 2010).

»Helmut Wandmaker«, auf: http://wikipedia.t-online.de/wiki/index.php/Helmut_Wandmaker (2. November 2010).

»Kritik an der Jagd«, auf: http://www.swr.de/odysso/-/id=1046894/nid=1046894/did=6058652/rnwjcu/index.html (10. November 2010).

»MahlZEIT«, Sonderbeilage der *Zeit,* Nr. 22, Mai 2010.

Susanne Aigner & Kathrin Kofent, »Leiden für Frischkäse – Europas größte Ziegenintensivtierhaltung in Deutschland geplant«, in: *ProVieh Magazin,* Nr. 4, 2009, S. 8–11.

Werner Bartens, »Kampf gegen den Keim«, in: *Süddeutsche Zeitung,* 13. August 2010.

Ajit Benadi, »Gastkommentar: Ahimsa und Vegetarismus«, in: *Vegetarier,* Nr. 3, 1998, S. 99–100.

Andrea Böhm, »Öl – war da was?«, in: *Die Zeit,* 22. Juli 2010.

Tanja Busse & Urs Willmann, »Natur aus der Fabrik«, in: *Die Zeit,* 29. Januar 2009.

Hannelore Crolly, »Bäume wurden zu Unrecht gefällt«, in: *Welt kompakt,* 15. Oktober 2010.

ddp, »Kritik vom Tierschutzverein. Zahl der Tierversuche nimmt zu«, in: *taz,* 18. Juni 2010.

Leo Frühschütz, »Woher kommt mein Bio-Ei?«, in: *Schrot & Korn*, Februar 2010, S. 59–63.

Andre Gamerschlag, »Unity of Oppression, Intersektionalität und Tiere. Gemeinsamkeiten von Speziesismus und zwischenmenschlichen Herrschaftsverhältnissen«, in: *Tierbefreiung*, Nr. 65, März 2010, S. 54–56.

Johann Grolle, »Grammatik des Lebens«, in: *Der Spiegel*, 4/2009, S. 98–109.

Magdalena Hamm, »Über den Tellerrand hinaus«, in: *Die Zeit*, 10. Dezember 2009.

Hans Hauner, »Diabetesepidemie und Dunkelziffer«, in: *Deutscher Gesundheitsbericht Diabetes 2010*, hrsg. v. diabetesDE, Kirchheim Verlag, Mainz 2010, S. 8–13, auch: http://diabetesstiftung.de/uploads/media/Gesundheitsbericht_2010.pdf (10. November 2010).

Pia Heinemann, »Die Entdeckung des Gemeinwohls«, in: *Welt am Sonntag*, 29. August 2010.

R. Klostermann & M. Kluschke, »Wie viel Fleisch ist gut für mich?«, in: *Bild*, 23. August 2010.

Sabine Korte, »Pflanzen haben Gefühle und tauschen Informationen«, in: *P. M.*, September 1999, auch: http://www.utek.de/raymund/pflanzen.html (10. November 2010).

Ulrich Ladurner, »Katastrophen eines Sommers«, in: *Die Zeit*, 12. August 2010.

C. Meisinger *et al.*, »Prevalence of undiagnosed diabetes and impaired glucose regulation in 35–59-year-old individuals in Southern Germany: the KORA F4 Study«, in: *Diabet Med.* Nr. 27 (3), März 2010, S. 360–362.

Katharina Nachtsheim, »Die Gänse-Hölle«, in: *Bild*, 2. November 2008.

Haiko Prengel, »Gänsezüchter verteidigt Federrupfen bei lebenden Tieren«, in: *Die Welt*, 10. Juli 2009.

Iris Radisch, »Tiere sind auch nur Menschen«, in: *Die Zeit*, 12. August 2010.

Matt Ridley, »Darwins Erben«, in: *National Geographic Deutschland*, Februar 2009, S. 50–67.

Malcom Ritter, »Überraschung – Mensch hat weniger Gene als Unkraut«, in: *Der Spiegel*, 2004, http://www.spiegel.de/wissenschaft/mensch/0,1518,324153,00.html (21. Oktober 2004/ 10. November 2010).

Andreas Senkter, »Respekt!«, in: *Die Zeit*, 8. April 2010.

Christian Weber, »Die Welt ist nicht nett«, in: *Süddeutsche Zeitung*, 29./30. Mai 2010.

Internetseiten zum Thema

www.stiftung-fuer-tierschutz.de

www.aerzte-gegen-tierversuche.de

www.albert-schweitzer-stiftung.de

www.die-tierbefreier.de

www.die-tierfreunde.de

www.free-animal.de

www.neuland-fleisch.de

www.peta.de

www.tierschutz-stiftung.org

www.vebu.de

www.veganladen.de

www.vierpfoten.de

www.zwanzig-a.de

Register ausgesuchter Namen und Begriffe

Adams, Douglas 98 f.
Affen 57 f.–61
Ahimsa 309
Akazie 270
Angeln 105–109
Antitierbenutzungshof
159–160, 166–172
Antispeziesismus 235 ff.

Backster, Cleve 267 f.
Baumbesetzer 295 ff.
Beagle 231
Bienenzucht 243–246
– abschwefeln 245
– Sammelleistung 145
– Sterblichkeit von Bienen-
völkern in der Natur
– Überwinterung 243 f.
– Varroa-Milbe 244 f.
Bioernährung
– Fundis und Realos 235
Bioläden 34–36, 76–81, 101,
101
Bioprodukte
– allgemein 27, 30, 32 f.,
100 f.
– Biotierhaltung 74 f., 79,
84 f.
– Gründe für ihren Kauf
27
– in Supermärkten 22–24,
31 f., 75
– Mehrkosten 41 f., 79

– und Profit 74 ff.
– Vor- und Nachteile 42
Bio-Siegel 19, 26, 74 f.
Bishnoi 296 ff.
Bolzenschussgerät 126 f.
Bonobos (siehe auch → Affe)
61
BSE 127, 140
Butter 144

Campbell, Colin T. 190
Cola (Coca Cola und diverse
andere Colas) 33, 35–38,
40, 83 f., 215
Curry-Ketchup 81 f.

Dasselfliege 177 f., 238
Daunen 149 f.
Descartes, René 97

Eine-Welt-Laden 76–81
Empathie 90–92

Fadenwurm Caenorhabditis
elegans 58, 287
Fische 78 f.
Fleischkonsum
– gesundheitliche Folgen
194 ff.
– Durchschnittsverbrauch in
Deutschland 128
fleischloses Leben 102 ff.
Fleischmafia 130

Fleischproduktion
- für Discounter 75
- Ineffizienz 80, 220 f., 273
- als Mitverursacher des
  Treibhauseffekts 104,
  139–141
- Wasserbedarf 68
Fugel, Dr. theol. Adolf 247 f.
Frutarier, Frutarismus 11–13,
  25, 258 ff., 280 f., 293 f.,
  301 ff.
- erlaubte Nahrungsmittel
  258 ff.
- Getreide 258, 261 f., 276
- Nüsse 259, 280
- Pilze 302

Gänsehaltung
- Daunengewinnung
  149 f.
- Freilandhaltung 9 f.
- Schlachtung 129
- Gänsemast 9 f.
Gelatine 102, 157
Greve, Ellen (siehe
  → Jasmuheen)
Gut Aiderbichl 255 f.

Haribo 101 f.
Haustiere 74, 95 f., 235
Hirschläuse 312
Hof Butenland 166–172
Honig 145
Hühnerhaltung 8, 13, 39,
  70 ff., 229 ff.
- Afterpicken 48

- Bio-Huhn 74, 297–301
- Boden- oder Freiland-
  haltung 47, 114, 229–232
- Eileiterentzündungen 275
- Umstände der Eierproduk-
  tion 155 f.
- Gewichtszunahme 89 f.
- Legebatterien 46, 204 f.
- Käfighaltung 46–51, 204 f.
- Kleingruppenhaltung
  48–50
- Konsumentenmacht beim
  Eierkauf 49
- Kükentötung 138
- Platzbedarf 69, 114 f., 298
- Schlachtung 129
- Schlachtreife 85
- Schnabelstutzen 229 f.
- Sterblichkeitsrate 299
- übermäßiges Wachstum bei
  Mästung 90
- Verbraucher gegen Käfig-
  haltung 14
Hummer 281, 282

Imazalil 23, 25
Insektenvernichtungsmittel
  23–24, 27
Intelligenz 64–66

Jagd, Jäger 249–254
- Abschuss von Hunden und
  Katze 250 f.
- Winterfütterung 252 f.
- Wirksamkeit des Schusses
  253 f., 256 f.

Jainismus 307
Jambeshwar 295
Jasmuheen 262 f.

Kakerlaken 289
Kaninchen 110 f.
Kannibalismus 25, 41
Katzenfutter, veganes 45, 179,
    186, 214
Killerwale 132 f.
Kirche und Tiere 247
– Bibel 247
– Katechismus 247
– Tierversuche 247
Konsumänderung durch
    Marktregulation 205
kontrollierte Aufzucht 19

Laubenvögel 60
Lebensmittelampel 198 ff.
Lederwaren 149 f., 180, 183 f.,
    241, 318 f.

Maispflanzen 270
Massentierhaltung
– Grundprinzip Ausbeutung
    115
– Großteil der Verbraucher
    dagegen 14
Mensch
– angebliche Sonderstellung
    57–66
– Empathie 90 ff.
– Gehirnvolumen im
    Vergleich 291
– genetische Übereinstim-

mung mit anderen Lebe-
    wesen 287
– Intelligenz 64 f., 285–288,
    290 ff.
– Krone der Schöpfung
    284–292
– Kunstsinn 60
– Mitleid 91 ff.
– Sprachvermögen 60 f.
– Werkzeugherstellung 60
Methangas 141
Milch 189–201
– »China Study« 190
– Diabetes 195 ff.
– Herzkrankeiten 192 f., 194
– Kalzium 192–194
– Laktaseintoleranz 191 ff.
– Milchersatz 156, 163, 270
– Osteoporose 193–198
– Prostatakrebs 197
– Verbrauch pro Kopf in
    Deutschland 192
– Verdauung 191
– Vitamin D 194–197
– Umstände der Milch-
    erzeugung 144 f., 167 ff.
Mineralwasser 78 f., 81
Mitgefühl 91–94, 248
Mitleid 91 ff., 281 f.

Naturangesellschaft 275 ff.
Neandertaler 291 f.
Neuland 86

Orthophenylphenol 23, 25

Pestizide (→ siehe Insekten-
  vernichtungsmittel)
Papageien 60
›parwe‹ Lebensmittel 157
Pfeilschwanzkrebs 288 f.
Pferdehaltung 161 f.
– Reiten 133 ff., 183–85,
  210 f., 239
Pferdebremsen 177
Pflanzen
– Baumschützer 294 ff.
– chemische Kampfmittel
  270
– Empfindung 267 ff., 271
– Kommunikation 270
– Pflanzenrechte 267
– Schmerzempfinden 267,
  269
– in der Schweiz 267
Prahlad Jani 262 f.
Prana, pranisieren 262

Reformismus 241 f., 256
Rinderhaltung
– Bio-Rinderhaltung 73, 75
– Hornausbrennen 112
– Kälberaufzucht 112 f.,
  171 f., 272 f.
– Laufstallkühe 112
– Milchkühe 144, 168 f.,
  207 f., 271 ff.
– und Regenwaldvernich-
  tung 220, 272 f.
– Schlachtung 126 f.
– Viehsaugentwöhner 272
Rohköstler 303 ff.

Rübensirup 206
Rückenmarkzerstörer 126,
  128

Schimpanse (siehe → Affe)
  60 f., 64
Schafhaltung 320 f.
– Mulesing 320
Schlachthöfe 114–116
– Tötungsmethoden
  126 ff.–130
Schmerzen
– bei Pflanzen 267, 271
– gentechnologische
  Veränderung gegen
  Schmerzen 97 ff.
– als Warnsignal 106 f.
– der Fische beim Angeln
  106 f.
Schokolode 215
Schwänze kupieren 112
Schweine 68
Schweinehaltung 13, 87, 94 f.
– Bioschweinehaltung 75 f.
– Kastration 89, 111
– Schwanz kupieren 112
– Schlachtung 127 f.
Shriver, Adam 97 f.
Soja
– Sojaanbau und Regenwald
  220 f.
– Sojamilch 269 f.
– Sojaprodukte 163
Sprachvermögen 60 f.
Stern, Horst 7, 13

Telegraphenpflanze 270
Thiabendazol 23, 25
Tierbefreiung 225 ff.,
    297–301
Tiere in freier Wildbahn 28 f.,
    71–74, 132 f., 136–138,
    161 ff., 177 f. , 211–213
Tiere töten 85 f.
Tierhaltung und Wirtschaft-
    lichkeit 74, 76, 110, 130
Tierkinder 55 f.
Tierpräparate 153 f.
Tierrechtsinitiative Maqi 235
Tierversuche 119, 247,
    306 f.
– Beagles 231
– Rechtfertigung für und
    gegen 59
– Zahl der Versuchstiere in
    Berlin 306
Todesangst 65 f.

Überbevölkerung 289

Vegane Lebensweise 143–146,
    148–158, 164, 180–1 f., 207,
    215, 219 f., 234 f., 306
– Kosten 158
– auch Vegetarier sind
    Mörder 237
Verwandtschaft, evolutionäre
    55–66
Vitamin B12 217 f., 275

Wachteln 110
Walker, Norman W. 304
Wandmaker, Helmut 304 f.
Wasserbedarf zur Fleisch-
    erzeugung 68
Wein-Klärung mit Gelatine
    157
Werkzeugherstellung 60
Würfelqualle 63 f.

Ziegenhaltung 255 f.
Zirkus 118–124
Zubereitung von Nahrungs-
    mitteln im Tierreich 61
Zwergmungos 60

Fleischesser am Rande des Nervenzusammenbruchs

128 Seiten, Euro 14,99

Eine bitter-böse Farce auf Trend-Neurotiker, Pseudo-Vegetarier und eine Welt voller Vorurteile

»Jakob Hein – selbst Fleischverweigerer – ruft witzig und provokant dazu auf, selbst zu entscheiden, tolerant zu sein und: weniger hysterisch.« *Radio Fritz*

»Jakob Hein ist ein Spötter bester Art: exzentrisch in der Pointe, aber nie plump. Ein Affe klagt über seine Dressur zum Menschen, wie hier ein Fleischesser über die zum Modevegetarier. Es kann diese Mode so schädlich nicht sein, wenn sie solch brillante Komik in Prosaform hervorbringt.« *Ursula März, Die Zeit*

www.galiani.de